# 平遥古城缘何荣膺
# 世界文化遗产桂冠

不知不觉又到了12月3日，迄今平遥古城被列为世界文化遗产已经是第26个年头。1997年的同一天，这座地处山西黄土高坡，原本寂寂无闻的小城昂首走向世界，一夜之间声名鹊起，誉满天下。从此造访平遥古城者络绎不绝，连绵不断。口耳相传加之各种媒介传播，使得这座千年古城如日中天，经济文化呈现出前所未有的繁荣景象。平遥古城成功申报世界文化遗产，填补了我国历史城市在世界遗产殿堂的空白，实现了零的突破。

然而，人们在赞赏感慨之余时常疑惑不解：我国现存的汉民族名城古都众多，为什么只有平遥古城能够入选世界文化遗产？在平遥古城申报世界文化遗产的过程中，我是筹划人和主持者，即便如此，最初也有过迷惘和忐忑，后来随着申遗工作推进，深入发掘研究，特别是得到学界泰斗郑孝燮醍醐灌顶的指教，才对平遥古城的价值认知逐渐清晰起来。郑老和侯仁之、阳含熙、罗哲文曾在全国政协共同签名提案，引起国家高度重视，促成了全国人大常委会批准我国加入《保护世界文化和自然遗产公约》。平遥申遗成功之后，在中国科学院和中国工程院两院院士周干峙、著名古建筑学家和文物保护专家罗哲文的鼓励下，我写了两本书：《画说平遥古城》图文相济，旨在阐述它的历史价值与文化特色；《幸存的古城》则深度讲述申报世界文化遗产的艰辛历程，揭示中国古城百年兴衰的多舛命运。如今，山西科学技术出版社约我撰写《世界文化遗产在山西——平遥古城》书稿，付梓在即，心头依然萦绕着人们普遍关注的平遥古城价值，遂拟此文，是以为序。

众所周知，在人类社会发展史上，我国是世界著名的大河文明古国。联合国教科文组织（UNESCO）现有194个会员国，其中我国的世界文化遗产拥有量居第5位，而且类别很齐全。不过令人深感遗憾的是，在我国已经列入《世界遗产名录》的38项文化遗产里，汉民族历史城市只有1个。在这以前，承载着古巴比伦、古埃及和古印度大河文明，以及传承古希腊海洋文明的历史城市，已有许多获得世界文化遗产殊荣。例如耶路撒冷旧城、佩特拉古城、大马士革古城、阿勒颇古城、布斯拉古城、哈特拉古城、安杰尔古城、泰尔古城，埃及的阿布米奈城、底比斯古城、孟菲斯古城、开罗伊斯兰老城，印度的法塔赫布尔西格里城，还有希腊雅典卫城、提洛岛、罗得岛中世纪古城等。相比之下，尽管中华文明拥有上下五千年历史，绵延至今一以贯之，是唯一没有中断的人类文明，然而我国古城在《世界遗产名录》中却无一席之位。这与灿烂的中华文明对人类文明进步作出的重大贡献极不相配。

据说我国也曾做过努力，最早推荐申报世界文化遗产的项目为交河故城。这是一座公元前2世纪至公元14世纪在丝绸之路上的重要城市遗址，拥有世界上保存最完整、延续时间最长、规模最大的生土结构建筑群。可惜申报工作准备不足，历史价值发掘研究不到位，保护措施也存在瑕疵，以致与良机擦肩而过。

按说我国历史文化悠长邈远，遗存积淀极其丰厚，在百花竞艳的世界文化阆苑中，堪称一枝独秀的璀璨奇葩。自商周城市文明伊始，难以计数的城邑就在黄河流域和长江流域相继出现，规模大大小小，遍及湖海之滨、江河之畔、高原山谷、平川田野。历经数千年风云变幻的沧桑岁月，营城不止，存亡兴衰不绝。内中不乏帝都王城、州府治所、水陆商埠、军事重镇，直到1947年还存有57个城市、2016座县城。平遥虽是秦代郡县制下的县级城邑，但在多如牛毛的古城中鲜为人知，无论历史地位，还是曾经的辉煌，都无法与徐州、扬州、苏州、杭州、宁波、徽州、武汉、长沙、成都等州城、府城比肩而立，更遑论著名的古都西安、洛阳、北京、南京等，以及近代商埠口岸城市天津、上海、广州、泉州，均令平遥难以望其项背。故而极少有人想到，在我国众多古代城市和近代城市，国务院当时已公布的99个国家历史文化名城中，看似平淡无奇的平遥古城会被联合国教科文组织加冕世界文化遗产。

1997年12月3日，我亲历了那个刻骨铭心的历史时刻。作为中国代表团成员、平遥古城申报世界文化遗产的筹划人和主持者，有幸参加了联合国教科文组织第21届世界遗产大会。傍晚在意大利那不勒斯沃麦若山下的古老王宫里，当大会执行主席宣布平遥古城列入《世界遗产名录》的瞬间，会场人员顿时激情涌动，许多国家的代表和我们握手拥抱，祝贺我国历史城市首次申报世界文化遗产成功。然而出乎预料，喜讯传到国内却是波澜不惊，并未引起社会的广泛关注，许多人闻之愕然或毫不在乎。或许从来没有听说过平遥古城，更不明白入选《世界遗产名录》意味着什么，或许置身事外并未留意。总之，二十多年过去，对于平遥古城的价值所在，以及何谓世界文化遗产，还有入选世界文化遗产的标准，知之者依然甚少。

细思平遥古城，之所以能从众多的中国古城里脱颖而出，成为代表中国古代汉民族城市的佼佼者，受到国际社会的青睐，绝非偶然。

中国自公元前221年实行郡县制以来，平遥置县2200多年，始终延续着县级行政体制，明清时期治所完备至臻，彰显了古城营建规模、传统格局和历史风貌的全部特征，文化、社会、经济与宗教均已发展到巅峰，如同一幅全景式的完整画卷，成为现存中国汉民族城市在明清时期的杰出范例，是仅存的中国古代社会制度下活的县治标本。时至今日，平遥古城仍保留着源自西周时期的井田制理念，恪守道家天地人和、儒家辨方正位与尊卑有序的营城形制。在这里，由四隅围合的明清城墙，纵横交织的阡陌街巷，灰砖黛瓦的民居宅院，里坊与街坊并存的起居形态、鳞次栉比的商肆店铺、布局严谨的县衙官署、最早创立的中国金融票号、多元崇祀文化的儒释道庙宇寺观，组成了占地2.25平方千米的庞大建筑群，起伏跌宕，气势恢宏，俨然活生生的中国古代县城的原型。这座小城浸润着山西晋中浓郁的地方乡土气息，在民俗风情晕染下，原汁原味传承着古代制度文明、国家礼仪、农业手工业发展、商贸交流、社会组织、思想文化、宗教信仰、文学艺术、科学技术、城市与建筑、军事防御等方面的历史记忆和成就。它处处洋溢着明清风韵，既有林林总总的历史文化实物遗存，又有丰富多彩的非物质文化遗产，二者“形神兼备”，完美交融集萃。

平遥古城与世界文化遗产结缘，得益于国际交流及其价值认知。1992年，联合国人居署到平遥考察评估，巴克莱·琼斯先生在建设部举办的历史名城保护培训班上演讲，多次称赞平遥古城具有极高的历史文化品位和价值。他谈到欧洲一些历史城市被联合国教科文组织列入《世界遗产名录》，认为平遥古城可与之媲美。于是我们在创新思路，酝酿平遥历史文化名城保护与发展战略之初，悄然萌动了申报世界文化遗产的意念。如此一来，随着文化遗产概念的植入，我们耳目一新，拓展了全球化语境下的国际视野，对平遥古城的保护意识跃然提升到了一个新阶段。

寻觅历史的足迹，方知“遗产”概念古已有之。我国最早见于《后汉书·郭丹传》，而欧洲中世纪英法语系里的“遗产”词源则由拉丁语演变而来。中外对“遗产”的释义均指逝者留下的财产，可见在人类文明发展过程中，无论地域、国度、民族如何，很多方面存在着相通性。随着文明进步，“遗产”的内在含义由私人财产延展到了社会形态，借指历史上遗留下来的物质财富或精神财富。区别只是不同国家在不同时期对于本国遗产的表述各不相同，例如古迹、遗址、古物、纪念物、历史建筑、历史城市、古城、旧城、文物、文化财、建筑文物、建筑遗产、城市遗产、历史遗产、工业遗产、历史中心、历史地区、历史文化名城、文化线路，以及古代和近代的艺术作品、科学技术、民俗风情等，凡此种种不一而足。为尊重、保护和继承这些遗产，意大利文艺复兴时期促成了欧洲率先实行国家立法，在法律保障的基础上，兴办教育，培养人才，推动学术研究，出版学术专著，探索保护理论、途径和方法，并且陆续制定国际宪章、国际公约，掀起了持续的历史建筑和历史城市保护运动。至20世纪剧烈动荡的时代，接连两次世界大战造成古迹古物、历史建筑和历史城市的毁灭性破坏，随之战后各国如火如荼进行城市重建，围绕究竟按照原来样貌复建，还是采取现代形式重建，两种截然不同的理念之间展开了激烈博弈。不仅如此，各国还要面对现代城市规划建设带来的大规模旧城改造，拓宽打通传统街道，成片拆除历史建筑的严峻挑战。鉴此国际社会意识到，只有确立科学合理的价值观，在世界范围达成共识，开展卓有成效的国际合作，才能保护属于全人类共同财富的所有历史创造。

如此严酷的历史和现实，让越来越多的人对遗产价值的认知愈加深入，从古迹古物、历史建筑和历史城市的使用功能、艺术审美、历史记忆、科学技术，洞见到遗产蕴含的文明多样性及其基因传承本质。因此在联合国教科文组织推动下，1954年通过《海牙公约》，即《武装冲突情况下保护文化财产公约》，第一次提出了“文化遗产”的新概念，强调“考虑到文化遗产的保存对于世界各地民族具有重大意义，该遗产获得国际保护至为重要”。不少缔约国成立了文化遗产保护机构和社会组织。及至20世纪60年代，一次偶发事件催生了世界遗产公约的诞生。

当时因为埃及在尼罗河上游的纳赛尔湖建设大坝，所以有着3000多年厚重历史的阿布辛拜勒神庙将被湖水淹没，危在旦夕。于是1964年至1968年，联合国教科文组织发起呼吁，共同拯救这处最著名的法老神庙。经51个国家近千名工程师、考古专家学者努力，将神庙整体迁移到纳赛尔湖畔高地，实现了由国际社会合作，保护全人类文化遗产的第一个成功代表作，很快促使国际社会达成了共识。1972年11月，联合国教科文组织大会在巴黎通过《保护世界文化和自然遗产公约》，明确定义了“文化遗产”概念。缔约国约定将任何具有突出的普遍价值的文化遗产物作为全人类世界遗产的一部分，登入《世界遗产名录》，并郑重申明整个国际社会有责任通过提供集体性援助，参与保护世界文化遗产。联合国教科文组织1989年中期规划还规定了文化遗产的全部范围，囊括全人类由过去各种文化传承下来的所有物质符号的集合——不管是艺术性或者是象征性的。

通俗地说，凡人类生存过的地方，都会留有数量不等、形态不一的物质和非物质文化遗产。各个国家莫不如此，差异在于评价标准和保护措施。世界文化遗产属于联合国教科文组织设定的国际性最高等级保护建制，与各国法律意义上的文化遗产，以及约定俗成的文化类遗产迥然有别。显而易见，世界文化遗产是国际社会公认的人类文明创造，也就是从国际观点看具有“突出的普遍价值”，其价值罕见，超越了国家界限，对全人类的现在和未来均具有普遍的重大意义。符合《世界遗产公约》规定的标准，不受任何国籍、地区、人种、经济、社会、制度、政体、宗教、文化、意识形态等因素的限制，都可以申报，公平、公正而无排他性。1985年，我国也成为《世界遗产公约》缔约国。

世界文化遗产必须具备真实性、完整性和唯一性的条件。真实性指的是遗产项目必须原物、原状、原貌保存，满足该价值信息来源的真实度或可信度，能原汁原味体现遗产本体及其依存环境的价值特色，传承历史文化脉络与记忆信息。人为地拆真建假，仿古伪造，以假乱真的建筑物、构筑物和空间物质形态都不能算作文化遗产。完整性指遗产项目整体空间形态、样貌特征和历史环境要素保存完好，清晰定义申报遗产的边界，确保它的有机系统构成没有出现重大缺失或者破坏。唯一性则指该遗产项目在现存同类文化遗产中，价值与特色举世无双，罕见且无法替代，最具标志性和影响力。一旦破坏或损毁，将导致绝对消失，造成这一文化遗产资源在世界上不可逆转的枯竭，永远从人们的记忆中抹去。世界文化遗产之所以弥足珍贵，原因就在这里。

根据世界文化遗产的6项评估标准，平遥古城突出的普遍价值符合其中3项：（ⅱ）体现了在一段时期内或世界某一文化区域内重要的价值观交流，对建筑、技术、古迹艺术、城镇规划或景观设计的发展产生过重要影响；（ⅲ）能为现存的或已消失的文明或文化传统提供独特的或至少是特殊的见证；（ⅳ）是一种建筑、建筑群、技术整体或景观的杰出范例，展现历史上一个（或几个）重要发展阶段。对照评估标准认知平遥古城价值，它所体现的是中国古代道家天人合一与儒家礼制交互融合的规划理念，具有晋中地域的建筑技术、建筑艺术鲜明特色；为已消失的中国古代城市文明、早期金融汇兑和建筑规划传统提供了独特的见证。故而联合国教科文组织第21届世界遗产大会评价说："平遥古城是中国汉民族城市在明清时期的杰出范例，平遥古城保存了其所有特征，而且在中国历史的发展中为人们展示了一幅非同寻常的文化、社会、经济及宗教发展的完整画卷。"基于此，我撰写《世界文化遗产在山西——平遥古城》一书，重在深入解读和阐释我国明清时期（14世纪末至19世纪）平遥古城价值特色，力求言之有据，真实可信，在文字表述上，深入浅出，雅俗共赏。不过对于虚妄之说，如相传平遥古城始建于西周宣王五年（公元前823年），为尹吉甫北伐猃狁驻兵时所筑，则尽力通过史海钩沉，追本溯源，深入缜密地加以考证辨析，希望去伪存真，廓清迷蒙与谬误，以正视听。

平遥古城的遗产特征符合真实性、完整性和唯一性，"突出的普遍价值"超越国家界限，对人类过去和未来具有重大意义。这正是平遥古城荣膺世界文化遗产桂冠的奥秘所在，因为世上再也没有第二个现存完整的汉民族古代或者近代城市。

何以至此？不得不说我国与欧洲国家的历史文化存在很大差异。

在列入世界文化遗产的历史城市数量上，欧洲以中世纪城市居多，尤其在意大利、奥地利、英国、法国、德国和西班牙等，一国之中能有几个历史城市登录为世界文化遗产。中世纪对于欧洲来说，是一个充满变化的时代。初期西罗马帝国崩溃，连年战争和封建割据使以农业为主的自然经济愈加脆弱，城市手工业和商业萧条衰落。直到9世纪至10世纪，新的“欧洲”文明渐渐形成，城市才再度复苏。14世纪至16世纪，随着资本主义萌芽出现，手工业和商业繁荣，货币开始流行，城市很快成长为商贸活动中心。意大利文艺复兴运动兴起，促成了整个欧洲文化的诞生与发展，建筑营造和城市规划建设空前活跃。中世纪建筑艺术融合罗马式、哥特式和独特的文艺复兴风格，创造了许多具有深远影响的杰出巨作。这一时期城市独特的城市格局、功能分区、空间肌理、因地制宜的弯曲路网、优美的城市环境景观，都给世人留下了深刻印象。诸如罗马、那不勒斯、维也纳、格拉茨、萨尔茨堡、莫斯塔尔、爱丁堡、利物浦、巴斯、阿维尼翁、里昂、施特拉尔松德、维斯马、雷根斯堡、梵蒂冈城、维尔纽斯、里加、瓦莱塔、圣地亚哥—德孔波斯特拉、科尔多瓦、埃纳雷斯堡、昆卡、杜布罗夫尼克、伯尔尼、布拉格、塔林、华沙、克拉科夫、圣彼得堡等，都体现了中世纪欧洲文明在不同地域和国家独有千秋的价值特色，正是这一时期建筑与城市遗产的辉煌，被联合国教科文组织列入了世界文化遗产。

在世界文化遗产中，最具标志性和影响力，保存最为完整的历史城市，首推佛罗伦萨。佛罗伦萨建于公元前59年，既是意大利文艺复兴运动发源地，也是欧洲文化发源地，在15世纪和16世纪的梅迪奇时代经济和文化达到鼎盛，成为商业大都市、包罗万象的艺术之城，奠定了中世纪和文艺复兴时期出类拔萃的历史城市地位。这座保存完好的古城处处彰显着意大利中世纪城市的真实样貌和文化艺术成就。

历史城市之于我国，完整保存下来的凤毛麟角。客观上古建筑多为木质，采用梁柱式结构，砖石作辅材，这在很大程度上限制了古建筑的寿命。因此无论建筑等级多么尊贵，营造得怎样碧瓦朱甍，巍峨壮丽，坚固耐腐程度远不及砖石结构，而欧洲历史建筑多以石筑，雄浑壮美，典雅沉稳，于坚实厚重之中求永恒，保护传承具有显著优势。既然构成城市空间物质形态的主体是建筑，那么建筑寿命自然会影响城市的延续，但是建筑的材质性能并非决定因素。纵观古今，中外所有历史城市，都摆脱不了周期性兴衰的多舛命运，或因气候变化、极端天气，或遭受兵燹之灾和人为破坏，此生彼灭，此消彼长。历史城市或兴或衰，或存或废，根本取决于人类在主观上对于文化遗产价值的认知、保护和传承。

欧洲很早就萌生了建筑历史遗产的保护意识。公元前22年古罗马建筑师维特鲁威已经撰写出《建筑十书》不朽之作。这是传承至今的世界上第一部建筑学专著。到了14世纪至16世纪，意大利文艺复兴唤起人们重新认识延续千年之久的建筑保护理念与方法，1462年促成罗马教皇首次通过国家立法保护古代遗址的法令。欧洲人有个传统，把老房子看成尊严和底线，靠法律保护历史遗产。他们采取教学、研究、培训、出版著作和开办博物馆，组织学术机构与学术交流，通过系列国际文献等方式，推动历史建筑和历史城市的保护。我国古代固然很早就有了守护遗产的意识，不过局限在根植于人心的宗法理念，注重传宗接代，继承家财房产与荣耀。虽然历朝历代不乏维护修缮乃至重建古迹古物的传统和善举，而且盛赞地方名胜审美价值的志书、散文、诗词歌赋比比皆是，广泛流传，但是就整个社会而言，由于封建制度桎梏，在不断发生朝代周期性兴衰的历史轮回中，延续下来的社会形态始终重复着新的朝代推翻旧的朝代，而且每一次王权更替，都跳不出后者彻底否定前者的怪圈。有史可稽，秦始皇吞并六国一统中华，就是以强军劲旅攻城略地，血腥杀戮，尽毁诸侯国都城和宗庙社稷，连各地县邑城郭也不放过，开了改朝换代大肆焚巢荡穴的先河。后来咸阳、邺城、长安、晋阳四大古都也相继被如法炮制，遭到屠城灭民，消亡于历史尘埃。这类惨烈事件在我国古代和近代历史上见诸文字记载的难以计数。诚如梁思成先生在《中国建筑史》序中所说："一个时代过去，另一个时代继起，多因主观上失掉兴趣，便将前代伟创加以摧毁，或同于摧毁之改造……自清末以后突来的西式建筑之风，不但古物寿命更无保障，连整个城市，都受打击了。"我国直到清末民初才首次颁布了古物保护法令，至于制定第一部《文物保护法》，建立历史文化名城保护制度，则已经是20世纪80年代初的事了。

保护意识的先天不足导致后天孱弱，在农业社会向工业化社会转型的过程中，特别是随着经济迅速增长和城镇化进程加快，历史城市被一次又一次大规模拆除改造，变得千城一面，整体历史风貌几乎毁之殆尽。包括享有800年古都之誉的北京在内，即使受到法律保障的大部分国家历史文化名城，也唯余重点文物保护单位和支离破碎的历史文化街区。"历史文化名城"荣誉称号，更像是给予这些古代城市和近代城市历史地位的权威认定与褒奖。然而殊不知失去空间物质载体的依托，保护传承其所蕴含的历史文化自然大打折扣。从这个视角分析，平遥古城之所以能够脱颖而出，有缘荣膺世界文化遗产桂冠，委实隐含着特殊历史人文环境的巧合。

其实从20世纪70年代末至90年代初，历经磨难的平遥古城与所有中国古城一样，仍旧在激烈的存废之争中挣扎。在20世纪60年代至70年代，明清古城墙已多处坍塌，残垣断壁满目疮痍。城砖被拆去垒房垫圈，裸露的城垣也被滥挖用于住人储物。城墙上72个敌楼只剩3个，城楼和角楼无一幸存。城内到处是拥挤的大杂院，车辆、煤炭、烧土、杂物乱堆乱放。传统院落门楼、房屋破损，砖墙风蚀严重。大街小巷基本上都是坎坷不平的土路，污水横流。昔日繁华市井的南大街萧条衰颓，门可罗雀。当时的古城与今判若云泥。平遥古城被列为国家历史文化名城的1986年，全县人均国民生产总值不到全省人均国民生产总值一半，是人口最多的穷县。县领导几次想拆城扩路搞开发，但又苦于吃饭财政所困，年均举债391万元，不但穷得发不出机关工资，就连拆城墙的钱也拿不出。因此古城得以幸存下来。直到1992年初，通过创新平遥历史文化名城保护与发展并举兼得的新思路，秉持辩证的科学理念，探索保护和发展相辅相成的双赢途径和方法，平遥古城才变得柳暗花明。在山西省政府领导和建设部、国家文物局指导下，平遥古城不仅按照原状修缮了明清城墙，完好地保护整治了古城的文物、传统建筑与街巷，改善提升了人居环境品质，同时适应现代社会发展的需要，充分发挥文化遗产优势，围绕弘扬历史文化合理利用，活化传承，改进创新旅游模式，为古城保护与发展注入了新的生命力，取得了想象不到的显著成效。不仅挽救了古城衰败，而且精心组织筹备，举全县之力申报世界文化遗产，终于在短短三年里，使平遥古城昂首走向世界。

这一成功实践探索彻底扭转了平遥古城百年沉浮的多舛命运，为我国历史城市保护传承，创新发展，走出了一条新路，积累了宝贵经验。

从那时起年复一年，每当12月3日到来，平遥古城加冕世界文化遗产的场景便在我的脑海油然浮现，庆幸亲历了那个难忘的历史时刻。如今正值平遥古城被列为世界文化遗产26周年，我愿再以这部新作奉献给读者，并且借此深切缅怀周干峙、郑孝燮、罗哲文、王景慧。正是这些先驱引领我走近世界文化遗产，在不断提升自信和学习能力的同时，携手社会同仁殚精竭虑，共同闯关申遗，使平遥古城登上世界遗产殿堂。从此也改变了我学术研究方向与人生轨迹，让文化遗产保护扎根心底，成为生活和生命不可或缺的一部分。

行文至此，感谢数年如一日悉心呵护我的健康，使我致力探索平遥古城等多项文化遗产保护利用的家人、亲朋和白衣天使，以及专业上赐教和帮助我的学界同仁！同时还要感谢山西科学技术出版社，感谢副总编辑董利斌先生、责任编辑王蓉女士！是他（她）们给了我再度深刻认知平遥古城价值的良好契机。

2023年初冬于书谦斋舍

PINGYAOGU

# 目录

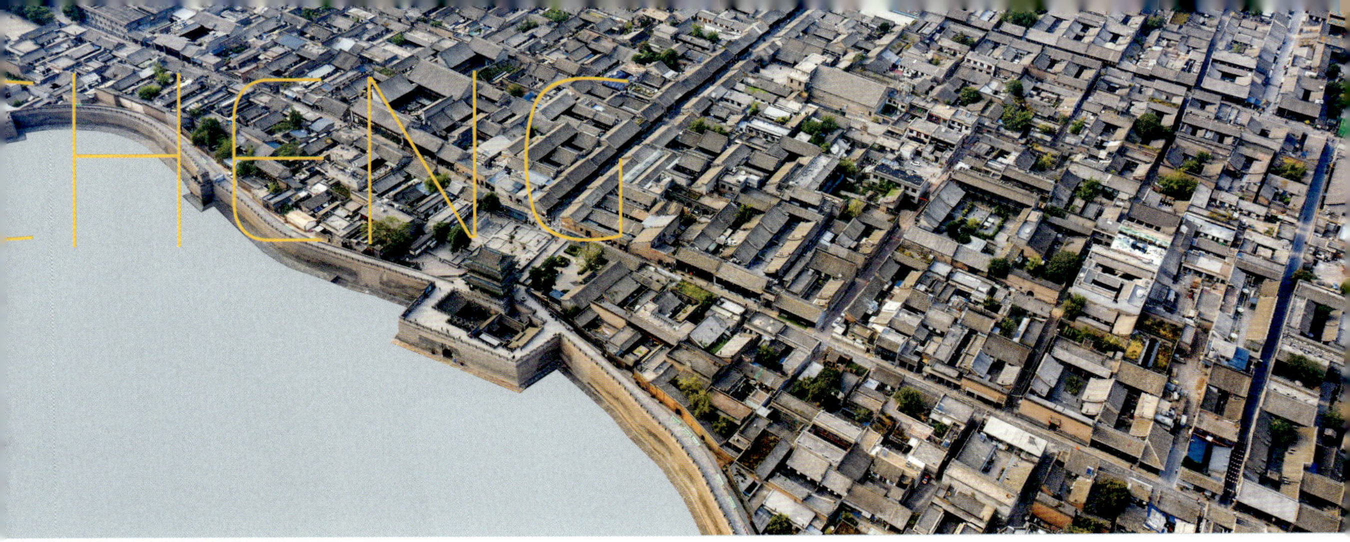
HENG

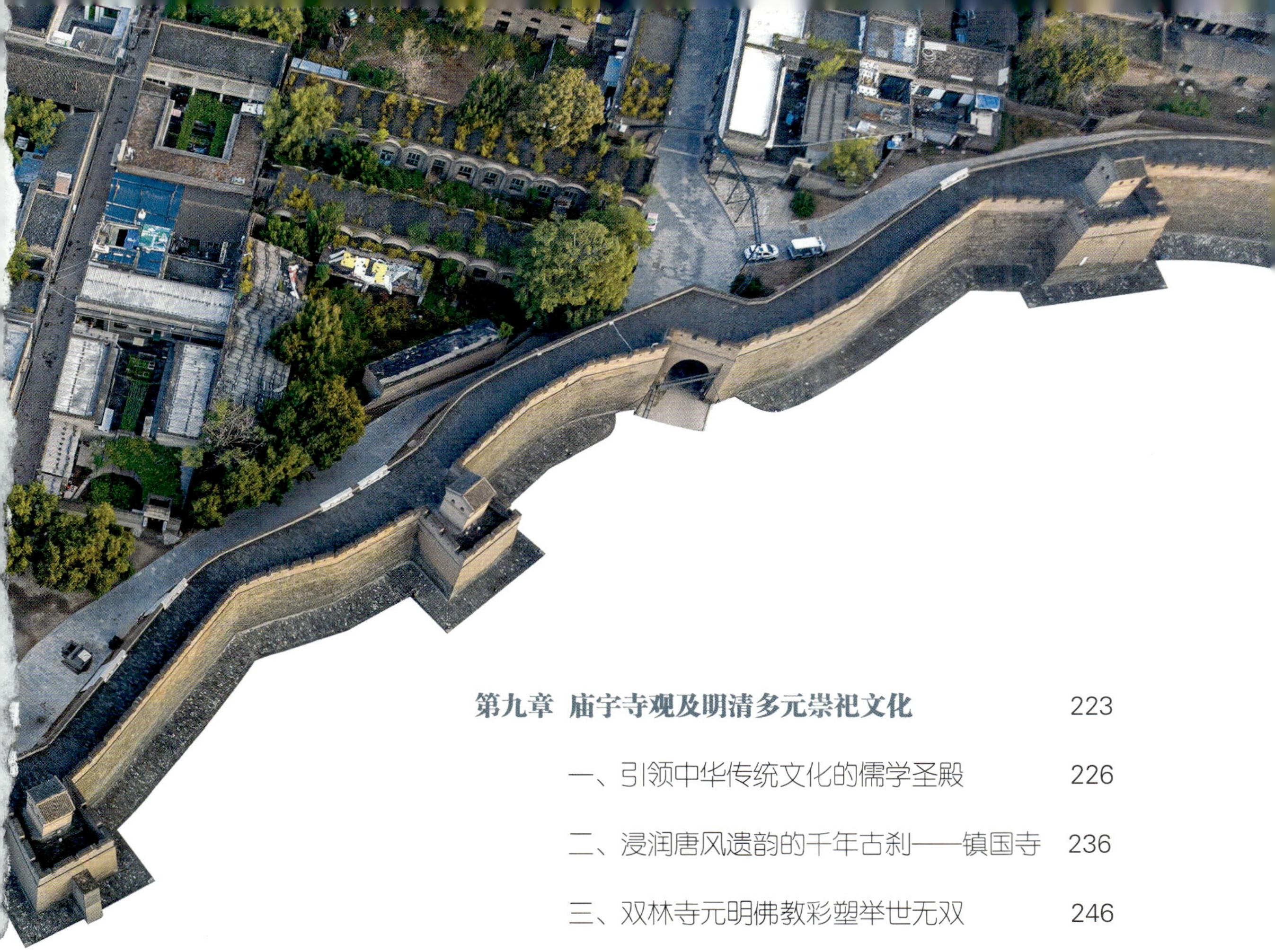

# 第一章

# 平遥古城追本溯源及其历史演变

在有着五千年邈远历史和璀璨文明的中国，究竟建造过多少座古城，没有谁能够说得清楚。对于那些久负盛名的古代城市，诸如郑州、洛阳、西安、开封、杭州、南京、北京，以及扬州、苏州、徐州、武汉、成都等，人们大都耳熟能详。然而像平遥这座黄土高坡上的小城，却鲜为人知。人们想象不出，半个多世纪以来，当一批批中国古城在一次次疾风暴雨般的旧城改造和房地产开发中相继变得支离破碎、面目全非时，缘何平遥古城能够奇迹般地幸存下来，而且古城的传统格局、空间形态、历史风貌和各类古建筑保存得如此完整。活态传承的原真性及鲜明的历史文化特征，令人震撼！

如今，人们只有走进这座幸存的古城，在追本溯源，感受古城风韵的过程中，才能透彻地破解古城之谜，循着它的生命轨迹，了解它乃至我国其他历史文化名城的过去和现在，探究中华优秀传统文化蕴含的真谛和精神基因，敬畏历史，坚定传承中华优秀传统文化的决心。

作为中国古代县城的原型和代表，平遥古城是汉民族城市在明清时期的杰出范例。有鉴于此，它能被联合国教育、科学及文化组织（简称“联合国教科文组织”）列入世界文化遗产，受到《保护世界文化和自然遗产公约》和国际社会的共同保护，可谓理之必然，当之无愧。平遥古城从邈远文明走来，作为唯一保存完整的汉民族古城，填补了中国历史城市在世界文化遗产中的空白。若要读懂平遥古城内在的历史价值，就要追本溯源，从它的历史演变说起。

# 一、始建于黄土高坡上的秦汉平陶县邑

在中国版图上，从太行山以西，到青海日月山以东1000多千米，秦岭以北到长城以南约750千米，有一片地形起伏、沟壑纵横、平均海拔1000多米的广袤区域。800万年以前，这里原是无垠的汪洋湖泊，后因地壳抬升造成高原隆起，湖水流失渐渐干涸。来自西北的干冷大风席卷黄沙粉尘，覆盖其上，一层又一层深厚密实的黄土，在流水长期强烈侵蚀下，雕琢出莽原千里，地貌奇特，遍布川、沟、原、梁、峁的黄土高原。荡气回肠的大河流经这波澜壮阔的山地断谷，盘旋绕过九曲十八弯，奔腾不息，呼啸而下，气势磅礴。每当言及辽阔的黄土地，便会想到哺育中华民族的这条母亲河，想起唐代诗人刘禹锡《浪淘沙》的诗句“九曲黄河万里沙，浪淘风簸自天涯”，脑海中顿时浮现出黄土高原一派苍劲粗犷、雄浑壮美的景象。

黄河水滋养了一代又一代生息在黄土高原上的中华儿女。这片

故土在他们心里还有一个饱含深情的昵称——黄土高坡。平遥古城便从这里诞生，历经岁月磨砺，终以吉光片羽的珍奇荣耀，代表中华民族创造的城市文明登上了世界文化遗产殿堂。

在中国的语汇里，海拔500米以上，地形起伏比较小的大片平地称为高原。黄土高原海拔为800米至3000米，是世界上黄土堆积面积最大的高原，同时也是如今水土流失最为严重的高原。

然而在遥远的古代，生态环境并非如此脆弱，那时漫山遍野大都覆盖着苍翠茂密的森林、清新碧绿的草原，水天一色的湖泊和沼泽镶嵌在丘陵谷地，宛若一颗颗散落的珍珠，晶莹剔透。种类繁多的飞禽走兽、昆虫水族自在地觅食嬉戏，一派生机勃勃的景象。大自然给了黄河流域富足充裕的资源，在这片黄土高原上很早就发展起农业和牧业，使它成为中华文明的主要发祥地之一，也给若干世纪后平遥古城的孕育、

九曲黄河十八弯

发展和崛起根植下千古文化基因。从平遥留存的大批古老文明的遗址、遗迹和古墓葬中，便可寻觅到最初先民进行创造的端倪。历年的考古发掘成果显示，平遥仅新石器时代的遗址就有十几处。它们距离古城15千米到18千米，由北向南呈扇状分布在婴溪村、北依涧村、罗鸣村、东泉村、希尧村、梁坡底村、东侯壁村、北堡村、卜宜村、旭庄村和段村等村落，其中不少属于仰韶文化、龙山文化和商周文化遗存。这些深藏在平遥地下的宝贵遗产，见证了古城历史文脉的邈远及厚重，犹如滴水折射太阳光辉，通过黄土高原上这座小城，彰显了源远流长的中华文明，奠定了底蕴丰厚的文化根基。

黄河流域堪称中华文明的摇篮。黄河最大的两条支流——渭河和汾河，分别源自黄土高原南部和东部，古属秦、晋。北魏郦道元《水经注》中载，它们分别流经今陕西省关中平原和山西省汾河平原，在黄河中游交汇。渭水、汾水流域一直是黄土高原上人口聚居密度最高、城镇规模最大的地区。汾河平原以太岳山脉为界，南

006

平遥古城全景

部史称河东。传说继“人文始祖”黄帝之后，河东大地曾是尧、舜、禹活动的中心，史载“尧都平阳”“舜都蒲坂”“禹都安邑”已成亘古通今的记忆。而地属秦域的关中平原自西周始，绵延后世数代为十三朝王都京畿，同样记录了中华历史的辉煌。根据对黄土高原自然环境演变的研究，商末周初时代渭水流域和汾水流域的生态还一如既往，广阔的森林仍然枝繁叶茂，草原清香苍翠欲滴。这片地域的草原、荒地早在先民手中开垦出许许多多肥腴的农田，成为中华民族旱作粟黍农业的起源地，同时还在水利、畜牧、桑蚕劳作上创造和传承了农耕文明。

公元前11世纪，正当古希腊延续了1000多年的史前爱琴文明即将消亡的时候，在中国发生的一个重大事件把先秦时期的文明推进了一大步。公元前1046年，武王伐纣，经过一场决定兴亡命运的牧野之战，最终灭商，代之以周，定都关中镐京（今陕西省西安市长安区西南）。随即实行分封制，大举封侯建国。普天之下凡势力所及的农耕地区，还有周人经营开垦的非农地域，均以丘陵、河谷、平川为中心，纷纷建起大大小小的诸侯城邑、卿大夫采邑和散落乡野的民居庐舍。中国古代城市文明犹若雨后春笋破土而出，最先在渭水流域和汾水流域的黄土高坡上迅速发展起来，不断壮大。

西周初立，各路诸侯营城营国，疆土规模都不大，形式上竟与公元前35世纪的美索不达米亚，以及公元前8世纪在古希腊出现的小国寡民城邦颇为相像：一城即为一国，一国即为一城，属于相对独立、自主的城市国家。不同的是绝大部分小国诸侯和周天子同宗同姓，维系着同一氏族的血缘纽带，在家国同构的周王朝，视周天子为各诸侯国共主。然而奴隶制度下的周朝毕竟不是中央集权封建制度的朝代，周天子虽有共主权力象征，却无统治诸侯国的绝对权力。故而周王室享国790年，兴兵作乱以及各路诸侯之间相互兼并厮杀，从来没有停止过。

周朝刚一建立，武王去世，幼主成王继位，武王弟周公旦摄政辅佐，很快发生“三监之乱”，接着已归附西周的古唐国乘机叛乱，但是相继被周公旦率兵平定。为抵御北方戎狄部落的袭扰，筑起藩篱屏障捍卫关中王室，周成王于公元前1033年封胞弟叔虞为唐国诸侯。“唐在河、汾之东，方百里，故曰唐叔虞。”（《史记》卷三十九）叔虞受封治唐的诸侯国，正是位于黄河、汾水以东，被周公旦平叛灭掉的古唐国，范围大致在今山西翼城、曲沃、绛县、襄汾、侯马一带。叔虞死后，他儿子燮父继位，改国号为晋，一脉传承460多年。到晋悼公在位时的公元前558年至公元前573年，励精图治，对内推行改革，对外九合诸侯，国势鼎盛，达到巅峰，再度中兴晋文公霸业，成为春秋中期势力最大的诸侯君主。这一时期黄土高原上开始出现大量城邑，除了众多诸侯国的都城外，还有很多小的城邑。不过大多数诸侯国还是分散在不同地域的小国，和黄河以西、太岳山脉以北的西戎、北狄诸多部落杂居在一起。晋国独霸中原后，疆域不仅囊括了今山西省全部，而且拓展到今陕西省的东部和北部、河北省的中部与南部、河南省的西部及北部、山东省的西北部以及内蒙古阴山以南的广大地区。

如今的山西省是在晋国历史演变发展的基础上，按照黄河、太行山、塞上长城形成的自然分界线行政区划而来，深受晋文化的滋养熏陶，拥有3000多年的邈远历史。然而平遥古城始建于哪个年代，史书无从考证，隋唐宋元历代也没有方志记载。一直到了明嘉靖十三年（1534）有《重修周卿士尹吉甫庙记》碑云：“尹公吉甫者，江阳人，周宣王时为卿士，受命北伐猃狁，次师于此，增城筑台，教士讲武，以御戎寇，遂殒于斯。”此说写进同年纂修的《平遥县志》。之后明万历四十五年（1617）和清康熙、乾隆、光绪三朝累次重修《平遥县志》，均将平遥旧城记为西周宣王五年，也就是公元前823年尹吉甫建造。如此算来，平遥营城始建至今，少说也有2800年的历史。平遥城内的尹公庙和上东门外的尹公墓，似乎也印证了这位西周名臣最早增筑平遥古城之说。其实并非如此。这种出自当地为官者编撰的地方志书，受限于对古代典籍和远古历史的辨析认知能力，且无法凭借历史实物遗存判断事情的真实性，于是以

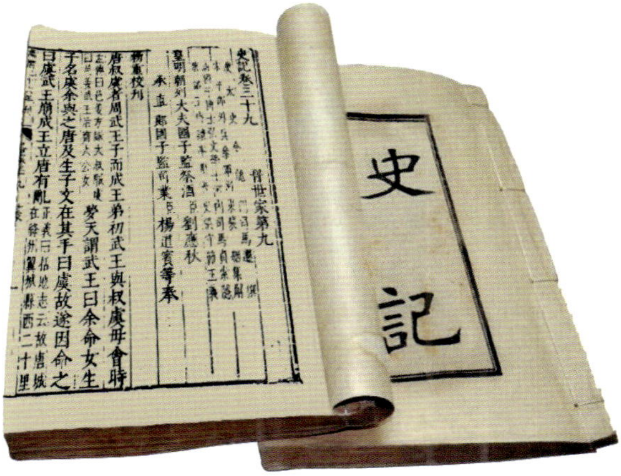

《史记》卷三十九

讹传世，备受史学界质疑。如今又有怪谈，竟将尹吉甫奉为“平遥建城之祖”，实属荒诞无稽！

细究其因，方知这一荒谬之说的历史根源，始于南宋大儒朱熹的误判。在其之前，三国魏文帝曹丕时有部佚名杂著《城塚记》，流传后世援引注疏，以为尹吉甫北伐猃狁至于太原，曾驻兵营城，地址就是后来三国太原郡的京陵县邑（北魏平陶县治徙置于此更名平遥）。然而人们很难想象，处于兵燹之灾的公元220年至公元226年，在文献阙如，驿马传递信息的年代，《城塚记》的著者何以断定距曹丕在位1000多年前的西周，京陵（平遥）故城为尹吉甫所建？人们仅凭常识可知，平遥位于远离西周镐京的东北汾水流域中游，而对西周王室构成最大威胁的猃狁部落聚居地却在毗邻镐京的西北泾水流域。汾水与泾水方位各偏镐京东西，两地相距至少800千米之遥，更何况尹吉甫追击猃狁的方向根本不是今汾河平原中部，何来驻兵于平遥营城御敌之说？

至于平遥的尹公庙和尹公墓,也不足以引为佐证。明嘉靖十三年（1534）《重修周卿士尹吉甫庙记》碑文写得明白：“斯庙也，不知创自何年，昔人妄以周太师名额。宋宣和间县尹李说据《经》‘文武吉甫，万邦为宪’，遂正名曰周卿士。”试想，一位宋代知县仅凭民间传闻和主观臆断，焉能证明近2000年前的历史事件？尹吉甫是今湖北省十堰市房县人，晚年被流放这里，死后墓葬仅在房县便有12座，迄今河北省沧州市南皮县也有尹公墓，还出土了国宝级文物西周晚期的青铜器“兮甲盘”。清乾隆三十年（1765），皇帝南巡南皮，命吏部侍郎曹秀先到墓前祭奠。除此之外，西安市大仁村同样存有一座尹吉甫护国将军墓。如此看来，以平遥尹公庙和尹公墓说尹吉甫为“平遥建城之祖”，纯属因势附会。

然而，混淆古代地名，是最终导致误判平遥古城始建年代的主要原因。在中国传统文化里，汉族先民自古以来就认为天下之大分为九州。这种民族地域概念最早见于先秦典籍《尚书·禹贡》。从战国开始九州即为古代中国的代称，汉代以后又用九州指代汉民族地区。所谓“九州”及其顺序，在《尚书·禹贡》《尔雅》《周礼》中的记载不尽相同。而与平遥所在行政区域有关的概念，则在东汉末年经学大师郑玄作注的儒家经典《周礼》中首次出现“并州”的记载。史载西周时期，今平遥属地在汾河平原中部的太原盆地（又称晋中盆地），地处太岳山脉以北。传说在远古“尧都平阳”时代，这一汾水流域中游地区生息着的“北唐戎”部族，也属于“帝尧陶唐氏”的一支后裔，和叔虞受封的古唐国同属陶唐故地。古文“陶”字读音与“尧”同，且与“尧”同义，皆象征尧文化古风遗韵。明清编纂的《平遥县志》云：“平遥古陶地，帝尧初封于陶，即此。”这与《史记》“尧都平阳”的记载显然相悖。实际上，在叔虞受封治唐时的西周初期，汾河平原中部就有北狄诸部长期栖居，并非黄河以西的西戎猃狁族。直到春秋后期的公元前541年，晋国大夫中行穆子在今太原附近大败无终及群狄，才将太原盆地连同今平遥属地一起纳入晋国版图。公元前376年，晋国卿大夫韩、赵、魏废黜晋静公，三家分晋，拉开了逐鹿中原、战国争雄兼并的历史大幕，彼时今平遥所在地域归属赵国管辖。纵观商周时代和春秋战国时期，尽管营城不止，然而除诸侯城邑和卿大夫采邑外，尚无其他筑有城郭，具有行政职能的邑落，更没有和如今平遥相关的县治城邑。

关于西周时期宣王命尹吉甫率兵驱逐猃狁的记载最初见于《诗经》。《诗经·小雅·六月》详细地记述了猃狁入侵周王朝和尹吉甫北伐猃狁的历史。周王室定都镐京后，经常受到活跃在京畿西北部（今陕甘地域）的多个“西戎”山地部落南下袭扰，威胁周王朝安宁。其中最强悍的一支游牧部族常年聚居在渭水支流的泾水流域。《诗经》称之为猃狁，也叫犬戎。《诗经》中描述：宣王五年（前823）猃狁再次沿泾水南下，“侵镐及方；至于泾阳”，已经直逼周王室镐京，到了今陕西省泾阳县西北方的焦获。于是宣王命官职拜为“尹”的大臣吉甫率兵大举北伐。而尹吉甫率兵“薄伐猃狁，至于大原”，写的就是这段历史。

在西周宣王时期，吉甫担任的官职称作“尹”，是周王朝两大中央官署之一的太史寮首席长官，掌管着册命、制禄、图籍、记录历史、祭祀、占卜、礼制、时令、天文、历法、耕作等事务，和统领卿事寮的太师同秉国政，地位十分显赫。尹吉甫能文能武，堪当大任，故深得宣王器重，受命出征。然而须知，最早记载《诗经》的文字是铸造在周朝青铜器上的金文，而金文只有“大”字，并无“太”字。《诗经》所说尹吉甫北伐猃狁，直抵泾水流域的大原，绝非指称后来始于秦代的太原郡，伐猃狁路线更无须经过今平遥县属地。

从古今史学家、经学家和训诂学家考证可知，地名具有很强的社会性、时代性、民族性和地域性。它的命名、更名、发展、演变始终受到各方面因素制约。前秦时期国家尚未统一，地名指位并不规范，大都按照某一区域和地方的约定俗成赋予，各自文献记载也不相同，重复命名、多地变更司空见惯。故而对于《诗经》中太原地名指位的误读误解也不足为奇。既然商周时期的甲骨文和金文里没有“太”字，自然《诗经》金文不会有“至于太原”的记载。后世之所以出现误判，与古文“大”的读音有关。我国文字起源于象形文字，最初甲骨文和金文“大”字读音为tài，后来语音分化演变，到春秋战国才引申出了“太”字，且与“大”字同音同义，“大”仍读tài。于是《诗经》在整理编订过程出现多人多种版本，《国语》《左传》《竹书纪年》的编写，也时有“大原”写成“太原”的现象。《史记》《后汉书》等则直接引述先秦典籍记载，乃至同一部著作不乏自相矛盾之处。不过有一点可以肯定，无论“大原”或者“太原”，在这些史料中均无具体地理位置的描述。我国古代注疏《诗经》最有影响的经学家一是秦汉之交的毛亨，二是东汉末年的郑玄，再有唐代的孔颖达。清代著名经学家、

城墙一角

史地学家顾炎武在他撰写的17世纪中国学术巨著《日知录》中，曾就大原专论辨析，谓之：“‘薄伐猃狁，至于大原。’毛、郑皆不详其地。其以为今太原阳曲县者，始于朱子，而愚未敢信也。古之言‘大原’者多矣，若此诗，则必先求泾阳所在，而后大原可得而明也。”他指出：“然则大原当即今之平凉，而后魏立为原州，亦是取古大原之名尔。……计周人之御猃狁，必在泾原之间。若晋阳之太原，在大河之东，距周京千五百里，岂有寇从西来，兵乃东出者乎？”

著名史学家、经学家、训诂学家胡渭、王国维等均赞同顾炎武的论断，不以朱熹之说为然。如今学术界主流观点认为《诗经》中的“太原”，本为金文“大原”，泛称位于黄土高原西北广阔地区的域名，具体是指今甘肃省平凉市以北和环县以南的地带。谭其骧先生主编的《中国历史地图集》是中国历史地图的权威版本，经过缜密考证，将西周时期的太原赫然标注在今陕甘宁泾水流域，当代西周史学家杨宽著《西周史》及书中西周地域插图，与《中国历史地图集》完全一致。人们无法想象，猃狁遭到尹吉甫大军追杀被迫溃退，不沿泾水流域撤回长期经略的西北大本营基地，却径直朝向镐京东北方逃窜，去往和猃狁聚居地毫不相关的汾水流域中游，以

致尹吉甫率大军屯兵平遥筑城，追击到秦代才开始建置的太原郡晋阳城。须知西周时太原郡地名尚称“大卤”。《春秋·昭公元年》曾记载：“晋荀吴帅师败狄于大卤。”魏晋经学家杜预注疏：“大卤，太原晋阳县。”显而易见，这里指魏晋时期的太原晋阳，也借指并州。确切说“太原”一词由域名改作地名使用，起始于秦汉。秦庄襄王三年（前247年），秦将蒙骜攻克晋阳，按秦国郡县制“初置太原郡”。此时距尹吉甫北伐猃狁的年代已经过去近600年。显而易见，此太原非彼太原，西周时太原的地域范围并不等同于秦置太原郡的行政区划。

求证历史事件、地点与人物，最忌以求证者时下的地理人文环境去想象、臆断历史事件发生的地点和人物活动年代的真实地理状况。南宋理学大师朱熹终其一生在淮河、大散关以南地区。彼时西周《诗经》所述“大原”已然地属金国庆原路，域名尽失。朱熹无缘涉足，唯知太原尚存，是金国河东北路治所。身处那个地理人文环境，很容易把延续秦代郡县制的太原府，曲解为《诗经》的“大原”（战国始与“太原”通用），误导人们认知，带来古城始建年代的千年历史聚讼，如平遥、太原般万殊一辙。

秦灭六国一统天下，废除分封诸侯国制度，实行郡县制，始置平陶县，兼京陵、中都二县及邬县地，并属太原郡。平陶故城在汾河以西今文水县西南12.5千米的平陶村，北魏时徙置迁到汾河以东的现今地址，因避太武帝拓跋焘名讳，平陶县改为平遥县。从此历经隋、唐、五代、辽、宋、金、元、明、清各朝和民国时期，平遥县虽然在行政区划上有所变化，或归并州，或归西河，或归汾州，但是它的县名和行政层级管理再也没有发生变更,一直沿用到今天。

平遥古城之所以能够列为世界文化遗产，并不是什么相传始建于西周宣王时期，尹吉甫为“平遥建城之祖”，迄今具有2800年邈远历史，而是因其价值所在。它是中国汉民族在明清时期的杰出范例，完整保存了中国古代县城的原型。

平遥位于晋中盆地西南缘，坐落在汾水以东边山地带，平均海拔1349米，“西通秦陇，北达燕京”，凸显了地理区位与形势的紧要。平遥古城北面毗连广袤的汾河平川，东南面群山环绕，丘陵起伏，和层峦叠嶂的太岳峻岭相望，东、西两面更有太行山脉、吕梁山脉两道天然屏障夹峙。东邻祁县，西接汾阳，南连沁源，北至

平遥城区数字影像图

文水，自古就是连接东西两地山区的交通要冲，扼控衔接幽燕各州与古都长安与洛阳的通衢咽喉。地处北方的游牧民族和藩镇割据各方，只要在黄土高原上打通从山西南下或西去的通衢官道，居高临下直扑关中与幽燕，攻陷京城便如同囊中探物。无论东西战，还是南北征，平遥的地理区位在历代均为兵家必争之地，战争烽火连年不断。

据史料记载，平遥城毁事件在隋唐之交和北宋末年曾发生三次。唐武德二年（619），隋末枭雄刘武周趁兵荒马乱割据称帝，联合突厥与唐高祖一争天下，引精兵二万南侵晋阳（今太原），相继攻陷榆次、平遥两城，肆意洗劫杀戮。北宋立国之初，宋太祖赵匡胤和宋太

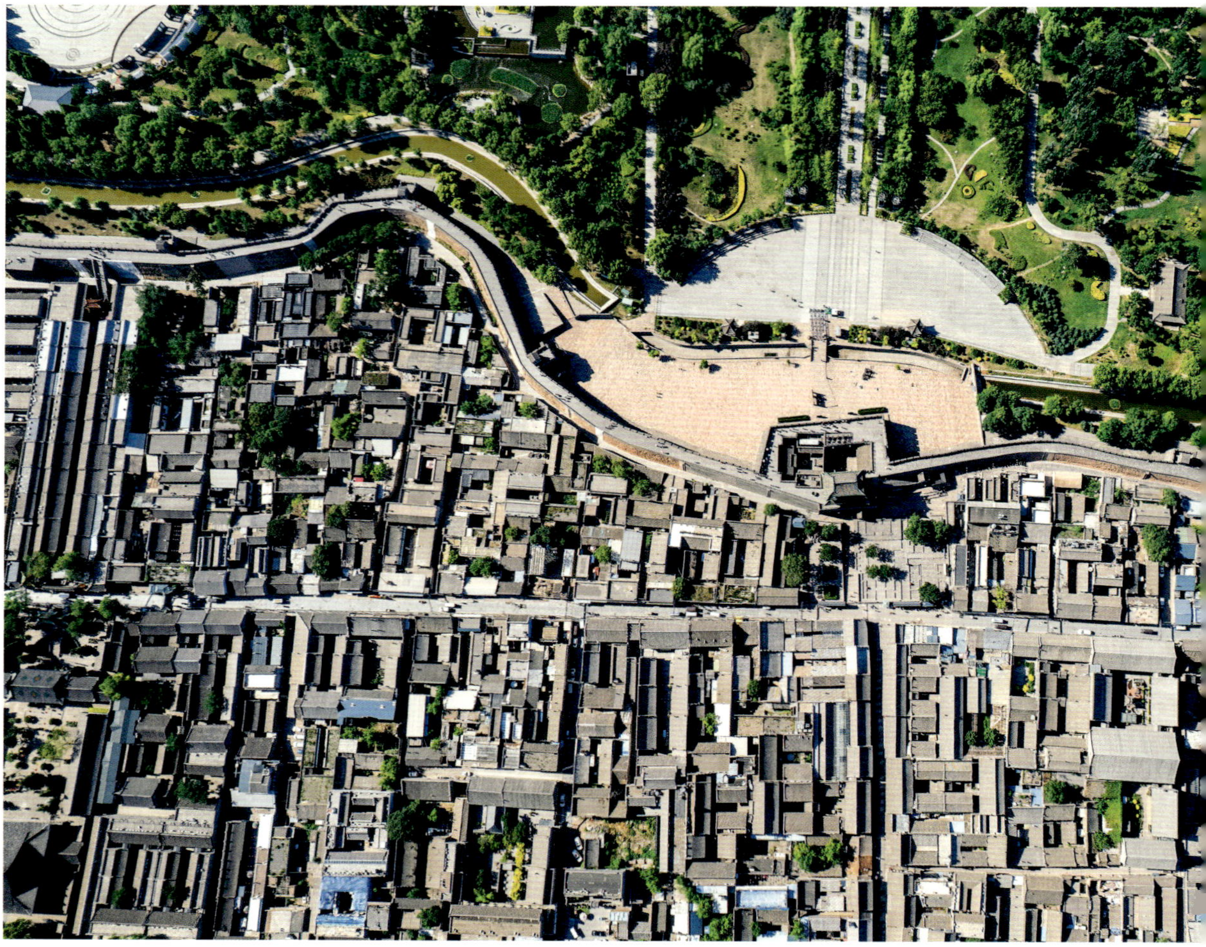

宗赵光义兄弟二人平定北汉，先后数次御驾亲征。平遥是北汉都城晋阳以南数千米的重镇，自然难逃宋兵焚城之灾。当宋将昭义节度使李继勋率兵进攻北汉时，自南向北首先清除障碍，兵发平遥纵火焚城，俘获敌兵甚众。到北宋靖康元年（1126）九月，觊觎东京汴梁的金兵再次来犯太原、真定（今正定）二府，围困太原260日，城中军民饿死十之八九，城池终被攻陷。金兵有若饿虎扑食般残酷屠城，很快将太原城变成废墟，随即又挥师南下，剑指平遥。金左副元帅统兵6万，击败前来增援的宋军5000人，致使平遥古城再一次陷落。在那场史称“靖康之难”的浩劫中，平遥“尸盈郊邑，血满道途”，城墙坍塌数段。

平遥历史上频遭战事袭扰，几乎都与朝代更迭及内乱征战息息相关。或许正是因为平遥地处并、汾二州接壤的边缘区位，而且与太岳山脉以南和东南部上党地区，也就是今晋南、晋东南毗连，故而在政治博弈的天平上，谁拥有平遥，谁就能增加胜算，夺得地利优势。如此一来，这座黄土高原上的弹丸之地命运多舛，建了毁，毁了建，始终没有多大发展。这种状况直到明代才有所改观。

俯瞰平遥古城

# 二、明初高筑墙大举扩建平遥城

平遥自秦汉置县，县治曾数次迁徙，数百年间行政归属频频变动，从汾河以西回到汾河以东，在如今的地址营建古城时，已是北魏始光元年（424）。

历经近千年的平遥城池详情，虽然未见明清地方修志记载，但是流传下来的大量典籍、唐诗宋词，以及近现代考古发掘和研究文献都充分表明，明代以前中国北方地区的古城通常多修筑夯土城垣。这固然与就地取土筑城有一定关系，不过更为重要的是宋代以前使用冷兵器作战。在中国，火药还没有用于军事的年代，一旦发生战争，使用刀、剑、矛、弓矢等各种冷兵器，配合车战和重装骑兵攻城略地，夯土城垣凭借自身高大厚实的稳固性完全可以有效抵御攻城之敌。不过从宋代发明火药并将其制成火器大规模用于战争以后，冷兵器便开始和热兵器并用，除了投入抛石机、强弩等射远兵器外，还用具有强烈燃烧性和爆炸性的火药箭、火炮、霹雳炮、震天雷等多样火器，极大地增强了摧毁夯土城垣的威力。尤其两宋时期，通过战争，还把火药、火器等军事技术传到金、夏、蒙等游牧民族。游牧民族擅长铁骑冲杀，导致夯土城垣不堪一击。即使在防守的城门左右两侧、城墙转角等重要位置局部包砖加固，也无济于事。事实上，热兵器的出现带来了战争装备升级和作战方法变革，从而促使包砖城墙越来越普及。或许这也是目前我国尚遗存部分宋代砖砌城墙的缘故。

然而包括平遥在内，地处黄土高原的山西古城，采用砖筑城墙的起始时间都比较晚。平遥在隋、唐、宋、元时期依旧沿用夯土城垣，并且城池很小。这与古代的营国制度有关。中国在历史上是一个等级森严的古老国度，自西周起建立严格的礼制，使营国制度愈加规范。所谓营国，就是建置以城为中心的城邦。城是城邦主体，又称为国。按照政治上的尊卑等级，分为王城、诸侯国都城、卿大夫采邑城三级，规模大小排列有序，不得逾越。秦汉改封国制为郡县制，但基本架构仍承袭西周，分为国都城、郡城和县城三级，同级城的大小不尽统一。平遥这个弹丸之地自然也不例外。据清康熙十二年（1673）撰修的《平遥县志》记载："旧城狭小，东西二面俱低……明洪武三年重筑，周围十二里八分四厘，崇三丈二尺，濠深广各一丈。门六座，东西各二，南北各一。"

平遥古城缘何如此大举扩建，同时包砖砌筑起高大坚固的城墙，开挖既宽又深的护城河，就不得不回溯公元14世纪元末明初改朝换代时极其特殊的天下大势。

13世纪末，是欧洲文艺复兴的主要时期。到14世纪中叶，席卷整个欧洲的黑死病吞噬掉2500万人的生命，相当于欧洲总人口的三分之一。这场大瘟疫使人类遭受灭顶之灾。这时正值元代末年，同样瘟疫肆意蔓延，朱元璋的父亲、母亲、大哥也都因此丢掉了性命。蒙元朝政腐朽，税负沉重，民族压迫政策和连年灾荒导致民不聊生，加上大瘟疫流行，全国人口锐减，导致严重的社会危机，迫使各地走投无路的农民纷纷揭竿而起，最终爆发了声势浩大的红巾军起义。朱元璋乘势起兵，问鼎天下，他采纳谋士朱升的建议，实行"高筑墙，广积粮，缓称王"的斗争策略，极富号召力地提出"驱逐胡虏，恢复中华"，吸引广大汉族民众拥戴，完成建立朱明王朝的大业。

果不其然，“高筑墙，广积粮，缓称王”的斗争策略在朱元璋打拼天下、开创有明一代帝王基业时，很快收到了卓著成效，而且对其后世产生了深远影响。“高筑墙”，意在巩固既得地区城邑；“广积粮”，旨在做好应对长期战争所需要的物资储备；“缓称王”，直言不图虚名，但求实效，勿成众矢之的，陷入四面受敌的被动处境。其中仅“高筑墙”策略而言，朱明王朝就筑起中国古代历史上规模最宏大、气势最雄伟的万里长城，创造了世界之最，已被联合国教科文组织列为世界文化遗产。这项军事防御工程从东向西行经9省156县，全长8851.8千米，蜿蜒起伏，在神州大地上，如同盘桓于崇山峻岭和高原大漠间的一条巨龙，欲将扶摇腾飞，令人为之惊叹！

与此同时，明代修筑城池的次数和数量远远超过以往，和两宋时期筑城近千次、元代筑城400多次相比，明代频繁筑城的次数竟然达到7489次，包括营建243座府、

州、卫级城池，1327座县、州、所级城池，以及其他城池629座。由此可见，明代通过高墙壁垒增强了守城防御的作战能力。

在中国历史上，县治起源于春秋时期，秦代统一实行郡县制以后得到完善。随着中国疆域不断变迁，县的数量有增有减，历代在1000个到1500个之间。其中汉唐和清代都曾猛增到1500多个，北宋时减少至1200多个，明代又增加到1400多个。

举一国之力，进行大规模的筑城行动，对夯土城垣全部包砖加固，均来自朱明王朝持续推行的“高筑墙”策略。这也使得明代成为中国古代最重视城池修建的封建王朝。有明一代，国祚270余年，大规模筑城行动的持续开展，可谓举世无双的重大事件。

开国之君朱元璋以其雄才大略，不遗余力地推动修筑砖石城墙，态度始终积极

严厉，明洪武三年（1370）还曾下诏，命令武将文臣："朝廷视城为最重，岁必遣使巡行天下。凡偷惰者重罪之，弗贷。"按照他的要求，凡攻城略地之战，一旦夺取城池，迅即由守城武将包砌城垣，不得稍有怠慢。他很清楚重要城池的得失往往决定着战争的胜负，所以要求修筑砖石城墙务必先保军事价值大、行政等级高的古城。为了让城墙固若金汤，能够抗击火药箭、火炮、霹雳炮、震天雷等火器的砸打，增强整体的牢固稳定，朱元璋在明初就设专门机构执掌砖筑城垣，管理工匠，改进制作城砖规格和砖筑城墙的方法，使城砖有定制，砖块尺寸也比宋、元时增大，质地愈加密实坚硬。砌筑城墙墙体还采取收分法，加宽城墙顶部，加高城墙上的女儿墙，加筑垛口，使守城兵力能够快速调度和相互驰援，并将城墙砌筑成陡峭光滑的斜面，大大增加了攻城之敌攀爬的难度。

平遥古城正是在这样一种特殊的战乱年代，破天荒地迎来了前所未有的大举扩建，以黄土高原上一座县治城邑的典型范例，诠释了元末明初所兴起的"高筑墙"这一基本国策，及其蕴含的政治、历史、军事文化特征。如今平遥古城明代城墙展现在人们面前的不仅有冷兵器时代军事防御设施的坚固雄伟，而且有它所蕴含的公元14世纪那段刻骨铭心的历史。

诚如朱元璋一贯主张，并诏令将帅在南征北战中边打边筑城池，迅即巩固占领城池的那样，当明将徐达在北伐途中攻取平遥之后，马上决定重建加固，大举扩建平遥旧城垣，将其拓展成一座规模少见的县治城邑。

1368年明朝建立，定都在应天，即今日之南京。这一年，征虏大将军徐达受命率25万大军挥师北上，以破竹之势很快逼近元大都。元顺帝妥懽帖睦尔被迫弃城，夜出健德门，带领残部败退漠北。于是徐达攻下元大都以后，马不停蹄移师西征，杀向秦晋。未过几时乘胜奔袭太原，大败元军守将扩廓帖木儿，攻取太原，随即分兵连克平遥、介休、盂州（今盂县）、管州（今静乐）等城。为防蒙元残部势力卷土重来，徐达深谋远虑，在西通秦陇、北达燕京、东去潞安—沁州、南至平阳的通衢上，选择位于军事要冲和商贸集散地的平遥，在旧城夯土城垣的基础上，分别向西、北两面拓展，大兴土木，增高、加厚、包砖，补充各类防御设施，进行一次较大的扩建重筑。

原本平遥城池的规模并不大，明初县城的沙巷街西面和真武庙、窑场街以北地带，都经这次扩建才划进城里。由此奠定了平遥古城的形制，以后又经过几代人的修葺，才拥有了现在2.25平方千米的规模。

扩建后的古城除建有城门楼、角楼外，还增筑了登城马道、敌楼、马面、瓮城、护城河等防御设施。在砖筑城墙中对敌楼数量的设置颇有讲究。明初敌楼又称为窝铺，是守城防御时执更、休息，放置兵器、军粮的处所，入口门洞狭窄，背向城外而开。设置在城墙上的敌楼数量多寡，关乎守城兵力是否充足，故而朱元璋甚为重视。洪武元年（1368），特定各处城楼窝铺规制：“腹里有军城池，每二十丈置一铺。边境城池每十丈一铺。其总兵官随机应变增置者，不在此限。”平遥属于内地，城墙周长6162.68米（与明初“周围十二里八分四厘”吻合），如若照此规矩办理，除去设置城门楼和角楼的地段，至少应建敌楼70座有余。然而竟未如所愿，或许平定山西时战火未泯，明军长期流动作战，无暇备齐大量砖石木料，因此才有了清康熙《平遥县志》中“后建敌台窝铺四十座”的记载。不过有明一代后来还是建了71座敌楼，连同城墙

平遥古城风貌

平遥古城风貌

东南角的魁星楼，总计72座。

对于明代历次修葺平遥古城，清康熙《平遥县志》做了记载：继明洪武三年（1370）徐达督建城池，扩展加固后，“明景泰初知县萧重修。正德四年知县田登修下东门城，又筑附廓关城一西。嘉靖三十一年知县沈振又修二面，厚七尺，高六尺，筑北门瓮城。嘉靖四十一年，知县张稽古因寇犯边，急砌砖墙，更新门楼。隆庆三年，知县岳维华增筑敌台楼九十四座，俱用砖砌，仍于六门外设吊桥，立附城门”。明万历年间，先后三次修葺，用砖石加固包城四面，广植树木于四壕，以砖石修筑东西瓮城。由此不禁感慨，平遥古城“自是金汤巩固保障万年矣”。

如今的平遥古城，是目前世界上唯一完整幸存下来的中国古代县城的原型。在这里，由四隅围合的高大城墙，纵横交织的阡陌街巷，灰砖黛瓦的民居宅院，鳞次栉比的商肆，布局严谨的县衙官署，雕梁画栋的道观、寺庙、市楼，组成了规模庞大的建筑群，起伏跌宕，气势恢宏，把中国明清时期的古城风貌和起居形态真实完整地展现在世人面前，成为弥足珍贵的中国古城的活标本。

# 三、晋商崛起造就明清古城百年兴盛

平遥古城成功申报世界文化遗产，开启了发掘和研究晋商与晋商文化的闸门。而所有的研究，几乎都得出同一个结论，就是明清时期这座千年古城的兴盛和繁荣，与晋商崛起休戚相关，一荣俱荣，因缘使然。不过，自古祖祖辈辈生息在黄土高坡，以“务稼穑，事织纺”为本的平遥人，明代之前极少与经商做生意扯上什么缘分。只是应了“物极必反”和“穷则思变”的老话，一旦长期陷入仅靠农桑并举难以为继的艰难困境，总有一些急切改变现状的平遥人，竭尽全力抓住突现的机遇，另辟生存发展蹊径。从这个意义上说，穷兮富相依，平遥脆弱的地理生态环境，隐然与晋商崛起结下了不解的历史渊源。

这座散落在汾河流域中游的秦汉县城位于晋中盆地。县境东南部太岳群山环绕。中部属于海拔1000米以上的中低山区，黄土丘陵起伏，沟壑纵横，地形地貌破碎，水土流失严重。条件稍好的西北部是汾河谷地，经常年沉积与水浸，形成了冲洪积倾斜平原和冲积平原。虽然貌似地表水丰富，却因温带大陆性半干旱季风气候，降雨量小且不匀，县域水资源贫乏，土地贫瘠，可供农作的耕地颇为有限。这对历来人多地少的农业大县平遥来说，难解衣食之忧。到宋元两朝，平遥几乎年年遭遇旱、虫、水、雹、风、霜和地震等天灾。若是旱蝗并发之年，冬小麦和秋作物更是年谷不登，导致哀鸿遍野。例如元成宗大德七年（1303），“八月辛卯夕，地震。太原、平阳尤甚，坏官民庐舍十万计……太原徐沟、祁县及汾州平遥、介休、西河、孝义等县地震成渠，泉涌黑沙”。再如元至正十九年（1359），大批蝗虫飞临平遥境内，以致“蝗食嘉禾，草禾俱尽，蝗飞蔽日，碍人行”。迫于生计，平遥人不得不远离故土，四处漂泊，去往他乡寻求谋生的出路。这种状况持续到明代才悄然发生改变，越来越多的平遥人不甘于世世代代面朝黄土背朝天，辛勤耕作纺织，却依旧口舍不敷，于是转而离开故土去经商。经过几代人艰苦的创业打拼，在晋商崛起的过程中形成了一支不可小觑的商帮劲旅。他们走南闯北，行商天下，创立了中国首家金融汇兑的银行。

晋商，是明清时期山西商人的响亮称号，因其发端于春秋时期的晋地，故而深深打上了晋文化烙印，血液里流淌着晋国商贾经营的基因。据周朝的史书《国语·晋语四》记载，公元前636年晋公子重耳在外流亡多年，在秦穆公襄助下返回晋国，成为一国之君，即春秋诸侯霸主晋文公。他大胆改革，在晋国实行“轻关易道，通商宽农”政策，鼓励发展商业贸易。谁也没有料到，战国初晋国已有成功商人在财富积累过程中崭露头角。其中绛邑豪商猗顿最是为人津津乐道。猗顿本在鲁国，听闻陶朱公范蠡弃官经商很快致富，“往而问术”，颇为受益，于是来到晋国，落脚在离解池（今解州盐池）不远的绛邑，靠畜牛羊，贩盐业起家，不久富甲一方，驰名天下。那时的晋国，拥有富可敌国的商贾。这些商人坐着用金玉装饰的豪华马车，身着精美华贵的衣裳，来往于诸侯之间，炫耀着自己拥有的财富。

在漫长的中国古代农业社会，重农抑商是基本的政策和观念，很多时候商人并不被看好，商业经营也大都是引车卖浆、织席贩履一类的小本生意，少有大宗商品的买卖。虽然春秋时期晋国制定了一些惠商政策，凭借“国之大宝”解池盐业的资源优势，商品流通一度空前繁荣，但是主要活跃在晋国腹地，也就是史称河东的今晋南地区。晋国北部疆域包括汾河流域中游在很长时期均为北狄游牧民族占据。

中国的商业革命和社会转型发生在北宋时期，破除了重农抑商政策，各地出现众多商人，兴起大量的镇市和草市。宋太宗时也曾实行交引法，即折中法，对商人向边郡运送粮草给予相应交引，再由江淮荆湖各路给予茶、盐进行经销。后因不法商人勾结官吏，从中牟取暴利，渐渐出现“商人入粟于边，率高其直，而售以解盐，商利益博，国用日耗”状况，严重危害国家利益，“折中法”遂被废止。距平遥数千米的晋阳古城在宋太宗灭北汉时被焚毁，另筑的太原城，小而简陋，商业却很发达，甚至纵横交织的街巷都用日常起居所需要的各种商品冠名，经营形成规模。不过红红火火的生意并没有给贫困饥荒的平遥人带来多少吸引力。由于实在穷，连微利经营的资本也拿不出，只能凭劳力给商家打工。大批平遥人走上经商之路，主要源于明初实行的“开中法”。

山西地处黄土高原，外与漠北接壤，内可俯瞰中原，襟带山河，驿路通达，渡黄河至历代古都长安、洛阳、开封、杭州、南京，穿太行去明清京畿与都城，地缘区位得天独厚。

明初元顺帝被迫弃城退居漠北。不过他所率领的残部并非通常意义上丧失战斗力的散兵游勇，而是整建制的有序北撤之师，具有相当顽强的战斗力。元顺帝这样做，显然是出于战略考虑，表面上示弱败北，实质上为的是暂避徐达精锐大军的锋芒，以期保存实力，伺机反扑。试想从世祖忽必烈建功立业入主中原，到顺帝亡国，元朝经过110年的苦心经营，一朝失去江山社稷，岂肯罢休?

山西紧邻元大都，素有“表里山河”之称，是皇权旁的“形胜之区”。早在元朝建立之初，就被视为“地近天下腹心”的军政战略和经济保障基地。元朝统治者不仅采取了裂土分民的办法，把山西的土地和民户分封给留驻在那里的蒙古宗亲，而且对于山西地区的命官也格外看重，不是安排蒙古世官，就是任命汉族能臣。在一番苦心经营之下，还建起了大量具有军事性质的驿站，加强了联合设防。同时，山西又是元朝征戍屯田，经略川陕等地的兵源所在，以至元末镇压红巾军农民起义时，都还是从山西调兵遣将。可见山西之于元王朝至关重要。

元顺帝也正是很早就在这里培育起了自己的势力，即使在他逃离京城以后，其党羽也仍然大量藏身于山西。自此残余势力不断伺机南下，卷土重来，经年累月成为威胁大明王朝的最大边患。

为了抵御来自漠北的侵袭，稳固浴血夺得的乾坤大业，使大明王朝长治久安，明太祖朱元璋不仅四次御驾亲征，长驱北伐，而且还在开国谋臣刘伯温的建议下创建了卫所军制，在军事要地设卫，次要的地方设所。一卫的兵力是5600人，长官称作指挥使，管辖5个千户所，每个千户所拥兵1120人，每112人设为百户。沿着边塞翻山越岭，把卫所密密麻麻地设置在了长城内外。文献中记载，明朝立国之初，驻扎在全国各地的总兵力大约200万人，尤以长城沿线最为集中，共设立1400多个营、寨、屯、堡，经常驻扎着60万到80万军队，多的时候甚至有百万人。

与此同时，朱元璋又在东起鸭绿江、西到嘉峪关的北部边防线上，绵亘万里陈兵，实行屯田戍边，先后设立了辽东、蓟州、宣府、大同、太原、榆林、宁夏、固原、甘肃等9个军事重镇，史称“九边重镇”。他还采取了“诸子守边”的办法，把自己的儿子分封为藩王，坐镇边关。这是明初边防政策的一个主要特征。

明成祖朱棣迁都北京以后，也曾五次御驾亲征，驰骋塞外，甚至还将明皇陵选定在地处边防要冲的燕山山麓一带，摆出了一副“天子守边”的决战架势。试想祖坟置于此，焉有弃之不顾的道理？

然而到了明朝中叶，朱棣的军事实力逐渐衰弱，无力主动出击，被迫转为防御，于是只好大举修筑长城，将戍边驻军退守到了长城一线。尽管这样，也没有完全消除元朝残余势力和后来蒙古族的威胁袭扰。

大明王朝长期在北方边疆屯兵驻扎，军队数量大约占了全国总兵力的三分之二，包括随军家眷，在长城沿线形成了一个庞大的军事消费区，这样一来仅靠屯田养兵无以为继。为了解决北方边镇军饷严重不足的问题，从明洪武三年（1370）开始，朱元璋在宋太宗折中制的基础上进行完善，实行了一种叫作“开中法”的激励政策，以盐、茶为中介，招募商人给戍边将士运送军粮、马匹等物资。这也为晋商迅速崛起提供了千载难逢的契机。

“开中法”利用朝廷控制的食盐专卖权，作出了一项特殊规定：只要商人能把粮食运到边关，充实边境地区的军粮储备，就允许这些商人换取朝廷特许的贩卖食盐的盐引，凭引领盐运到指定的地区销售。那时的盐引相当于现在的特许经营许可证。大明王朝就是这样，通过“开中法”，鼓励大批商人从经销居家生活所需的食盐中获取高额利润，以此满足长城一线的驻军粮饷，保证北部边防的长期稳定和安全。这样做一举三得，既保障了戍边军粮和日常生活物资，大大缓解边防军需压力；又利用商人趋利的心理，将过去给边防运粮的农民换成商人，在减轻农民负担，稳定农业生产的同时，省掉了朝廷征集农民长途运粮的成本；还能通过这一惠商举措，使商人分享一点朝廷控制的食盐专卖权，从批发和零售的差价中赚取可观的利润，激发商人争取运送军粮机会的积极性。当然，明太祖朱元璋深知实行“开中法”后，贩盐交易必然出现不法盐商与地方官吏勾结牟取暴利的情况，基于宋代“折中法”的深刻教训，他严明盐法，明文规定只准把盐贩卖给守法的正经商人，并置局设官，加强盐业的专卖管理，对官吏进行严格监管，禁止官吏徇私舞弊，以权谋私，一旦发现奏讨盐引从中牟利，即使是皇亲国戚，也严惩不贷。这在一定程度上消除了明代“开中法”无法遏止的弊端。

无论是宋太宗赵光义，还是明太祖朱元璋，之所以都把盐引作为王牌筹码，自然是因为食盐固有的特殊社会属性。《管子·海王》云：“十口之家十人食盐，百口之家百人食盐。”食盐乃百味之首，关乎民生社稷和社会安定，是人类生存和社会发展不可或缺、也无法替代的基本要素。古往今来，盐既是居家生活的必需品，也是最古老的商品。从春秋战国时起，历朝历代的统治者都把食盐的专卖权牢牢掌控在朝廷手里。明洪武年间户部在两淮、江浙、长芦、山东、福建、河东六大食盐产销地设立了都转盐运使司，其中河东池盐的产销地就在今山西南部，也就是运城市的解州盐湖，这里产盐有着三四千年的历史。据说早在黄帝时代就在这里开采池盐。由于“开中法”最先在河东实施，这对晋商来说，近水楼台先得月，无疑占尽了天时地利。他们很快抓住了天赐良机，凭借贩卖粮食、食盐、棉布、丝绸、茶叶、农具和草料，顿时在北方边陲活跃起来。

商人长于算计。考虑到长途运粮耗费巨大，不如选择距离边境稍近的地方雇佣劳动力开垦荒地，生产粮食，就近缴入官仓换取盐引，获得更大利润，于是山西商人不仅从今河南、山东和江淮地区筹集粮食和茶叶，而且想方设法在靠近大同边陲一带大兴商屯。山西有位于长城沿线的东、西、南商路的要冲，得益于地缘关系，和其他地区相比，生活在这里的商人拥有天然的资源优势。正是由于“开中法”政策的推行，在粮与盐的商品转换中，山西商人才抓住机遇捷足先登，迅速崛起，形成一支纵横南北的商帮劲旅。当代《晋商学》著者高春平曾解读这一政策带来的激励效应：公元14世纪中叶，山西商人借助明政府实施“开中法”的历史机遇，利用靠近北部边防重镇的有利地理位置，推着满载粮食的木轱辘小车，在长城一带数十万兵马驻扎的军事消费市场，经营食盐、粮米、棉布、铁器等军需民用物品，崛起于国内商界。

明清时期活跃在全国各地的山西商人仍然以“晋”为荣，称作晋商。而在晋商劲旅中实力最强、影响最大、最具代表性的是根植于晋中盆地，由祁县、太谷、平遥三县商贾组成的祁太平商帮。这支商帮堪称晋商中流砥柱，平遥商人在晋商劲旅中则独占鳌头，是一支重要力量，时称“平遥商帮”。他们走西口，闯漠北，足迹遍布国内外。

到了明朝中叶，商品经济日益发展，商屯制度瓦解，晋商的活动舞台也逐渐从北方边陲向内地转移，尤其是转向盐业生产集中的两淮、江浙地区，变成当地盐商的主力，并且还在各地设立分号，进入全国市场，和徽商比肩而立，成为当时在中国颇具影响力的商帮之一。

经过两百多年的积累和发展，在清顺治、康熙年间，晋商已然是行商天下，北方和南方的许多商业城镇、商埠码头，都设有平遥商帮的老字号店铺和会

雄踞山西境内的明代长城

馆。他们通过南北商路，北货南运，南货北移。南下商人把南方货物水运到汉口，用骆驼、驴、骡驮载，经开封、怀庆入山西平遥，加工分包商品后，再从太原途经忻州运出雁门关：一条路线往东，由张家口向库伦、恰克图进入莫斯科欧洲市场，或向多伦、齐齐哈尔进入呼伦贝尔草原牧区；另一条路线往西，从归绥（今呼和浩特）向包头、宁夏到达叶尔羌，或向库伦、科布多进入宁夏到达叶尔羌，或向库伦、科布多进入塔尔巴哈台进行交易。当时的大宗商品以颜料、茶叶、丝绸、瓷器、手工艺品为主，换回大量的马匹、骆驼、毛皮和呢绒等。到了乾隆、嘉庆年间，平遥商帮不仅集聚了大量的货币资财，达到了“富可敌国”的程度，让黄金白银源源不断流回家乡，开始置地翻盖新房，大兴土木，修筑起了一座座晋商大院，而且带动了山西的手工业发展，促进了全国商品物资的交流，加快了自然经济解体，推动了商品经济的发展进程。在这样生意兴隆、蒸蒸日上的背景下，为创办中国最早的金融汇兑业奠定了雄厚的基础。

初识平遥怎么也不明白，在学而优则仕的封建礼制时代，地缘相接的祁县、太谷和平遥缘何盛行崇尚儒商之风，以商为荣，独步天下。尤其平遥票号商的问世，从根本上改写了平遥古城历史，促成了它的农耕经济向金融商贸业发生结构性转化，把这座古城的发展推向了极致。

清道光三年（1823），平遥西裕成颜料铺率先创办了票号，之后祁太平商帮纷纷效法此道，通过商业贸易和金融汇兑结合，对中国清代的经济、政治、文化产生了极其重要的影响。在鼎盛时期，各商家在平遥古城开办的票号就拥有367个分号，遍布在国内外68个城市和商埠。那时中国的票号总部共有51家，其中设在平遥古城的就有22家，差不多占了全国总数的一半，并且大都开设在南大街和西大街上。一时间，这两条繁花似锦的商业街像是1685年在西半球兴起的纽约华尔街，同样集中了本国的金融垄断机构，操控着全国的金融命脉。平遥古城也因此而名声大噪，地位攀升，登上了发展史的巅峰。

那时的平遥商帮，用日进斗金描述毫不夸张。他们行商在外，对家乡故土始终怀着深厚的情愫，不惜把打拼天下积累起来的财富捐助在古城营建上。明洪武年之后的500多年间，平遥古城先后进行过26次大大小小的修葺和增补，才逐渐完成了古城的营建，形成了今天恢宏壮观的气势。不过饶有趣味的是，每一次修葺、增补古城墙和寺庙所耗费的白银，主要不是来自官府，而是依靠民间捐赠，特别是得益于古城内众多商家的善举。平遥的民众总是把义务营城，加强防御看成分内事，和身家性命、社会稳定紧密联系在一起，和生意兴隆、财源茂盛完全融为一体。在迄今保留下来的修城、修庙、疏浚护城河的功德碑上，还可以看到捐赠白银的翔实记录。

正如明代沈思孝所说："晋俗勤俭，善殖利

于外。”平遥绅商在营城的同时，还把置地建房当作居家生活的头等大事，当作荣归故里、光宗耀祖和彰显财富地位的象征。他们走南闯北，在千里之外大笔地赚钱，回来在城内购置土地，大兴土木，建造起一座座深宅大院。

按照明清律制，庶民庐舍的规模大小不超过三间五架，不许用斗拱，饰以彩绘，否则会招致杀身之祸。为了规避朝中刑律，精明的平遥商人从不斗胆试法，擅自提高自家宅院的建筑等级规格，增加房屋梁架的开间、进深和建筑的体量、色彩，而是私下模仿王府官邸的形式，巧妙运用多元组合的办法，将三合院或四合院纵向串联、横向并联，建成一重重套院，于是这些院落便呈现出“日”字、“目”字和“田”字等多种组合的空间结构形态。这些被后人称为晋商大院的民居建筑看上去屋宇高耸，外拙内秀，所有厢房采用单坡屋面，沿街后墙均不留窗，还在自家正房的屋顶或者屋脊上特地建有风水楼、风水墙。

清代中叶以后，平遥商人纷纷重整家园的举动大大刺激了当地建筑业的迅速发展，也使营造技术和建筑艺术发生了质的飞跃。在运用大木作、小木作营造民居和寺庙建筑时，还淋漓尽致地运用木雕、石雕和砖雕艺术，造就了平遥古城前所未有的盛世华庭。晋商崛起促进了平遥经济发展，也使这座千年古城拥有了太多耀眼的金色光环。

古城南大街及两侧民居建筑

# 第二章

# 世上唯一幸存的中国古代县城原型

在人类社会发展的历史上，城市伴随着远古文明由原始村庄聚落演化而来。众所周知，古巴比伦、古埃及、古印度和中国，均有邈远的历史，同属最负盛名的世界大河文明古老国度，也都经历了城市起源、演变和周期性兴衰的过程。诚如美国杰出的人类学家路易斯·亨利·摩尔根所说：“人类的经验差不多都是采取类似的路径而进行的；在相同的情况中人类的需要基本上是相同的；由于所有人类种族的脑髓的机能是相同的，所以人类精神的活动原则也都是相同的。”这种人类进化的共同性体现在创造城市的思维和智慧中，使世界各国虽然属于不同地域，但是对于选择适合自然环境需要的地址建造城市，按照生活生产功能进行城市规划布局，在建筑设计构思及其细部处理、装饰装修的过程融入地域文化、民族文化和宗教文化，以及采用比较先进的建设方式，合理利用建筑材料等，都会围绕人类生存发展的诉求，遵循几乎同样的规律、法则。同时基于人类文明多样性的特征，又必然会结合各自的国情域情、自然环境、地域文化、民族文化、历史文化，因地制宜、因时制宜地建造城市，彰显出千姿百态的样貌，保留自己特有的城市魅力及其传统记忆。人类创造城市文明的过程，充满了高超的智慧。

中国出现人类造城活动，是在距今5000年的远古时代。良渚遗址考古发掘甚至把这个时间节点推到了8000年以前。那时的中国古城形态与公元前3500年两河文明时期苏美尔人建造的乌尔城别无二致，土筑城垣都是从原始村庄聚落用于防御野兽侵袭的栅栏或者堆成的土岗演化而来。经过数千年筑城发展，夯土城垣已经相当普遍，也如乌尔城一样，渐渐有了部分土坯砖筑的城垣，用来围合成一个颇具规模的封闭空间，满足先民起居安全、生息繁衍和社会功能的基本需要。然而与两河文明时美索不达米亚平原出现的各自独立的城邦迥异，中国进入西周时期将古城叫作城邑。这些城邑一概由周天子封地、封侯而建，每封一国必先营建诸侯都城，营国与营城可谓意涵相同。

# 037

在中国奴隶制社会向封建制社会转型的时代，“筑城以卫君，造郭以守民”的观念变得天经地义。秦统一中国后实行郡县制，历朝历代都把营城视为安国宁邦的关键所在。从都城，郡（州、府）城到一般县城，宏阔浩大的营城工程又在史前营城基础上持续了2000多年，造就了近万座中国古城。历经兴衰交替的时代变迁，到了20世纪末却消失殆尽，完整留存的只剩下一座汉民族平遥县城和一座纳西族丽江土司城。平遥古城因此成为世上唯一幸存的中国古代县城原型，成为中国古代县治文化的活标本。

也正是因为如此，平遥古城才愈加显得弥足珍贵。如同其他列入世界文化遗产的历史城市、历史地区、历史中心一样，平遥古城作为人类社会的共同财富，在创造城市文明的历史遗存中，不仅具有突出的普遍性价值，而且具有世界文化遗产的唯一性，从而赢得国际社会的公认。联合国教科文组织世界遗产委员会曾给予这样的评价：“平遥古城是中国汉民族城市在明清时期的杰出范例，平遥古城保存了其所有特征，而且在中国历史的发展中为人们展示了一幅非同寻常的文化、社会、经济及宗教发展的完整画卷。”

# 一、中国古代营城蕴含大智慧

中华文明博大精深，无所不及，之于古代营城，也不乏蕴含深广、高明、睿哲的大智慧。处在大河流域的古老中国，依靠大自然赋予的生态环境和资源，形成了农耕社会的生存方式，孕育了推崇自然和谐的思想理念与思维方式。自古以来，中华民族在发展中，始终追求人与自然相互依存，视“天人合一”的宇宙观为理想境界。一以贯之传承的这种文化基因创生出古代营城智慧，将以人为主体的古城相地选址、城池方位、形制形态、建筑布局、路网街巷，与天文星野、堪舆五行、自然生态、地形地貌、人文古迹等要素融合在一起，造就了独具特色的中国古代城市文化。

古人营城，必先堪舆，仰观天象。也就是运用古代传统玄学五术中的建筑风水学相地，对于修筑城池所在地域的山形水势、自然生态环境和地缘区位，进行详细考察评估，选择在负阴抱阳、地势高爽、山环水绕、交通便利，并且很少发生水患、地质灾害的地方定位，同

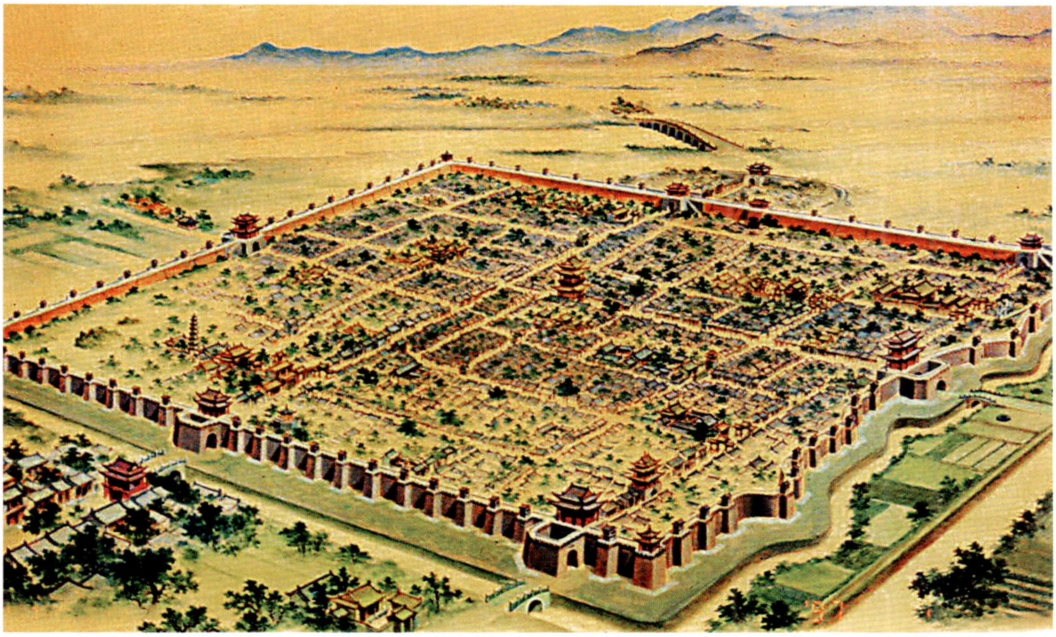

清代平遥古城复原图

时结合天象中十二星辰位置所对应的山川地域分野，综合分析，确定城池具体位置。平遥古城的城址正是按照这样的传统理念和流程，选择在汾河以东，冲洪积倾斜平原地带，坐落在惠济河与柳根河形成的开阔冲积扇尾部，海拔高于地势平缓的汾河平原，远山近水，又不易遭受洪涝灾害。

古代营城不仅四周修筑城垣或城墙，而且要统筹规划古城的方位、形状、规模、整体格局、城门城楼，安排重要建筑的位置、路网街巷的布局方式等。根据古人对天地万物的传统认知，营城从来都十分注重法天象地，讲究天圆地方，天地人和。古代城池的规划布局，绝大部分取作方形，坐北面南，大都遵循《周礼·考工记》中周王城的标准和形制。其中所述“匠人营国，方九里”，说明当时由工匠建造的周王城是一座由九华里见方的四周城墙围合起来的城池。按照今天的度量，每边城墙长约4.5千米。这种方形城池形制的产生来源于周人井田制的理念。

所谓井田，就是把土地划分成许多长、宽各百步的方形农田，交给农夫去耕种。一田的面积，相当于一个农夫耕种的土地，谓之“一夫”。周人采取九块方田组合的办法，使田间在纵横交错的阡陌分隔之下，形似“井”的字样，井田制由此而来。周人正是通过这种井田制发展农业的做法，取得了显著成效，于是把它理想化范式扩大运用到“营国（城）”，由此创造出以井田制建造城邑的方法，按照“市朝一夫”的用地面积计算和“九夫为井”的结构形式“九分其国”，规划为九个面积相等的部分作为建设用地。将井田南北向的“阡”与东西向的“陌”转化为“经涂（街道）”，而将用来划分与围合井田经界的道路演化成深沟高垒的城池。

这种城邑用地规划制度便于功能分区和行政管理，更有利于合理利用土地，表现出高超的规划理念和规划水平，与当时西方国家城市规划的成就相映生辉。对于长期处在农业社会的古代中国来说，显然方形城制是最佳选择。从此周王城的城池形制流传下来，一直为后世历代所继承，如此说来，中国古代城池的形状以方形居多也就不足为奇了。

《周礼》对于建造城池的方位非常重视，谓之：“惟王建国，辨方

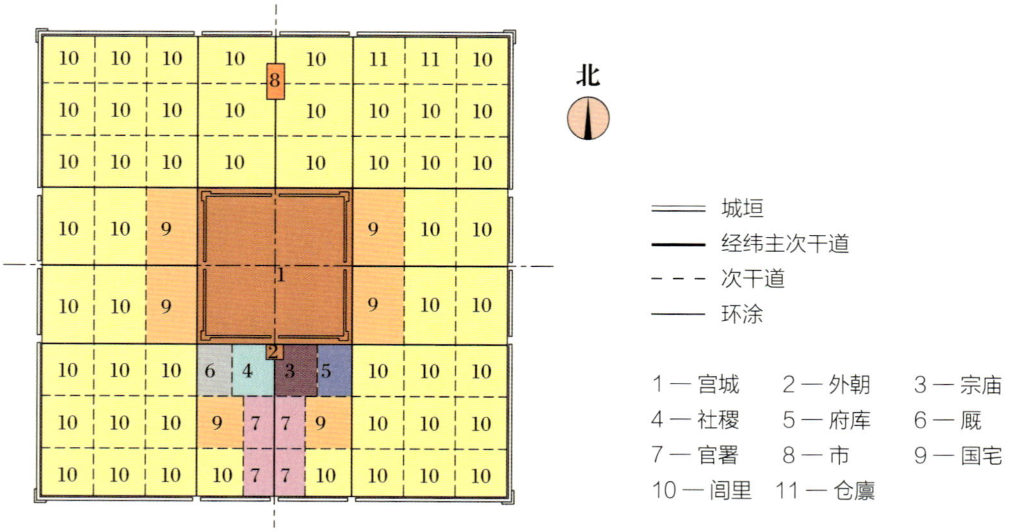


古代方城形制来自周人井田制理念

正位，体国经野，设官分职，以为民极。”即封侯建国必须首先确定城池的地理位置，再划分国与野，也就是城和郊野的区域，然后才分设官职，制定并实施管理庶民百姓的措施。在统治者看来，方位的偏与正，是治国安邦的大事。只有找准和端正了方位，前后左右的秩序才能够定下来，达到“以礼治国”，天下太平。而方位确定又融入“天人合一”思想，按照古人对宇宙万物由金、木、水、火、土五种基本要素组成，循环生克变化的五行说，把天地概括为东、西、南、北、中“五方”。四个方向概括为“四象”，也就是将四种古代灵兽作为象征符号，以青龙标志东方，白虎标志西方，朱雀标志南方，玄武标志北方。在古人看来，王者在“五方”天地空间里，唯有择中而立宫，才能一统天下。“四象”之中须以玄武所对应的北斗七星作为基准，辨别四方，确定适合营国营城的地理位置，将面南而立视作“四象”里阳气最盛、朝向最佳、最为尊贵的方位。于是根据五行说，中国古城以面南为尊，便形成了“左青龙、右白虎、前朱雀、后玄武”的方位格局。

中国古代营城以四象标志方位

在汉代以前，古城与宫殿虽然面朝南向建造，但是城的中轴线却是东西方向，反映了那个时代面南而尊和以东为上的理念。西汉开始，在建设古城时，为强化宫室居中、面南的中心地位，进而突出城池的规划建设要按照南北轴线发展，才最终改作以南北走向的轴线作为基准，布局王宫或者官廨衙署。这就是在中国古代营城时城池大多选择坐北朝南的原因。

平遥古城在营造时显然对于天文星野、堪舆五行、自然生态、地形地貌的要素做过系统的分析和评估。阅读明清时期的《平遥县志》，便一目了然。从徐达扩建平遥城时，就秉持了法天象地、天圆地方理念，使城取方形，在

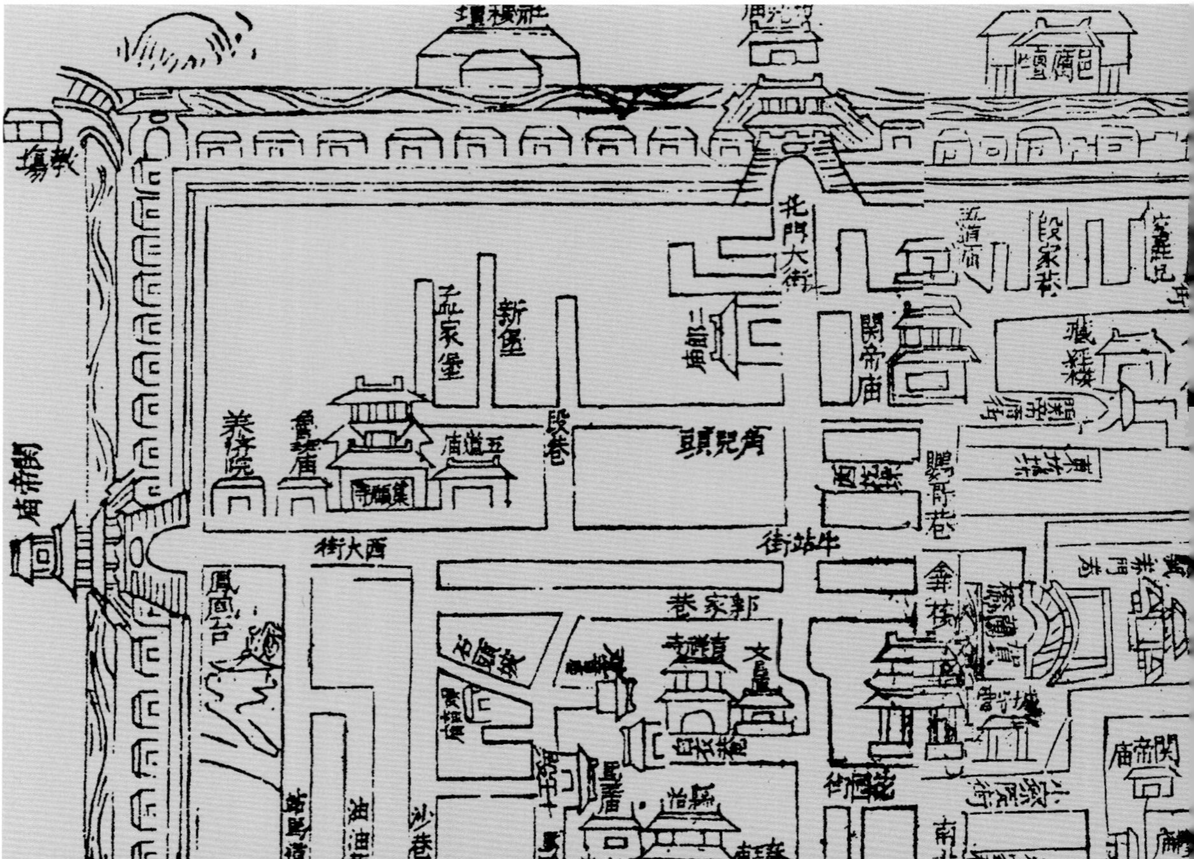


清光绪八年（1882）平遥县城池图

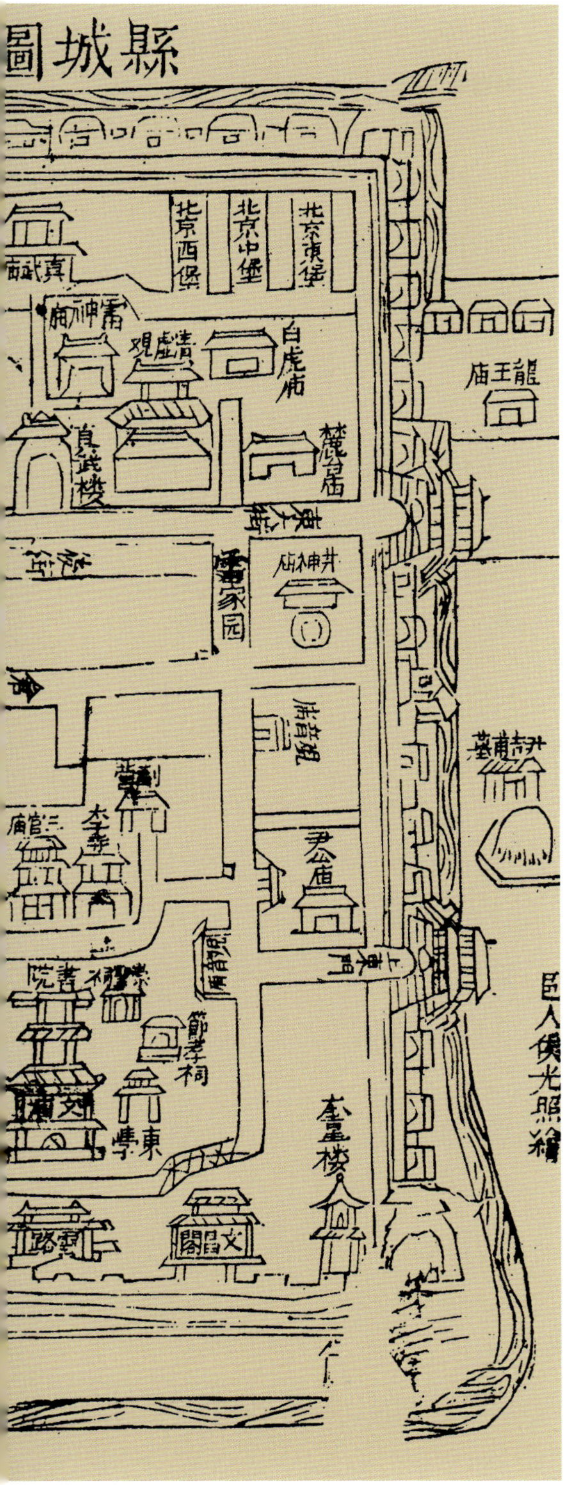


城池朝向上基本坐北面南，只不过结合山形地势和日照条件，略微偏东15度。建城近1600年来，虽经历朝历代的修葺和扩建，但古城的取形、方位始终没有改变。

中国古代风水文化和五行说在其他国家绝无仅有。进入明清时期这种文化现象愈加兴盛。平遥营城活动大到相地选址、城池取形、辨方正位，小到民居宅院选址、院落空间格局、建筑位置关系、宅院大门朝向、屋顶与墙体形式，以及建筑装饰等细微之处，无不讲究风水，把家道兴衰和堪舆、五行说紧紧联系在一起。诸如院落方正，房屋沿南北中轴线对称布局，宅院大门面南而开等。宅院大门开在南面，入口处中央必置木质屏门。大门设在东南，入口处迎面则为照壁墙面。二者在建筑功能上不外乎遮挡外界视线，保护居家隐私，并且与大门互相陪衬，通过装饰增加住宅文化品位，还可以起到挡风御寒的作用。明清时期的平遥人笃信风水，他们精心设置屏门和照壁，希冀镇宅祥瑞，聚和人财，驱挡妖魔鬼魅与凶光煞气。在许多民居大院正房的屋顶或屋脊上，至今仍保留着一些砖筑风水楼、风水墙，也都是为了抵挡住煞气的到来。这就是明清时期遗存下来的文化。

不仅如此，但凡居住在平遥古城里，稍有资财的富足人家临街开设的大门，还有那些坐落在南大街、东大街、西大街、城隍街、衙门街上的商家铺面，基本上清一色地使用黑门板。这在明清时的都城、府城、州城和其他县城并不多见。原来平遥人很早就深谙五行说中黑色的奇思妙用。五行说蕴含着我国远古先民的高超智慧。《周礼·考工记》记载着代表五个方位的金、木、水、火、土，及“五方”各自对应的五种象征颜色，谓之：“画缋之事，杂五色。东方谓之青，南方谓之赤，西方谓之白，北方谓之黑，天谓之玄，地谓之黄。”即东（青龙）属木为绿色，西（白虎）属金为白色，南（朱雀）属火为红色，北（玄武）属水为黑色，居中属土为黄色。明清时期的平遥人之所以普遍使用黑漆大门，是因为他们相信祖上口耳相传下来的道理，认为黑色凝重沉稳，对应着五行中的神龟玄武，又称黑煞将军，能够驱灾辟邪保平安。两扇黑色大门临街而立，俨然就是守护宅院的两尊威武真神。再者黑色属水，按照五行相生相克的规律，水生木，是滋养绿色生命勃发之本。对于平遥商人，又何尝不想让自家的生意如同用泉涌不绝的水浇灌出的参天大树那样生机蓬勃呢？这不能不令人对平遥人和平遥人营城的大智慧，发出由衷的赞叹！

这座千年古城的整体格局如此规整有序，使所有到过这里的人们无不感受到儒家礼治思想的存在。正是由于坚守传统礼制，平遥古城才有了气势恢宏的庞大古建筑群，释放出浓重的历史气息。当然不仅是平遥，遍布全国各地的古城虽然规模不同，形态各异，却都具有一个突出特征，就是依“礼”营造，严格遵循中国古代儒家的礼治思想和以礼为序的社会规范。自西周奴隶社会将儒家礼治主张作为制度加以固化后，经过2000多年封建社会的完善与传承，“礼”成为历朝历代必须因循的法度准则。

儒家倡导的礼治思想被统治者上升到国家层面，成为制度和规范，便有了强制性与普及性，渗透于社会生活的方方面面，自然也成为古代营城不可逾越的思想行为规则。

礼治思想强调的“礼”，概括了慈、孝、忠、信在内的一系列伦理道德，是区别等级、维系人伦的标准，主张以“礼”为本，治国施政。它的构成包含体现礼治思想的一整套礼制、礼仪、礼器、礼乐、礼教、礼学等，其核心思想归结到一点，就是尊君抑臣，主张尊卑、贵贱、亲疏有序，凡事都要求讲究仪礼，循规蹈矩，不得僭越悖逆。通过灌输儒家的礼治思想，达到以礼为序、规范社会、维护稳定、巩固统治的目的。正如《礼记》中所说："凡治人之道，莫急于礼。"这种礼治思想几乎覆盖了整个封建社会，以至到了"非礼勿视，非礼勿听，非礼勿言，非礼勿动"（《论语·颜渊》）的境地。《仪礼》《周礼》和《礼记》相继问世，表明"礼"作为一种制度已经相当完善，成为人们必须恪守的社会准则，代代传承，极其深刻地影响了中国思想文化几千年，贯穿于中国整个古代社会。其中《周礼·考工记》一书不仅为后人留下一份重要的建城资料，而且成为后人按照礼制规范建造城池的基本原则。平遥古城便是坚守这样一种传统礼制，完整体现儒家礼治思想的理想古城的杰出范例。它的建造同大多数古城一样，严格遵循礼制规范，充分彰显了以"礼"为本的思想，讲求规矩方正、中轴对称、主次等级分明的古城形制。

在这里，深度了解中国营城中所蕴含的传统文化，常常遇到"古城形制"和"古城形态"两个内涵不同却又很容易混为一谈的概念，令人感到困惑。其实"形制"在中国的词汇里属于专业术语，专指器物的形状制作，用于古城和建筑物，则指决定其内在形状结构的制度典章。而"形态"所指的是器物以及古城、建筑物的形状样貌。"古城形制"与"古城形态"概念看似相近，其实有着很大的区别，前者是指形状的内在构成，后者是指形状的外在表征。

中国的古城形制产生于周朝，从城池取形、规划方位、规模大小、城门设置，到城内建筑布局等，都有严格的礼制规范要求。关于平遥古城的形制，在《平遥县志》里仅有图形，没有详细的文字记载。近年来，新修的《平遥县志》《平遥古城志》和编写的小册子，根据这座古城的形状，沿袭古代方志中的传说，将它称为"龟城"。那么，平遥古城果真是一座龟城吗？

倘若俯瞰这座古城，尤其是看到这座古城的地图，的确会发现整座城池颇似一只向南爬行的乌龟。古城的形态虽然也取作方形，但是南面的城墙弯弯曲曲，加上大街小巷纵横交织，如同龟背上的龟纹，很容易使人产生龟形的联想。平遥在城门设置上有别于其他古城。中国古代县城四

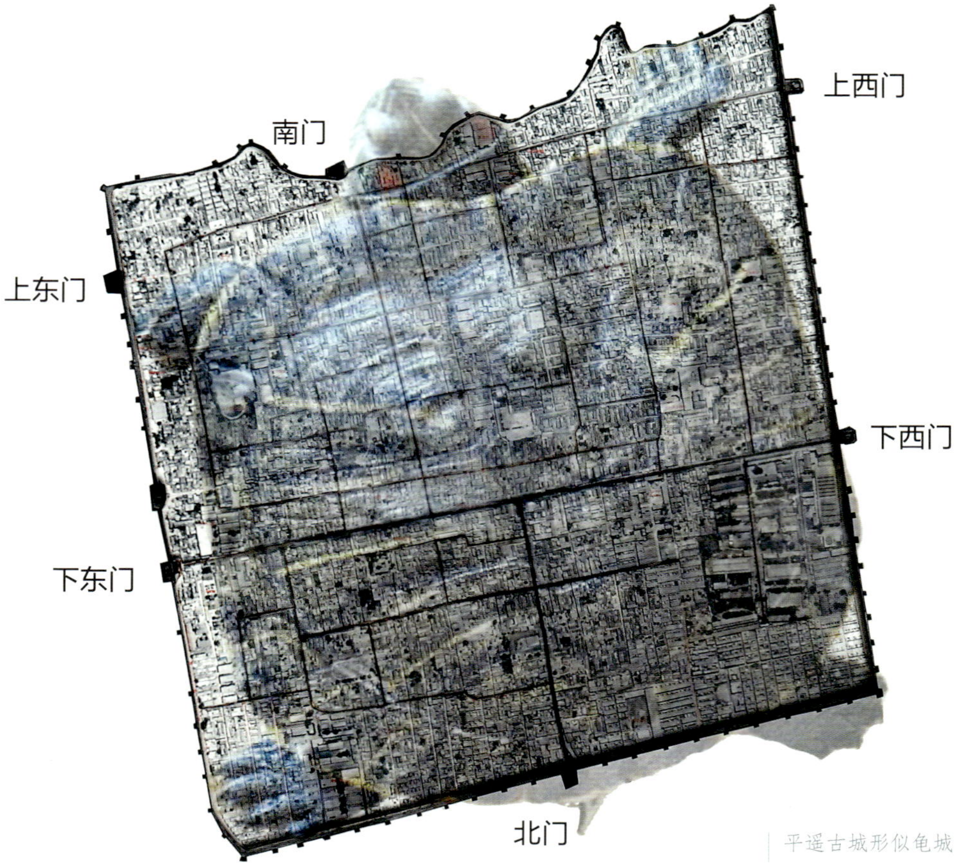

平遥古城形似龟城

面城墙一般各设一门，平遥古城的南、北城墙确实也各设一座城门，然而在东、西城墙上，竟各设两座城门。看上去六座城门和瓮城如同乌龟的头、尾与四足。而且南门内外的城门与瓮城门直通，门外两侧还掘有两口水井，酷似乌龟头上伸出的两只眼睛。北门内外的城门与瓮城门并不直接相对，瓮城的城门弯向东侧，宛如龟尾东甩。于是便有了“山水朝阳，龟前戏水，城之攸建，依此为胜”之说。

然而传说终归是传说。溯本寻源，平遥古城之所以建成这种形状，其实和选址有直接关系。修建城池时，因为古城东、西、北三面的地势比较平缓，所以城墙均顺直而筑。唯有南城墙沿柳根河的流向营建，随地势和蜿蜒西去的河道，才呈现出了四折五波的弯曲走向。至于说到这座古城的城门设置数量与位置，也是因为古城地处汾河中游交通要冲，商品集散需要，因地制宜而已。方格网状的街巷与六边形的龟纹更是大相径庭。然而不管怎样，“龟城”一说绵延至今，自有它存在的道理。

中国古代形成的思维方式具有直觉体悟的特征，人们对于周围事物的认识惯于用心去体验和感悟，借助直觉产生的丰富想象力，去描述事物的内在特质，赋予感情色彩浓厚的意蕴。而在传统文化中，古人历来将麟、凤、龟、龙奉为“四灵”。龟，即寿。它寓意着生命的延续和永恒。平遥人把自己赖以安身立命的古城想象为龟城，世世代代口耳相传，乐此不疲，寄托的正是这样一种对人生长久、岁岁平安的生活企盼。

不过，当今天解读平遥古城的价值时，却不宜感性地将民间传说视为史实依据，而要通过古城物化的载体，理性地解析它所传承的历史文化信息，读懂它如何坚守传统的礼制，按照“天人合一”思想，确定古城取形、方位和形制的本质内涵，通过明清时期营城智慧，了解那个时代有别于西方文明的社会文化基本特征。

明初扩建的平遥古城有一个显著特点，就是将《周礼·考工记》中营国制度所确定的理想化的等级标准与古城形制作为蓝本，竭力营造一个完全符合礼制规范的摹本。

按照始于西周时期的中国古代营城理念，古代城池的大小需要根据这座城的政治等级和礼制营建制度而定。城池与建筑的度量均须采用奇数，以九为数字之极。在君权神授独霸天下的古代中国，唯有帝王才享有使用这个数字的特殊权力。王城是天子的宫城，级别最高，规模定为“方九里”，以示至尊。其他任何城池都不准逾越。都城是诸侯所在，级别次之，规模减为“方七里”。卿大夫所治邑城的级别又次之，规模相应减为“方五里”。依此类推，其余各城规模均按等第递减。平遥古城属于县治，城池的大小按照礼制规范当为“方三里”。而现今保存下来的古城墙每边长度恰恰与礼制规范要求完全吻合。经过实测，东、西、北三面城墙均比较顺直，长度都接近1500米。其中东墙1478.48米，西墙1494.35米，北墙1476.05米，南墙则沿着中都河（即柳根河）逶迤而立，总长度为1713.80米，其东西两端直线距离也不过1500米。由此可见，明代平遥古城在宋元旧城基础上大举扩建，其城池大小并未逾越古代县城“方三里”的标准，在明代数千个县城里，属于古城形制的典型模式。

在中国古代，县治起源于秦代实行的郡县制，初设36郡，后增至40多郡，设县900个左右。随着朝代更迭，疆域不断变化，县治的数量有增无减。历代在1000到1600个之间。据史料记载，有县治的地方必筑古城。其中汉代和唐代曾猛增至1580多个。置县最多的是南北朝，达到1590个，北宋时回落到1234个，元代减至1121个，明代又迅速增加到1427个。清代疆域略有扩大，县的数量也相应增至1549个。

平遥古城在明代初期拓展成为中国古代城池中规模最大的县城。这在有明一朝并不多见。它的城门数量设置也和一般县城有很大不同。通常县城在东南西北四个方向各开设一座城门，正对着城门建四条主要街道。四条街在城内呈十字形交会，习惯上叫作十字街。平遥古城则不然。因为自古就是商品集散地，运载货物进出古城的商家车辆非常频繁，到了明代中叶更以平遥帮形成了晋商之旅，城内商贾辐辏，市井繁华，兴起了大宗货物的批发、运销和中转业务，各种商品源源不断地运进古城，又接连发往外埠。正是由于交通的需要，平遥古城除了城内四条主要街道以外，在与东大街和西大街平行的南侧，分别建了城隍街和衙门街。六条街道与城外相通，于是才有六座城门。在古城的东、南、西、北和东南、西南、东北、西北方向分别连接着八条对外交通，通往城外。

据清光绪八年（1882）的县志记载，平遥古城南北各设一座城门：南门通向山西晋东南部的上党地区，距沁源县界65里（32.5千米），距沁源县城220里（110千米）；北门则通往山西西南部的吕梁地区，距文水县界不过25里（12.5千米），距文水县城80里（40千米）。按照如今度量换算，1千米等于2里，那么距离平遥古城最近的文水县地界，也不过12.5千米之远。平遥古城在东西各设两座城门：以南向为上，形成了上东门、下东门和上西门、下西门。上东门通向东南上党，至武乡县界30千米，至武乡县城100千米，至潞安府（今长治市）190千米；下东门则面对着东和东北两条道路，一条通祁县的盘陀镇，另一条是过境驿道，至祁县、徐沟与太原，距离太原府仅80千米；上西门至介休地界15千米，距县城40千米；下西门外也有两条路，分别通往吕梁地区的孝义、汾州和当时的苛岚州。这样因四通八达的对外交通设置六道城门，可谓中国古代县级城池形制少有的实例。人们仅从这里也可以看出，平遥古城坐拥商品集散的优势区位，不愧是名副其实的旱码头。

人们现在看到的平遥县城，历经明清时期28次修葺，至今古城形制、街道格局与明初的原状没有什么大的变化。城内的商铺沿街林立，民居遍布，只是除了庙宇以外，再也看不到明代之前的建筑。这些民居和商铺大部分建于清代，也有少量建在民国初期。整座古城由城墙、庙宇、衙署、商铺和民居组成了气势恢宏的古代建筑群，充分展示了中国明清时期中原地区县城的历史风貌。

清光绪八年（1882）平遥县境图（古县志地形方位为上南下北）

# 二、皇权礼序下的古城格局与风貌

平遥古城作为明清时期社会、经济、文化和宗教的一个缩影，所有满足县治城邑世俗生活需求的各类建筑和街市应有尽有，都有着明确的功能属性和等级之分。在城市空间布局上，看似寻常的位置关系，本质上体现着维护皇权一统天下的儒家礼治思想以及社会伦理。如何规划古城格局，塑造怎样的古城风貌，绝非随心所欲，必须置于皇权礼序之下，建构严格的尊卑等级秩序，同时还要巧妙地融入包括儒家、道家和佛家在内的崇祀文化。

中国古城的空间布局讲究中轴对称，严谨规整，否则就体现不出皇权的威严。于是，首先要在城池东西城墙之间择中确定一条纵贯南北的街道，将这条街道作为整座古城的中轴线，使它成为对古城内所有建筑进行总体安排布局的准绳。城的中轴线犹如人的脊梁，只有通过脊梁支撑和中枢神经传导，才能统揽按照生理机能和分布秩序排列着的五脏六腑。对于古城来说，城池以内的所有建筑也都必须以中

鸟瞰南大街

轴线为基准，沿着中轴线的两侧循“序”排列。而这里说的“序”正是儒家所倡导的“礼序”。这种人格化的营城布局源于“天人合一”思想的支配，使人、天地和建筑浑然一体，和谐统一。但是早在西周时期，统治者就为了巩固王权统治，利用百姓对于自然界的未知和对上天崇拜的心理，自诩天子，“受命于天”，用“天人感应”和“君权神授”蛊惑民心。本来推崇人与自然和谐的纯正思想理念，因掺杂维护统治者权力的政治图谋而异化，百姓被顺天命、尊皇权的“礼”所束缚驱使，以为“礼”就是天之经、地之义，是上天铁定不变的神圣法则。因此，无论是都城、郡城、州城、

魁星楼

府城，还是县城，甚至明代设置的卫、所，均不例外。但凡动议营城、置里、建宅，都必须围绕中国封建社会的宗法礼教制度这个核心，采用特定的规划布局理念和营造设计手法，对古城格局和建筑风貌进行范式化塑造，以彰显皇权至上的威严及礼序规范。城郭内臣民在井然有序、等级分明的八街九陌、市井坊里各安其位，年复一年安生度日，纵然过上民殷物阜和闲适自如的生活，从充满世俗情感的人生仪礼、社交往来、岁时节令和民间崇祀的传统文化中获得愉悦，也无法摆脱礼的裹挟，改变命运的

安排。

现存的平遥古城是明清时期中国古代县城的经典之作。这一时期中国古代城市的规划理念和形制已经相当系统、成熟，达到前所未有的高度。平遥古城的扩建和空间布局的完善足以反映出当时中国汉民族的城市特征。平遥将市楼建筑作为整座古城的中心，并以南大街为城池的中轴线，坐北面南，按照使用功能和文化属性布置各类建筑。其中对于文系建筑和武系建筑的布局最为讲究。古代中国治国安邦向来崇尚文治武功，文武并济，对于圣君名臣常常用文德武功加以赞誉。西周文王在先，武王在后，达到鼎盛时期，后人称之“文武之道”。汉代初期朝仪规定了文臣位左、武将位右的排列次序。以后各朝文武官员上朝排列均沿袭了文东武西的位次。长此以往，“左为上、右为下”和“左文右武”成了中国固定的传统礼序，在规划建设古城时，也不例外。平遥古城在中轴线的左（东）、右（西）两侧，采取均衡对称布局方式，把文庙、县学、书院、文昌阁、魁星楼等文系建筑布置在了南大街的东面，而把武庙和教场等武系建筑布置在了南大街的西面。与此同时，在空间布局上对城隍庙和县衙署的位置关系也做了合乎礼仪程序的处理。城隍庙在明代的古城里是必不可少的庙宇建筑，上自京都大城，下至偏僻小县，不论帝王官绅，还是庶民百姓，无不敬奉城隍。因为自古以来城隍在人们心目中就是护城之神，也有的说是玉帝派到人间守御城池的职官，总之城隍神不仅能够保佑一方平安，而且能护国安邦，剪恶除凶，调和风雨，管领亡魂，关乎每个人的身家性命。明洪武年间更是大行封赏城隍，下令各地按照行政机构的称谓称呼城隍，城隍庙的规模也要仿照各级衙门建造。这就使得城隍庙在古城中位居县衙署之上，根据“左为上、右为下”的礼序，将城隍庙建在了南大街的东侧，县衙署则建在了南大街的西侧，形成二衙并设、人神共治的格局，集中反映了封建统治的皇权思想。在平遥古城，道教与佛教二者之间的建筑布局也得到了恰如其分的安排。道教是中国土生土长的宗教，崇信“道生万物”和“修道成仙”。佛教则是由印度传入中国的宗教，信奉“因果报应”和

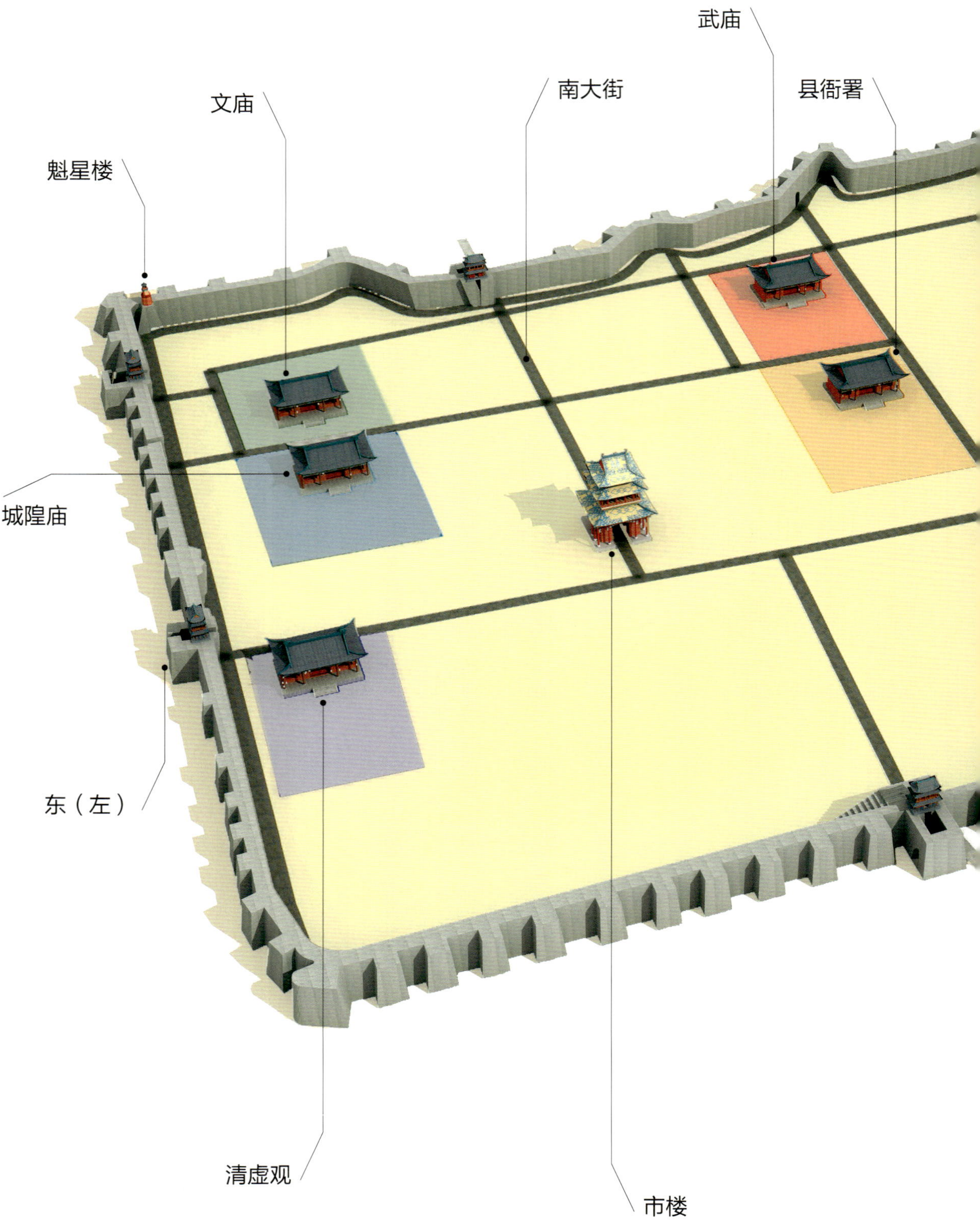

武庙
南大街
县衙署
文庙
魁星楼
城隍庙
东（左）
清虚观
市楼

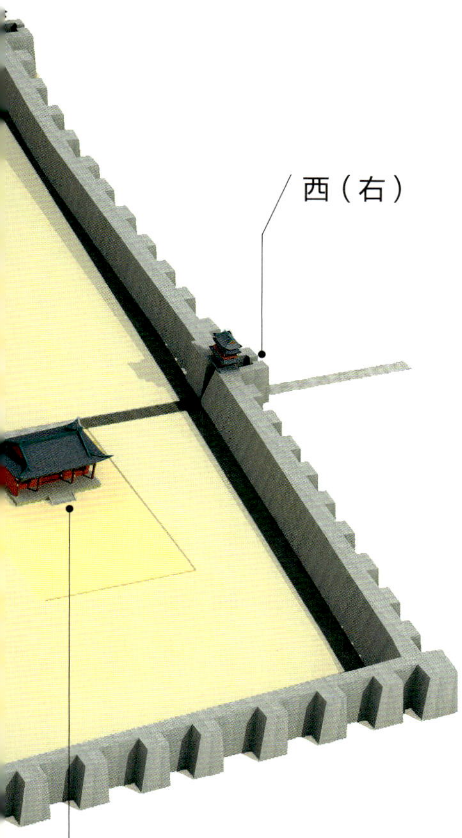


"生死轮回"。两大宗教的产生与弘扬有着各自深刻的地缘文化背景。论及两教的起源，"道出东方"和"佛自西来"是不争的事实。佛教奉祀者崇尚的"西方极乐世界"更是深深影响着中国古代人生哲学。于是平遥古城在建筑空间关系上，采取"左道右释"的中轴对称布局方式，把清虚观、真武楼、真武庙、火神庙和雷神庙等道教建筑安排在城东，集福寺、吉祥寺和白衣庵等佛教建筑安排在城西，既符合礼序要求，又融入道教与佛教的文化内涵，通过择址定位的标识，诠释了道与佛的源流特征。

在整座古城中，以南大街为基准，运用中轴均衡对称的规划布局原则，把文庙与武庙、城隍庙与县衙署、清虚观与集福寺这三组重要建筑群分置于城内的东侧和西侧，并且由南而北，分别建在了城内三条东西向的主要街道北侧，形成面南而尊之势，俨然一座缩小的王城，空间布局紧凑，显得威严庄重、大气恢宏。这种遵循皇权礼序进行的城市布局不仅仅在平遥古城可以见到，在其他古代县城、州城、府城，乃至都城，也随处可见。平遥看似一座黄土高坡上的弹丸之地，然而麻雀虽小，五脏俱全，其布局集中体现了中国古代汉民族营城的传统文化理念，具有典型的文化遗产价值。

古代中国城市风貌看上去和建筑景观似乎没什么两样，都城以下除了宫殿、"左祖右社"的太庙、社稷坛和离宫苑园之外，作为彼时府、州、县级治所的城邑标配，差不多都建有祭坛、官署、圣贤庙宇、道教宫观、佛教寺院、儒学书院和商家会馆。而在城郭中数量最多的建筑是那些庭院式布局的坊里住宅以及比肩而立的市井商铺。这些大同小异的建筑在古城的空间布局、建筑方位、建造规模、建筑形式、建筑高度乃至屋顶形制、大木技术、小木装修与彩画上，都受制于等级森严的礼序。

古人一向认为坐北朝南，面南为尊。《礼记》云："天子斧依南乡而立。"《易经·说卦传》亦云："圣人南面而听天下，向明而治。"这样的理念用于古代营城，决定了城内象征皇权政治的官署建筑居北面南而建，庶民庐舍则分布在古城四隅坊里，庙市商街设在城的南部。

官署建筑、礼制建筑、宗教建筑在等第位阶上高于庶民百姓的住宅，占地多、规模大，进深和面广超三间五架，可施以彩画。官署建筑多为悬山或硬山屋顶，檐下以斗拱举架。身份尊贵的当属儒家大成殿、道教三清宫（殿）、城隍庙大殿、佛教大雄宝殿等宗教建筑，它们的屋顶常用歇山顶，甚至采用古建筑中最高等级的庑殿顶。然而民居建筑相形见绌，通常建筑高度限控一二层，面阔三间，进深不过五架，没有斗拱和彩绘装饰。经过一番以礼为序的布局，整座古城中心突出，主次分明，美轮美奂的衙署、宫观庙宇疏密相间，高低错落，在鳞次栉比的民居、商铺及其黛瓦屋面映衬下，大片平缓深沉的天际线跌宕起伏，古城轮廓愈加雄浑壮阔。如今平遥古城真实诠释了明清时期皇权礼序下的格局风貌，成为一部幸存的生动形象的教科书。

## 三、井田阡陌衍生出的街巷格局

平遥古城的街巷格局集中体现了中国古代城市道路格局的特征。在方方正正的古城里，由四大街、八小街、七十二条蚰蜒巷组成了棋盘式的街巷道路系统，既有供车马客货通行的宽阔主干道，也有日常骑马、坐车和乘轿出行的次干道，还有仅供徒步穿行的小街小巷。街衢巷陌轴线突出，主次分明，经纬交织，布局严谨。

棋盘式街巷格局历来是中国古代城市道路系统的一大特色，几乎成为一条千古不变的规律，不仅在四五千座古城中被广泛采用，而且沿用至今。这种道路网来自西周时期的井田制。井田制始于商朝，盛于西周，是奴隶社会的土地国有制度。据史书记载，夏商时代为了统一管理农田水利灌溉，把土地划分成一块块方方正正的田亩，然后平均分配给每户耕种，因田亩划分方整，阡陌形如"井"字，是故井田由此形象得名。这种土地划分传承到西周便逐渐演化成一种严格的井田制度，按照九宫格局将田亩平均分配，共由九块地组成，公田居中，周围八块属于私田。当时井田的基本单位叫作“夫”。“夫”的面积大小相当于当时农夫所能耕种的一百亩（今约66667平方米）耕地。而每块地刚好是一夫。《周礼·考工记》说：“九夫为井。”《孟子·滕文公上》也说：“方里而井，井九百亩，其中为公田，八家皆私百亩，同养公田，公事毕，然后敢治私事。”只有先治公事，后治私事，才能确保共同的利益。井田制中田亩之间的界线常常以封疆阡陌来划分，田亩整齐划一，外有封疆，内有阡陌。古人把南北向的田埂路径称为阡，东西向的田埂路径称为陌，也就是现在人们通常所说的田间小路。古时采用阡陌之名，大概是从千亩百亩和千夫百夫生义而来。于是封疆阡陌成了划分井田的主要结构，在井田制的基础上建立了邑、里的村社组织。

井田制在平均配额、水利灌溉和村社管理上很有成效，因而也成为西周时期营国营城的一项基本原则。在规划中将“夫”和“井”作为古城社区的基本网格单元，建立经、纬平面坐标系统，以中经和中纬作为纵横两条轴线，对城市进行总体规划布局，借用封疆阡陌理念布置道路，安排各类营建用地。这样做起到了使用地布局紧凑和街巷交通分布均匀的作用，整个道路系统主次分明，组织合理。直到今天，方格式的路网布局仍然被普遍用于中国大大小小的城市规划建设，成为中国城市规划的传统方法和基本模式，充分显示了它的生命活力。

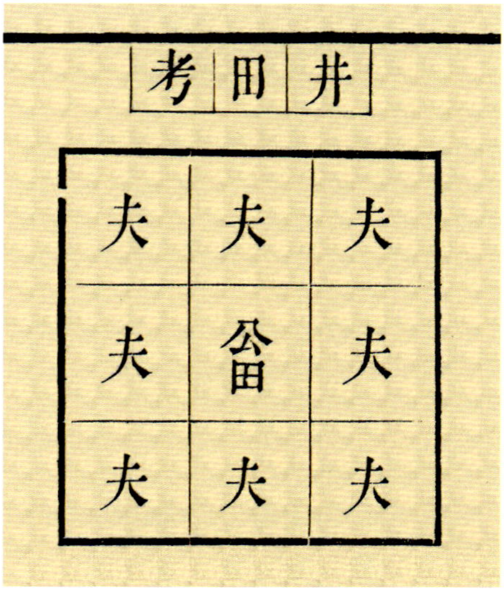

（明）徐光启《农政全书》之“井田考”

平遥古城的街巷格局是中国古代城市路网布局的典型，为了解和研究中国城市道路的过去和现在提供了范例。不仅如此，它在承袭井田制的规划理念和方法时，结合平遥古城形制的实际又有所创新。一般城池都规划有十字大街，利用十

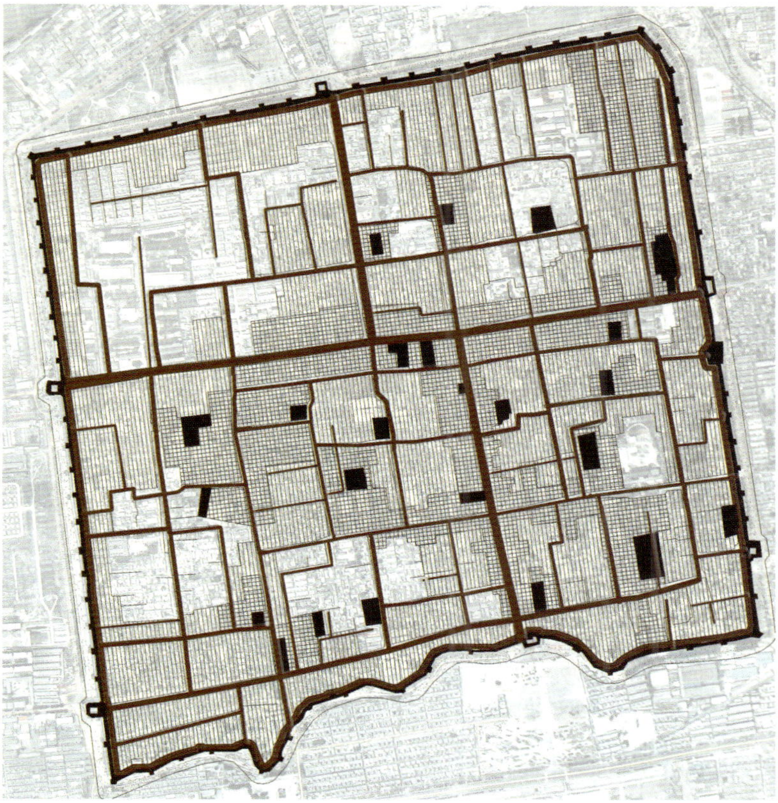

平遥古城棋盘式路网格局

字大街贯通东西南北四座城门。十字相交之处也是整座古城的中心。平遥城内虽然也有东大街、西大街、南大街和北大街，宽度在4米到5米，但是在南北向却采取了“城门不相对，道路不直通”的设计，南大街与东西两条大街呈“丁”字形交会，北大街与西大街呈“丁”字形交会。这样的设计既考虑了军事防御的需要，又强化了南大街作为整座古城中轴线的地位。这样的街巷格局从明代扩建城垣开始，一直传承到现在，已有637年，却始终没有改变。

城内的八条小街由一段段东西向的街巷组成，包括上东门街—文庙街—东南门头街、上西门街—书院街—西南门头街、城隍庙街、衙门街、砖圈门巷—仁义街、郭家巷、关帝庙街—火神庙街、海子街，街巷最宽处5米，最窄的巷道只有0.6米，

只可一人通行。八条小街作为次要干道把古城分隔成若干个地块大小基本相等的街坊，而且都与南大街这条中轴线连接，加强了城内东西向交通的联系。就在这座看似不大的小城内，主干道和次干道上却建有二三十个规模不等的牌楼、牌坊，高低错落，竞相媲美，烘托着星罗棋布的官署、寺庙。由于众多牌楼与牌坊的分隔组合，也使街巷和街坊的空间变得更加富有层次感，如同锦上添花，装点着古城雍容华贵的街道景观。

城内路网的支路则是由七十二条蚰蜒巷纵横交织而成。街巷形如蚰蜒，狭窄而短小。然而这些看似不起眼的街衢巷陌延伸到城内各个角落，维系着寻常百姓的居家生活。这些街衢巷陌又通过宽一些的街巷与环城马道相互连接，构成了环路。这就保证了生活在深宅大院的居民既能够拥有属于自己的静谧环境，又能够随时便捷地出行。可以说，平遥古城棋盘式的街巷格局把居住生活与道路交通有机地结合在一起，细微之处反映出以人为本的和谐理念。

古城蚰蜒巷

在平遥古城，看似平常的大街小巷，却满足了交通顺畅的需要，而且渗透着浓郁的民俗文化。初来乍到的人，或许对一些奇怪的现象感到疑惑不解。几乎在古城所有的丁字街口，正对着来路，总是看到一座或大或小的神庙。即使没有建庙，也会在街巷的丁字形路口，也就是民间风水上所谓的“直冲处”，设置一块石碑，刻上“泰山石敢当”的字样，或者摆放上一个石狮，以石镇宅。这显然不是出于交通组织的需

小巷晨光

南大街

巷口墙面上镶嵌的“泰山石敢当”

鹦哥巷口的“泰山石敢当”

要，倒像是刻意保存的一种文化。《平遥县志》没有记载，却被老百姓一代一代地传承了下来。只有从当地居民口里才能得知这是明清时期平遥盛行居家风水的匠作，其用意在于抑制邪气，化解冲煞。以“泰山”命名石敢当，自然因为泰山是五岳之首。在明清时期，民间对于东岳大帝的信仰相当盛行，全国各地多有在民居建筑上镶嵌“泰山石敢当”小石碑的风尚，平遥民居正是典型的实例。这种独特的历史文化现象渗透在古老的街巷格局里，更使人感到平遥古城处处承载着传统文化的厚重。无独有偶，由于古人以面南为尊，绘制地图也取法“上南下北，左东右西”。在平遥古城的街巷格局中，颇具匠心地将城隍街、衙门街、南大街和东西大街连成一个“土”字，全部开辟为商业街，正是依据了中国风水学里的阴阳五行说，按照“水生木、木生火、火生土、土生金、金生水”的顺次相生规律，取“土居中央”和土能生金聚财之意，为此这座老城也被罩上了一层神秘莫测的色彩。

# 第三章

# 中国古城军事防御体系杰出范例

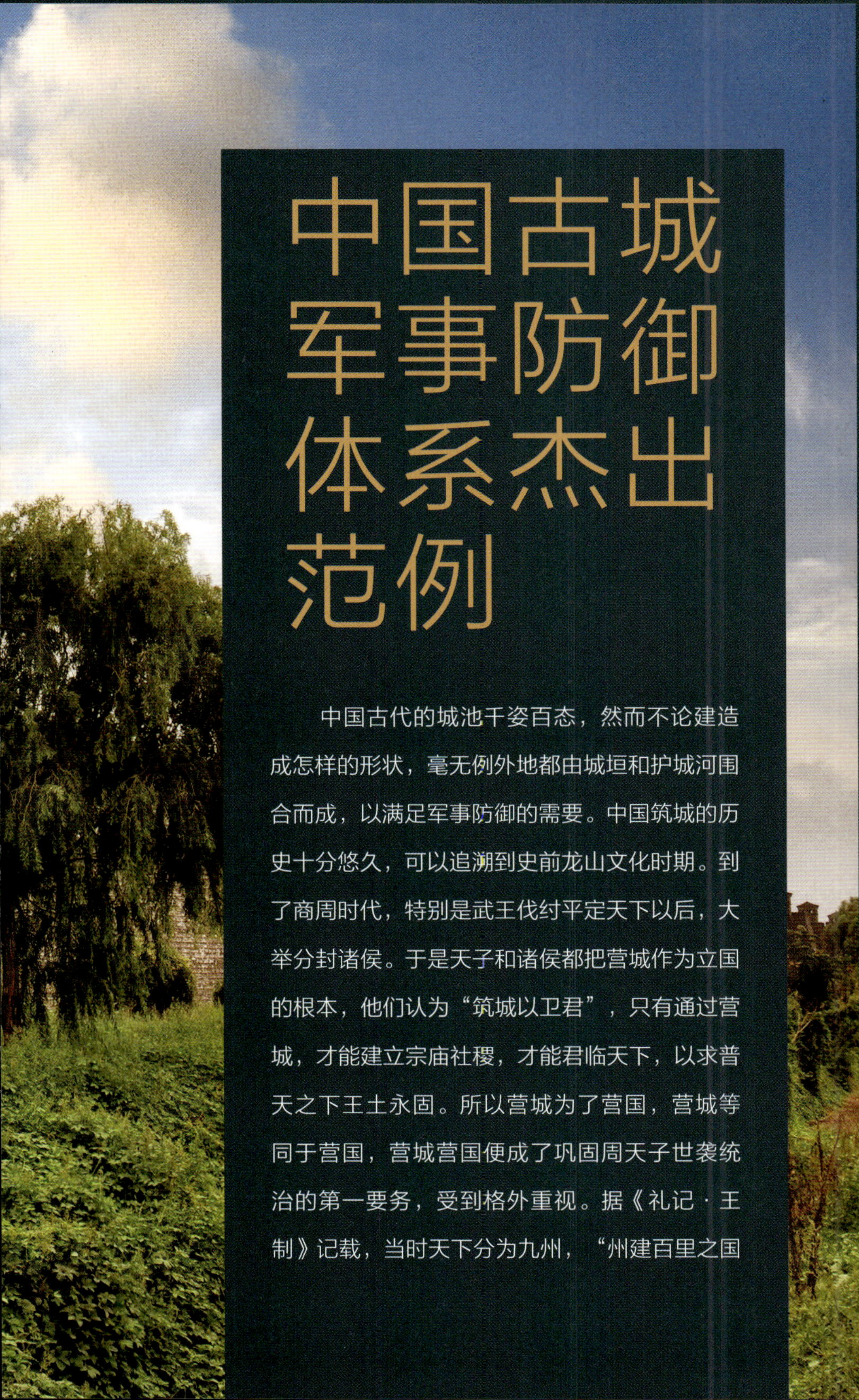

中国古代的城池千姿百态，然而不论建造成怎样的形状，毫无例外地都由城垣和护城河围合而成，以满足军事防御的需要。中国筑城的历史十分悠久，可以追溯到史前龙山文化时期。到了商周时代，特别是武王伐纣平定天下以后，大举分封诸侯。于是天子和诸侯都把营城作为立国的根本，他们认为“筑城以卫君”，只有通过营城，才能建立宗庙社稷，才能君临天下，以求普天之下王土永固。所以营城为了营国，营城等同于营国，营城营国便成了巩固周天子世袭统治的第一要务，受到格外重视。据《礼记·王制》记载，当时天下分为九州，“州建百里之国三十，七十里之国六十，五十里之国百有二十，凡二百一十国”。各诸侯国纷纷建造古城，促使城池营建进入一个快速发展的阶段。不过那时的城垣大都堆土而成，后来才出现夯土筑城。宋代北方地区有些重要古城采取外包城砖，南方则利用山石之便，多为石垒城墙。到明代，举国上下开始包砖加固城墙或者重新砖筑城墙，将中国古代城墙建造推至巅峰。平遥古城的军事防御体系正是在这种大势中应运而生。

# 一、明代砖城墙加筋 夯土固若金汤

据说平遥城池最初建造在西周宣王时期。对于那个邈远年代的城垣，因史载阙如，现已无从考证。不过通过大量的考古发现和史料文献记载，我们可以肯定的是，明代以前平遥古城的城垣还没有建造成人们如今看到的这种高大雄伟的包砖城墙。

在中国古代，只有作为最基层一级的县以上政权所在地，才有资格修筑这种称为“城”的高墙。因而举凡有城的地方，必定有高墙四周封闭。高墙外挖沟成池，是谓城池。明代以前各地建造的城池都有一个共同特点，就是用黄土分层夯筑起来，建成高大厚实的城垣。不过在中原地区，大都采取挖河筑城的办法，把从护城河挖取的黄土和料姜石就地堆积起来层层夯实构筑，使城垣与护城河一举兼得。为了便于防御守备，这种土筑城垣基底宽大坚实，牢固耐久，城垣的高度在10米上下。城垣的断面呈梯形状，外坡陡而内坡缓，使墙体和地

雄浑巍峨的平遥明代城墙

面形成侧角，因而攻城作战很难登攀。从考古发掘出的大量春秋时期诸侯国的都城来看，城垣营建毫无例外全部由夯土筑就。平遥古城与这些都城既然属于同一时期的产物，那么自然最初也是以土筑城。

或许人们早已见惯了用砖墙筑起的古城，所以大多数情况下，还是习惯把城垣也叫作城墙。其实所谓城墙，只不过是古人在夯土城垣的外层又包砌了一层比普通青砖大一些的城砖而已。虽然这种城垣包砖的做法早在汉代已经有先例，但是举国上下大规模采用包砖的做法建造城池，则是明代的事。

城墙高耸，固若金汤

明代是朱元璋推翻了蒙古贵族统治的元朝以后建立的又一个中央集权的君主专制社会。立国之初，中原、江南和闽广等地虽已归属明朝政府管辖，但是北方边患不止，国内矛盾依然严重。于是在明太祖朱元璋“高筑城、广积粮”的防卫政策推动下，各地府、县开始纷纷增扩城垣，修建砖筑城墙。后来随着国力强盛和制砖生产能力的提高，砖筑城墙风靡全国，迎来了中国筑城史上一次具有划时代意义的高潮。直到现在，人们所能见到的或者留在记忆中的古城，几乎都是经过清代修缮后的清一色明城墙。

平遥城墙属于明代

初期最早建造的那批中国砖筑城墙之一。这些城墙的建造完全出于明王朝政治军事的需要。朱元璋最初建立大明王朝时，元朝统治者虽然败退漠北，但对大明江山仍然虎视鹰瞵，伺机卷土重来。此时，山西境内存在的一批地主武装也对新生的明朝政权构成了严重威胁。为了防御元朝残余势力，巩固政权，稳定局势，明王朝在山西境内不但以太原府为中心修筑了大量城池、城堡和营寨，而且在北方边塞设立了包括太原和大同在内的“九边重镇”。平遥距太原府城不过100千米，其间无山河之险阻隔，地处南北孔道，作防患通衢，历史上曾几次遭到洗劫袭扰，故而构筑城垣格外重要。据史书记载，唐武德二年（619），刘武周引突厥兵攻陷平遥。宋建隆元年（960），赵匡义派李继勋率军进攻北汉，焚烧平遥县城，大肆杀戮掠夺。宋靖康元年（1126），平遥城再一次被金兵攻陷，死伤平民4500多人。所以面临元朝残余势力袭扰和地主武装威胁，平遥以史为鉴，于明洪武三年（1370），开始在周长“九里十有八步”的古城垣上大规模扩建城墙，重新修筑成“周围十二里八分四厘，崇三丈二尺，壕深广各一丈，门六座，东西各二，南北各一”。明正德四年（1509），“又筑附郭关城一面”。在这以后的明清两代500多年间，历经26次修葺增补，才形成了平遥古城现存的城墙形制和规模。

这座经过明初扩建重筑的城墙，无论是墙体夯筑技术，还是城防工事结构，都在古城垣的基础上有了很大的改进。原本单纯用素土夯筑的墙基和墙体，在重新夯筑时自下而上采取了加筋强固的措施，每隔2米就铺有一层间距为2米～3米的木栓，并将每层夯土的厚度控制在12厘米～15厘米，使夯土层更加坚固密实，即便是墙基和墙体出现了不均匀沉降的情况，也能防止和减少城墙出现裂缝。在规划城墙的基底宽度、顶部宽度和城墙高度上，平遥古城也不拘一格，因地制宜。当时全国各州、县建造的城墙基底宽度一般都不超过6米，而这座地处四塞要冲的小城却把城墙底宽建到了8米～12米，就连城墙顶部最窄的地段也不少于3米，宽的地方竟有6米之多，几乎超过了所有州城和县城城墙基底的宽度。不仅如此，平遥古城的夯土墙外侧均以条石为基，在条石基础上筑起的台阶高出地面1米，宽度3米～5米。台阶以上再用特制的城砖由底到顶依次砌筑了0.87米、0.7米和0.53米厚的挡土墙。挡土墙内侧每隔6米还砌有一座与城墙高度一样的厚实砖垛。砖垛呈矩形断面，长、宽分别为0.8米和0.6米。采用这种方法加强夯土墙和挡土墙之间的整体性与稳定性，足以表明古代匠人营城技术的娴熟和高超。

平遥古城的城墙同所有古城的城墙一样，除在城门内外全部包砌青砖以外，通常靠近城内的一侧外露夯实素土，只在城外一侧包砖。平遥的城墙高10米，下宽上窄，收分较大。城墙外檐也都砌筑了具有掩体功能的垛口墙，并在内檐砌筑了半人高的女儿墙。因为垛口墙在战时可以遮挡攻城的流矢飞石，保护守城兵马穿梭和调度时的安全，所以垛口墙又被称为挡马墙。不过，平遥古城四周的垛口墙厚度都在0.5米以上，高度足有2米，其数量约有3000个，令人咋舌。城墙四周的垛口背后每隔不远还设有炮台，另外，盔甲、火器、火药、铅子及弓弩之类无不具备。隐蔽在垛口后面，以火炮威慑远处集结攻城的敌军，形成远、中、近不同层次的火力网，抵御来犯之敌。为了保证战时迅速调兵遣将和动员民众，除了城墙上铺有厚厚的城砖便于兵马、火炮运动之外，在古城内沿着城墙四周还修筑有环城马道，使得城上城下构成两道闭合的环路，相互支撑，便于兵力迅速调动、粮草弹药及时补充，增强了平遥古城的军事防御功能。

古代夯土城墙施工示意图

隐藏在垛口内的火炮

城墙垛口与马面敌楼

平遥城墙的匠心所在比比皆是。其中排水设施的设计和完善程度对于至今的工程建设仍具有极其重要的价值。平遥城墙建成500多年，它的内侧依然裸露着当年素土夯筑的墙体。由于是素土，经不起雨水冲刷，精明的古代匠人便在城墙顶部平铺青砖，按照事先的创意铺装成排水坡度，把雨水有组织地集中到女儿墙下的出水口，通过埋置在女儿墙出水口处用条石开凿的排水槽，排放到城墙下的散水台阶，再流入城内的马道。这种措施一直到今天，仍然被人们广泛采用。也正是因为有了它，平遥古城才能安然无恙，固若金汤。

## 二、马面敌楼御攻城 巧构立体防线

来到平遥，细心的人只要稍加留意，就会发现这里的城墙和如今我们所能见到的其他城墙相比，有一个特点：在平遥古城四周城墙的外侧，沿着顺直的墙面看去，每隔60米到100米，便砌着一座突出墙面的方形城台，上窄下宽，棱角分明，比例修长，透着一股威武阳刚之气。城台从墙面向外支出2米～3米，高度与城墙持平。每座城台上还建有一个两坡式硬山屋顶的二层楼阁。楼阁的平面呈方形，占地面积10.24平方米，四壁砌砖，内设木楼梯和木楼板。它的底层面向城内的一面辟有拱券门，二层楼上在四面墙壁各开有两个拱券形的窗孔。这些凹凸变化、排列有序的城台和楼阁总共建有72座。它们如同长城的烽火台，挽臂相连，巍然屹立。

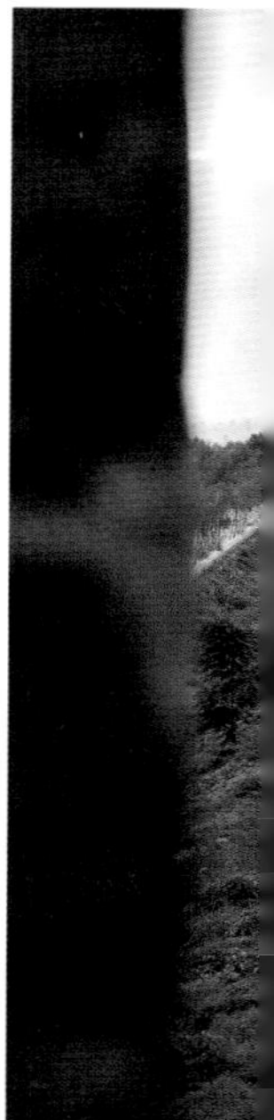

这种形式的城台最早出现在汉代。因为城台突出城墙平面，棱角整齐，形体瘦长，所以古人形象地把它比喻成马面。汉代时许多城池都曾建造过马面这种防御设施，不过马面上不建楼阁，只建砖台，而且城池各边的马面寥寥无几。后来宋、辽、金、元各代建造城池时，马面的数量才多了起来。到了明清时期，附着在城墙上的马面一般建在城池比较小的县城，而规模较大的都城、州城、府城已不多见。究竟是什么原因导致这种现象出现，从史料记载里已找不到确切答案。不过，平遥古城马面建造的历史长达500多年，还能在抗日战争中重振威风的事实，便雄辩地证明了它所蕴含的强大生命力。

中国古代无数次战例充分展示了冷兵器时代马面对于城池防守的独特作用。锯齿状的城墙连为一体，既增强了城墙的坚固性和整体性，也提高了守城将士的防御能力。攻城之战通常是从城墙的正面发起攻击。攻城士卒在流矢如雨的凌厉攻势掩护下，凭借架在城墙上的云梯攀登直上，奋力拼杀突入城头。而此时的守城将士唯有手执兵刃，借助城墙垛口掩体，与登临城头正面交战的敌兵殊死搏斗，但是却很难克服城墙平直带来的障碍，直接消灭垛口外攀爬在云梯上的敌兵十分有限。守城之战不仅艰苦，

而且难免陷入被动。然而对于有马面的城墙防御则会轻而易举扭转这种被动局面。由于每段城墙都是由平直的墙面和相邻两端突出的马面构成，因此能有效地消除防御死角。一旦敌人兵临城下发起进攻，守城将士就很容易利用城墙正面和两侧马面的垛口，组成交叉火力，在攻城敌兵登临城头之前，就先发制人，流矢飞石齐下，从云梯两侧阻止和击溃涌向城下的敌兵。如今随着岁月的流逝，中国古代城墙的马面已经陆续化作历史尘埃。只有这座幸存的古城还保存着马面的完整形态，作为特殊城防设施的孤例，向世人展示着冷兵器时代这种被叫作“盾牌”的设施。

在古代中国，不少城池都建有类似平遥古城墙上的楼阁式防御设施。这样的楼阁平时当兵器库，战时底层驻兵，存放兵器，二层作瞭望窗口。人们把它称为敌楼。敌楼具体设置在哪个位置并无统一定式。对于敌楼之间的距离，明太祖朱元璋曾诏令规定为二十丈（约66米）。由于不同规模的城池所处的地理环境有很大差异，因而出于各自军事防御的需要，敌楼或者建在城墙之上，或者建在城池之内，或者单独建在城外的西北角和东

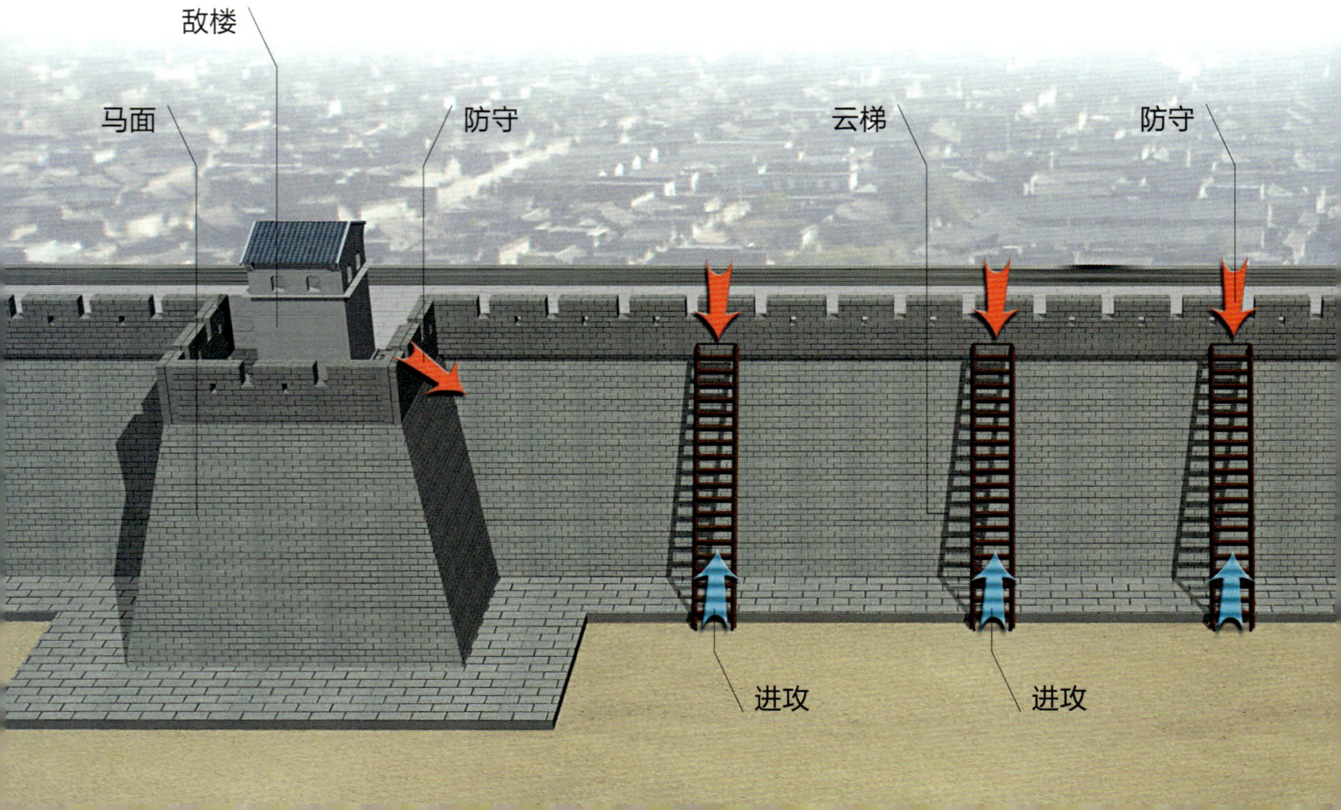

北角，距离城池不过几十米，与城池形成掎角之势。然而像平遥古城这样，直接把敌楼建在城墙的马面上，可以说极为少见。平遥古城的敌楼如此之多，和城墙上的马面、垛口紧密地结合在一起，构成了完整的防御工事。有了敌楼作为守城将士的依托，防区更加明确，也给瞭望巡城和组织交叉火力进行有效防卫带来了极大的便捷。因为敌楼的存在，将士们盛夏可以躲避酷暑风雨，隆冬可以御寒防冻，这在冷兵器时代对于提高战斗力，无疑是绝妙的匠心设计。不仅如此，城墙上72座敌楼的设置正对着城内72条蚰蜒巷，居高临下，对街巷动静一目了然，成为监控小街小巷的火力制高点，无论平时还是战时，对于守城和防范都是不可多得的安全设施。

古城晨曦

不过有趣的是，生活在这里的平遥人并不仅仅把马面敌楼看成防御攻城的军事设施，而是赋予它们更加深邃的文化寓意。在平遥老百姓的心里，城墙上的3000个垛口还象征着孔子的三千弟子，72座敌楼则隐喻着孔子的七十二贤人。按说孔子和修筑平遥古城原本扯不上一点关系。康熙十二年（1673）编纂的《平遥县志》分明写着：古城墙于“明洪武三年重筑……后建敌台窝铺

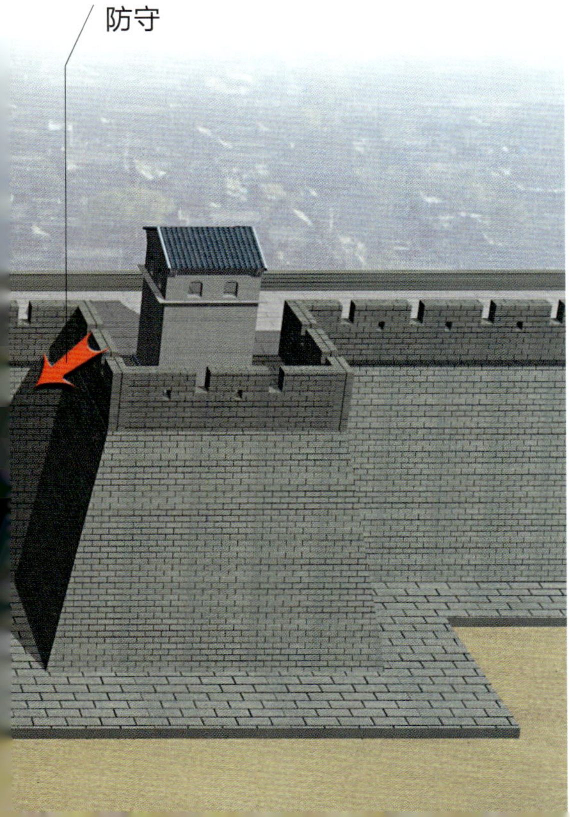


古代城墙的敌楼、马面攻防示意图

登城步道和马道

四十座”。又说：“隆庆三年知县岳维华增敌台九十四座，俱用砖砌。”可见明代时重筑的平遥古城墙最早仅建40座敌楼，敌楼数量最多时也曾达到134座，本来没有恰好建过72座敌楼，却不知源自何时，在当地竟然绘声绘色地编出这样一段离奇故事：传说明洪武三年（1370）扩大平遥城池规模，重修城墙时，众人曾为城墙的建造方案争执不下。于是县令带着众吏乡绅来到城外实地勘察。恰巧就在此时狂风大作，形似巨龙腾空而起，席卷而过。稍时从天空飘落两张黄裱，不偏不倚落在县令脚下。县令满腹疑惑，俯身拾起观看。原来一张黄裱上书七言绝句一首，诗云：“十里城墙不设军，列队三千尽孔门。笑傲武夫总言战，韬略运筹胜兵戎。”而在另一张黄裱上则画着一幅城池的式样。将两张黄裱上的图诗对照一目了然，城墙扩建的大小可以修筑3000个凹形垛口、72座敌楼，这些数字恰好与孔圣人门下弟子的数量相同。莫非上苍之意是让平遥县以文武之道刚柔并济，保卫这座古城的平安？想到这里，县

登城步道和马道

令、众吏乡绅如梦初醒，诚惶诚恐跪拜在地，再三感谢上天。从此平遥古城的城墙也就有了孔子三千弟子、七十二贤人之说。

无论是一种巧合，还是一种附会，也许真的是在清代修葺城墙时有意为之，总之，把治国安邦所用文武之道巧妙地放在这里，给这座小城的军事防御赋予了浓厚的儒家思想内涵，足见平遥人的睿智与精明。这样一来，驻防城头的不仅有守城将士，还有孔子的三千弟子和七十二贤人，在精神和道义上宣扬着“仁治”，而反对武力，似乎连至圣先师也能与古城军民同仇敌忾，激励自己的门生孺子和圣贤哲人前来守城护民。这不仅为攻城来犯的一方增添了道义和心理的压力，而且鼓舞了平遥守城军民的士气。古人把营建完善的军事设施与设置心理障碍结合得炉火纯青，可谓独具匠心。像这样连规划设计古代军事设施都蕴含了深邃的文化寓意，在世界军事设施构筑上也不啻为一种创举。

登城步道和马道

# 三、瓮中捉鳖奇招妙用与瞭敌观景

瓮城乃古城的门户，也叫月城，是建在大城门外的小城，真正的作用在于加强城池的军事防御能力。建瓮城而出入并施以防范，唯中国古城建制特有，举世孤例。瓮城建在城门之外，小城规模，只做交通要冲，不能居住。它的形状很像早先中国民间起居生活常用的一种陶器。这种陶器内部的空间大，口却很小，盛装东西不易倾倒。古人正是借鉴了瓮的特点和制作瓮的思维，在城门之外建造瓮城，使瓮门的位置与城门位置形成90度角，两门不能相对，不能直通，把本来可以顺直进入城门的通道改为曲折式，起着重要的军事防御和日常安全防卫的作用。

瓮城的存在，给进犯之敌设置了重重障碍，加强了古城军民的安全。敌人即使攻破瓮门涌进瓮城，也会陷入四面夹击被动挨打的境地。由于瓮门与城门之间曲折相连，90度的急转弯对于匆匆涌入瓮城的人马在调动和攻城方面都将产生极大的困难，不能一鼓作气攻入城内。这时候，在瓮城四周城墙上的守军居高临下，飞石箭矢齐发，给入侵之敌致命打击，形同瓮中捉鳖。也只有在这时，瓮城的作用才会发挥得淋漓尽致。

根据历史文献记载，中国自汉代以来建造的无数座城池，一般都设有瓮城，和城门巧妙地结合在一起，构成内外两道防线。“其城外瓮城，或圆或方，视地形为之，高厚与城等，惟偏开一门，左右各随其便”（《武经总要前集·守城》），这是仅在中国古城才有的特征，在世界文化遗产中独树一帜，价值与特色都具有唯一性，对于了解和研究中国古代军事、文化具有不可替代的作用。

平遥古城看似弹丸之地，但麻雀虽小，五脏俱全，在建造构思和建筑形制上典型地反映了中国汉民族中原地区古代县城的特征。甚至可以说中国古城应有的建筑功能、各项设施和建造技术，在这里几乎都得到了完美的展现。仅从平遥瓮城的设置、建造便可窥见一斑。

中国从汉代起就有了瓮城。平遥的瓮城始建于何时，是元代，宋代，还是隋唐时期？现在已经无法考证，所幸的是经过明清两代重建与修葺，至今保存得十分完整，真实地再现了它的特殊功能以及精湛的建造成就。

平遥古城共有六道城门和六座瓮城。根据《康熙县志》记载，明初扩建重筑城墙的同时，就建有“门六座，东西各二，南北各一”。而瓮城建筑则是陆续完成的，并非一蹴而就。

依照中国古老的传统惯例，选择每座城门和瓮门的位置、朝向以及所要题写的门额内容，均颇有讲究，处处渗透着中国古代的哲理、宇宙观、人文传统和伦理本位的思想，赋予古城人格化的寓意，寄托了营城者的希冀与情感。这在世界其他各国极为罕见。从今天能够查到的明清两代县志看，平遥古城的六座城门早在明代初期就已经各有其名，后来屡有变更。清道光年间城门大修，城门上的砖雕门额，已经和康熙年间大有不同，分别题作迎薰、拱极、太和、亲翰、永定、凤仪。这说明在不同时期，主导营城的知县都把建造城门当成一种可资鉴赏的建筑文化创作，总是借助门额题词寓意、画龙点睛，来表达自己的审美观和对天人合一的理解，并且通过城门冠名传递为官当政的思想，向民众和过客昭示追求稳定与祥和的愿景。

古人崇信风水之说，建城造屋离不开堪舆，往往因袭传统文化理念，对建筑环境进行选址安排，借以协调人与自然的关系。在方位选择上，他们认为四面八方，正

瓮城与城门不相对，形成90度夹角

东、东南、正南、正北为吉，其余四方为凶。很有可能当时选择平遥古城方位时，考虑城池与东西流向的柳根河（原中都河）大体平行，并使城池的主要朝向能够满足日照与东南风向的要求，于是形成了坐北面南而略微偏东的方位，使得南门迎着东南方温暖芳香的和薰之风，故此名之为“迎薰”，表达了开门见喜、温馨祥和的期望。而平遥古城的北门则与中国大多数古城的北门一样，谓之“拱极门”。拱者，拱卫也；极则指北极星。在中国古人的心目中，北极星是天之最尊星。朱熹《四书集注》云：“北辰，北极，天之枢也。居其所，不动也。拱，向也。言众星四面旋转而归向之也。”营城者将平遥古城的北门冠名拱极门，自然是隐喻四方归向、众人共尊。而上东门地处东南，按古人信奉的风水之说，属于生气趋吉的方位，于是城门题名取自《周易》中的“保和大和”之意，门额上书“太和”，企盼阴阳二气和谐共生，相得

益彰。下东门的位置至关重要，虽然地处吉利方位，面迎东方，但是却与去往太原府的通衢大道连接，是敌人进犯的战略要冲。门额取“亲翰”二字，意在告诫人们“戎事乘翰”，以保家卫国为己任。上西门地处西南方位，而且西向通衢，从风水学和安全防御来看，显得尤其凶险。故而为了避凶趋吉，以求城池安定永固，把上西门取名“永定”，表达了太平民生的意愿。在六座城门中，下西门名为“凤仪”，颇具神话色彩。下西门本处凶险方位，营城者却思绪驰骋，极富想象力，取意“箫韶九成，凤凰来仪”，以在中国古代传说中象征着祥瑞的百鸟之王命名反制，不可不谓奇思妙想。

如今我们在平遥古城看到保存完好的城门和瓮城，大都是清道光三十年（1850）后大修。尽管城门面向东、南、西、北四个方向，但是瓮城的大门却只在东与南两个朝向开设，体现了中国古代面南为尊和尊崇皇权的传统观念。其中南瓮城的瓮门与城门位置相错，因应地势面南而开。北瓮城的瓮门与城门呈90度角转向东面开设。上东门、上西门和下西门三座瓮城的瓮门均向南开，唯独那座门洞匾额题有“亲翰”二字的下东门却将瓮门开在了东面。那么，既然下东门在军事防御上属于敌人重点进攻的门户，为什么还要把这座瓮城的大门正对着通衢大道而开呢？一种说法是京城位于平遥古城的

城门洞及石板上的车辙

东面，下东门的瓮城大门向东开为了表示对朝廷的尊敬。另一种说法是下东门外除了有护城河设防，还有一条横贯在城东的惠济河可作天然屏障。在惠济河上仅建有一座石拱桥，桥面并不宽，一旦战事告急，便可拆桥断路，阻隔来犯之敌，故而即使下东门瓮城的大门向东开，也无大碍。还有一种说法，把平遥古城说成是一座龟城，古人营造它时担心这只“乌龟”爬走，所以有意将它的左后腿拽直，并用绳索牢牢系在城东北十千米之遥的麓台塔上，这才有了下东门瓮城大门面东而开的奇怪现象。

显然这些说法为后人所推测，不足为凭。实际上，现在已经没有人能够说得清下东门瓮门朝向设置的真实原因。而且更加令人感到诧异的是，在下东门的瓮城里居然还设了一人高的平台，平台上建起一座关帝庙，内置关羽、关平、周仓等人物与赤兔马的雕塑。庙门对面建了一座戏台。从关帝庙通过一处狭窄的小门和砖砌步道可以辗转登上城墙。这在其他古城也十分少见。从军事防御的角度看，瓮城内主要是用于交通和作战。而瓮城内建关帝庙和给关帝唱戏的戏台，无异于在地面与城头之间搭建了几层攀爬的台阶，缩短了垂直距离，自然对守城不利。殊不知这正是平遥瓮城的与众不同之处，表明营城者对于瓮城功能的设计和空间利用有着不同寻常的见解。也许正是因为下东门的位置举足轻重，才建起了关帝庙，求助于武圣人坐镇瓮城，鼓舞守军士气。这与在城墙上设置72座敌楼和3000垛口，寓意孔子的贤人、弟子同仇敌忾守城卫民的做法，实有异曲同工之妙。至于瓮城里的高台建筑看似拉近了两军距离，实际近距离作战，对入侵之敌具有更大的杀伤力。据史料记载，明万历年间在北门的瓮城内也曾建过真武庙和财神庙，

昔日穿行于城门的轿车

昔日来往于城门的大车

平遥古城拱极门（北门）城楼再现昔日风姿

可惜现已不存。在平遥，小小的瓮城尚且如此，可想而知，倘若总览整座古城的建筑艺术和技法，我们不难发现，古代营城者在恪守传统礼制规范的同时，的确不乏独到的创意。古城在统一之下有变化，变化之中求和谐，达到了功能与形式完美结合的境地。

平遥古城无论是城门还是瓮门，门洞一律采用半圆筒形券顶，从城墙外立面凹进去3米左右的距离设有石刻的门框和门枕，在门枕上凿有门臼，以立门轴。两扇向内对开的实榻厚门安装在门枕上。门扇外包铁皮，铁皮上纵横排列着数不清的铁制门钉，门的内侧有五道横置的巨木连楹，威严厚重，开启艰难。门洞内的道路用巨大的石块砌筑而成，并在道路两侧立有路牙石，实行人与车马分流。如今除了下东门的瓮城时而有行人出入外，其他瓮城的门洞早已不再通行。直到今天，人们在这里还能够清晰地看到那些高低不平、深浅不一的车辙印痕。它们陪伴古城度过了数不清的岁月，见证了古城的兴衰沧桑，时至今日依然让世人感受到历史的浑厚与凝重。

和瓮城在一起共同构成古城门户的另一类建筑便是城

楼。在中国的古城，有城门就会有城楼。城楼是城门位置的醒目标志，具有观察、控制进出城门的动态和瞭望敌情的功能。当然，通常情况下由于城楼的建筑造型精美，雕梁画栋，风采多姿，巍然耸立在平坦坚固的城墙上，形成强烈的虚实对比，使得古城轮廓跌宕起伏，平添了雄伟气势，自然也就具有了很强的审美意义。其实很多时候人们就是通过城楼和城墙来了解古城、了解古老的中国。

平遥古城的城门

# 086

平遥古城在明代时就已建有城楼，清代康熙年间重修，南、北门两座城楼为三重檐二层七檩回廊式建筑，高16米，建造在瓮城内城墙的砖台上。木构楼层，三开间，歇山屋顶，采用绿琉璃瓦剪边。东、西两面四座城楼虽说也是二层七檩回廊式建筑，开间和屋顶形式也与正南正北的城楼相同，却建成了二重檐，城楼高度略低。六座城楼主次分明，突出了南北中轴线的地位与作用。这样的古城形态一直延续到20世纪40年代末，不幸被一度盘踞在平遥的国民党军全部拆除，改筑成碉堡。平遥古城也因此失去了昔日的雄姿和风采。今天我们所看到的北门城楼和下西门城楼，是过了近半个世纪后，在加强平遥古城保护和申报世界文化遗产中，按照旧制复建而成的。如今平遥古城的城楼虽然并非文物保护单位，但是作为历史标识性建筑，使这座幸存古城的整体风貌更加清晰起来，留给世人难以忘怀的印象。

## 四、凿河吊桥襟带古城拒敌于郊野

中国在很早的时候便懂得就地取土筑城的办法。在城的四周挖沟取土，积水成池，再把取出的土夯实筑作城垣。即使在平地上，也能筑成两道防御屏障，形成高墙深沟，起到安全防护的作用。这是古人的创造，是古人的智慧。这种防卫意识和方法最早来自氏族社会。那时的部落群体为了防止外来氏族和野兽的侵袭，想出了在居住地四周挖掘深沟设置障碍的主意。进入奴隶制社会，古人营国不仅懂得了开挖沟壕，设置路障，而且学会了修筑夯土高墙，凭借沟和墙的组合，创造了古城军事防御体系的基本设施。他们习惯于把城叫作城池，就是夯土城垣和沟壕积水的统称。这里的“池”，便是通常人们所说的护城河。

护城河与吊桥，是古城军事防御必不可少的设施。护城河又称堑沟，在平遥也被当地人叫作城壕。古人从中都河与惠济河引进水来，环绕在古城四周，形成封闭状的沟壑屏障，把古城与外部地界隔开。由于护城河的深度和宽度有数十米，使得攻城兵马既不能跨越，也不能泅渡，内外交通只能通过架设在护城河上的吊桥。这种木制的吊桥在城墙上竖有门架，靠城的一侧桥面板用圆木做成横向转动轴，转动轴两端分别安装在两块石墩上，桥面板的另外一侧以绳索固定。绳索通过门架的滑轮连接到城头如同车轮大小的辘轳上，控制吊桥的升降。平时吊桥平放，可以作为连接古城内外的通道。战时升起吊桥，便能拒攻城之敌于护城河之外，起到阻止兵马火器接近城墙的作用。这种吊桥现在早已经消失得无影无踪，不过在历史悠久的冷兵器时代，它们却显得格外重要，即使到了使用枪炮作战的近代中国，古城的城防工事依然离不开护城河与吊桥。

平遥的护城河早已有之。明代洪武年间重修城墙时，护城河的深度及宽度都有一丈，相当于现在的3米多。此后又过了将近200年，即明世宗朱厚熜在位时的嘉靖二十一年（1542），蒙古军队俺答部大举进犯山西，入朔州，掠广武，突破雁门关，

护城河与瓮城外吊桥

直取太原烧杀抢掠，旋即又转向太谷、祁县、平遥、介休恣意南下侵扰。在平遥城外大肆焚烧村庄，杀戮百姓，一时间四野举火，光焰烛天。秋夜暴寒，月明如昼，杀戮之惨，口不忍言。尽管兵临城下，却未能越过护城河。明世宗死后，他的第三个儿子朱载垕即位，史称明穆宗。穆宗不务政事，终日沉醉于游玩挥霍，放任大臣争夺首辅的斗争愈演愈烈，国家财政岌岌可危，进一步导致了民怨沸腾。在他登基的当年，即隆庆元年（1567），广东便爆发了大规模的农民起义。接着，明隆庆三年（1569），陕西各地的农民也揭竿而起，直接威逼山西。大概是危情所致，官府纷纷兴师动众，再次对州府和县城维修加固。于是平遥古城的护城河也就拓宽挖深，各达三丈（约10米），同时六座城门外都建有长吊桥。从清代高锡琳《平遥县筑城开河记》和冀唐封《平遥县修城开壕记》可以看出，清朝建立后，康熙年间虽然对平遥古城与护城河进行过多次修缮，但是都没有达到明隆庆年间的规模。尤其康乾盛世带来经济繁荣、社会稳定，平遥的护城河壕桥填塞，几无形影。但是到了道光年间，又开始重新疏浚河道，在护城河的河床上特别包砌了砖石以加固，引水入壕，设止水闸，用来调节护城河的水量，控制河水的流速。一旦遇有攻城之敌，就升起吊桥，利用水速湍急的护城河水，加之城上箭矢火炮齐发，威慑护城河对岸毫无遮掩的兵马，对那些身穿盔甲战袍，长矛大刀登城的将官士卒，造成极大的杀伤。当然，平遥古城建在中都河（今柳根河）与惠济河的交汇处，也有先天的缺陷。因城池地势平缓，南高北低，雨季常受洪涝袭扰，故而护城河淤积便成了常有的事。据平遥旧县志的记载，直到同治、光绪年间还曾不断疏浚。然而清末民初以后几十年，战乱不已，民不聊生，平遥古城历经沧桑，护城河与吊桥渐渐毁损，最终荡然无存。对于平遥这座千年古城来说，不见了护城河与吊桥，便少了一道屏障，以致在日军攻打平遥古城时，城外无险可守，不幸陷落敌手。

如今人们在平遥古城所看到的护城河，大体是在原来城壕的基础上修砌而成的，虽说已经无缘饱览当年原汁原味的风貌，但从护城河恢复的部分形态特征中，还是可以寻找些许历史痕迹，领略到古城完备的军事防御体系和古城的魅力。

# 第四章

# 中国古代县治及其官箴文化

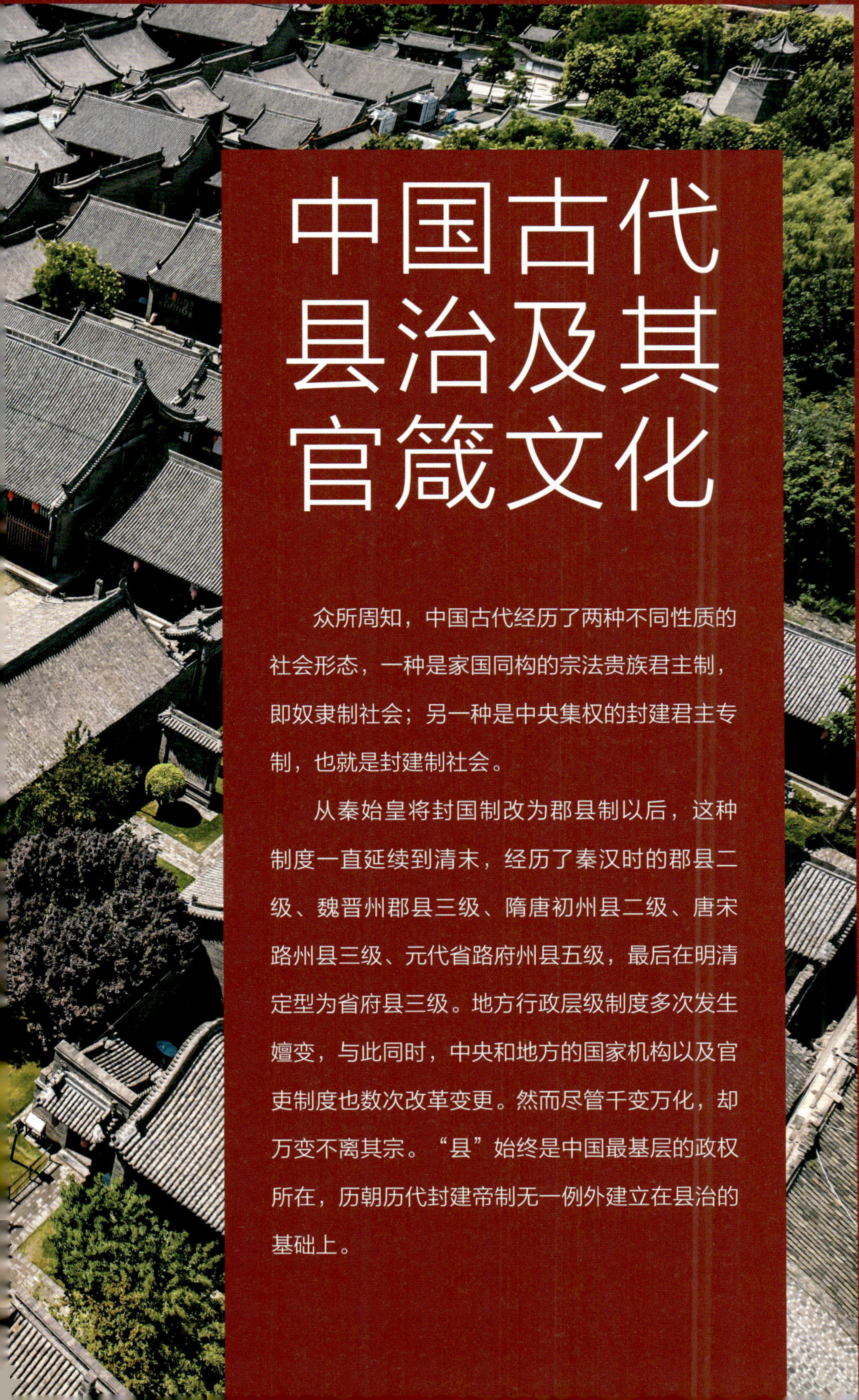

众所周知，中国古代经历了两种不同性质的社会形态，一种是家国同构的宗法贵族君主制，即奴隶制社会；另一种是中央集权的封建君主专制，也就是封建制社会。

从秦始皇将封国制改为郡县制以后，这种制度一直延续到清末，经历了秦汉时的郡县二级、魏晋州郡县三级、隋唐初州县二级、唐宋路州县三级、元代省路府州县五级，最后在明清定型为省府县三级。地方行政层级制度多次发生嬗变，与此同时，中央和地方的国家机构以及官吏制度也数次改革变更。然而尽管千变万化，却万变不离其宗。“县”始终是中国最基层的政权所在，历朝历代封建帝制无一例外建立在县治的基础上。

诚然，县在春秋战国时期就已经具有行政区划的性质。春秋初期，诸侯国内普遍实行采邑制度。到了中后期，随着土地私有制的发展和按田亩征收赋税，最初的采邑制度已不再适应新的形势。当时战争不断，诸侯国之间相互征战吞并。晋、楚、齐、秦等诸侯国势力强大，战胜弱国后诸侯强国获得的疆土越来越多，不愿将吞并的土地再次分封出去，于是在这些被灭掉的小国土地上派官驻守，把旧都改建为县，划分成固定的行政范围，由战胜国的诸侯派人直接管理。这些直属于诸侯国国君的土地就如同现代意义上的县。据文献记载，春秋时期五霸之一的晋国设县最多，达到30个。不过与秦汉郡县制不同，春秋时期县的建制高于郡，建立的是县郡管理体制。《说文解字·邑部》云："周制，天子地方千里，分为百县，县有四郡……"战国时期以郡统县的形式在三晋地区出现。自秦朝实行郡县制创立行政区划以来，县治就成了一级政权所在。到了秦代和汉代，县系于郡，才把"县"作为郡以下的行政区域名称。

县治在中国两千多年漫长历史中虽然位阶低，但是基础地位极其重要。古人很早就有"郡县治，天下安""天下之治始于县"的说法。历代帝王一向格外重视县治。对此，清雍正皇帝说得非常明白。他一即位，就在一个月内接连给州、县地方官员颁发了11道上谕，一再告诫这些朝廷命官："州牧、县令，乃亲民之官，吏治之始基也。"（《清世宗实录》）认为天下之治或天下治乱，始于州县。知县与县衙作为皇权政治的象征，直接管理民众，自然和百姓的起居生活有着千丝万缕的联系，而且同在一片蓝天下，知县莅事治所与百姓生息之居受封建等级制度的严格束缚，既有鲜明的官民尊卑之分，又有传统理念和空间形态上的一致和谐。县治与民居之间所表现出的这种对立统一特征，发展到明清时期已经变得相当突出，形成一整套县治理政运作方式和与其相适应的衙署建筑范式规制，以及官箴文化。

# 一、明清县治与平遥衙署的前世今生

秦汉实行郡县制，将皇权统治的权力延伸到九州四海的每一个角落。设置诸县，最高行政长官为县令，并置县丞、县尉辅佐县令治县。大量县治所在的城邑集中于黄河中下游地区，城邑规模无定制。县令最重要的职能是负责地方的民政、治安和刑狱等事，保境安民，除稳定社会秩序，授田收税外，还必须维护本县农业生产、管理手工业和市场。汉代开始兴办学校，进行儒家教育。之后各朝各代莫不效法秦汉，无论郡县、州县、府县的体制如何变动，县域数量、大小怎样确定，县的设置从来都有很强的稳定性。直到明洪武初年（1368），行政建制在元朝基础上做了较大调整，“尽革行中书省，置十三布政使司，分领天下府州县及羁縻诸司”。即便如此，县仍是最基层的地方政府，依各县赋税多寡分上县、中县、下县三等。县令改称知县，即“知某县事”，由皇帝亲自任免，授权主持某县的地方

事务。知县的阶位也按上县、中县、下县的相应等级分为从六品、正七品和从七品。民间俗称“七品芝麻官”皆出于此。

明朝县一级的官吏划分为六个等级：主官知县，佐贰官（即副手县丞、县尉），首领官，教职，杂职，杂役。清代划土分疆和行政建制基本沿袭明制。知县执掌一县的刑名、钱谷、狱讼、治安、征收赋税、徭役、教化百姓等大权，如当地驻有戍兵，还要兼任兵马都监或监押，兼管军事。因政务繁忙，明清两朝知县一般都要聘请师爷帮助处理政务。皇帝通过选任知县，稳固县治，有效加强了中央集权。这对于政治安定，经济文化发展，防止地方割据分裂，维护国家统一，作用至关重大。

知县为朝廷命官，知事理政的办公场所自然必不可少，须建衙署，立厅堂，且衙署建筑理当威仪庄重，肃观瞻而敷王政。知县领属官衙役人等，履行县治职责，依序规范治理政务。明清时期县衙规制发展程度相当完整成熟。衙署四周建有围墙，临街建有八字衙门，泾渭分明，以此分隔官民。衙署内数十座建筑高低错落，排列井然有序，南北轴线纵贯其中，串联一系列坐北朝南的官署建筑，呈现前朝后寝、左文右武的格局。衙署公堂居中而立，对应中央“六部”和“三班”，在公堂东西两侧，布列吏、户、礼、兵、刑、工六房，以及皂班、捕班、壮班等县署日常办公的组织机构。县衙署同府衙、州衙一样，坐落在县城主要街道的北侧，呈现一派威严规整的布局。衙门口筑有宽大的八字墙，用以张贴“圣谕”和官府布告，烘托出威严的气氛。门外两边矗立一对端坐的石狮，左雄右雌，勇武威猛。雄狮爪下按绣球，象征着统一寰宇，权力无上；雌狮爪下抚幼狮，象征着子孙绵亘，国祚永延。官府用兽中之王的霸气凌然形象，画龙点睛，寓意为辟邪保平安，彰显皇权尊贵威严之势，使衙署愈加庄严肃穆，令庶民百姓望而生畏。

如今人们在平遥看到的县衙，是明清时期县衙署的杰出范例，形象地展现和诠释了明清时期县治、衙署文化及其官箴文化的特征。

明代以前平遥县衙具体位置、衙署规模和建筑式样等演变过程，因实物不存，史料缺失，已无法寻觅其踪。据《平遥县志》记载，元大德七年（1303）8月6日夜，平遥县境曾经发生过一次强烈地震，导致7000多人伤亡，

20000余间房屋倒塌。县衙所有建筑也在这次大地震中倒塌殆尽。时隔43年，元至正六年（1346）在城内西南宣化坊建起县衙。这说明明清衙署所在位置的最晚时间也是在元末。在这之后仅仅过了21个年头，元朝政权就被朱元璋推翻。于是这处县衙在明洪武三年（1370）徐达扩城时，由主簿孙在明重建。

朱元璋建立大明王朝后，战事尚未完全平息，故在称帝后的第三年开始在全国范围内大兴土木：一方面推动夯土城墙改建为砖包城墙；另一方面重整吏治，加强中央集权和地方行政中心的建设，要求县级政权所在地也必须完善县治，设置理政大堂、幕厅等必要的机构和相应的官邸、吏舍、谯楼、监狱、仓库等设施。而且明太祖朱元璋对县衙署的规格也做出明确限定，诏令吏、户、礼、兵、刑、工六房二十二间，同时在大堂后修内宅，东设县丞宅，西有典史宅，又在兵、刑、工房后修公廨房，北修县仓。至此，平遥县衙的格局在徐达扩城时就已基本定型，但形成如今展现在人们面前的宏大规模，并非一蹴而就，而是经过明清五百年数十朝而逐步增建完善的。

据史料记载，明代万历年间对平遥县衙署进行过四次大规模增建改筑，尤其是万历四十七年（1619），知县杨廷谟重修县衙，建大门三间，仪门三间，东西角门各一间，将县衙大堂重修五间，大堂东梢间作为钱粮库，西梢间作为武备库，大堂东西耳房各三间，东为赞政亭，西为銮驾库。新修土地祠三间、木构牌楼观政亭一座，还新建了吏、户、子房，并维修宅门东西两侧耳房，以及花厅院南房、东房各处。历次修葺均承明初旧制，无大变更。清初至清末，对平遥县衙署的修缮和增建活动也断断续续没有停止。清顺治十二年（1655）知县汪丽日在衙署内东侧增修钟楼一座，清乾隆十九年（1754）、清乾隆五十六年（1791），先后两次在县衙东侧修建侯庙正殿、前殿各三间，戏台一座，以及维修关帝、观音、火神祠，把原来的三间正殿扩建成五间。清嘉庆六年（1801），在关帝、观音、火神祠前重修乐楼三间。清道光七年（1827），重修关帝、观音、火神祠内院东西配房。清光绪年间修葺县衙东花厅、二堂、耳房和东西门。

1911年，中国最后一个封建王朝覆灭，县衙随之化作历史烟云，从人们的记忆中消逝。1912年，平遥县衙改称县公署，知县也改称为县知事。后历

平遥县衙署

经北伐战争、抗日战争、解放战争，因常年失修，多处断瓦残垣，原有格局和风貌被破坏殆尽。1949年，平遥县公署成为平遥县委、县人大、县政府和县政协所在地，在几乎是废墟的建筑物上拆除多数老建筑，重新规划分区，新建了一排排低矮的办公用房和一座大礼堂。1958年，旧时的县衙早已荡为云烟，只有原平遥县衙二堂和右侧耳房、内宅、大仙楼、土地祠等几处清代建筑幸存下来。二堂经过一番维修，作为机关小会议室使用。

1994年，平遥古城申报世界文化遗产，举全县之力进行大规模的保护整治。为降低古城人口密度和建筑密度，加强古城保护，同时为更好地传承古城历史文脉，形象地展现出世上唯一保存完整的中国汉民族城市在明清时期的县级城邑标本及其县治意象，平遥县政府于1996年重建县署衙门、公堂和申明亭。1997年12月，平遥古城被联合国教科文组织列入《世界遗产名录》后，根据《平遥历史文化名城保护与发展战略》，平遥县委、县人大、县政府、县政协率先由古城迁往新区办公。1998年底，在原县衙署院内办公的13个单位全部搬迁，按照清光绪年间的县治图精心设计施工，开始实施全面复建平遥县衙署规划。如今，复建的平遥县衙作为记载平遥古城县衙署一组重要的历史标识性建筑，原汁原味地再现了明清时期的整体布局和建筑配置旧制，将平遥古城县治的形态真实地呈现在世人面前。2000年上半年，衙署中线和东线建筑群竣工，辟为平遥县衙博物馆，正式对外开放。

# 二、平遥县治理政之所及其衙署形态

大约从唐代起，在郡县制中“衙门”一词就成了对各级官署广为流行的称谓。县级官署所在地，通常被称为县衙或者县衙署。无论哪个朝代，置县之初，第一要务必先相地堪舆，修衙建堂，综合多种自然人文要素营造城邑，在城邑整体格局中彰显县衙公堂的核心地位。

县衙是一处布局严正、屋宇嵯峨的建筑群，四周由5米高的围墙环绕。根据明清衙署旧制，县衙理政的主要职能机构和办事场所划分为三部分，按官阶等级、职能分工、理政流程确定建筑规格、主次礼序，建筑厅堂与厢房屋舍各安其位。一概沿用中轴对称准则，并辅以多重封闭式合院，治事之所为大堂、二堂，外为衙门、仪门，宴息之所为知县内宅，吏攒办事之所为科房。官大者规制具备，官小者依次而减。完整的衙署还设有监狱，有内监与外监、男监与女监之分。

平遥县衙署建在古城中轴线西侧的宣化坊，衙前是一道东西走向的大街，名之衙门街。县衙署坐北朝南，位于大街中段北侧，东西

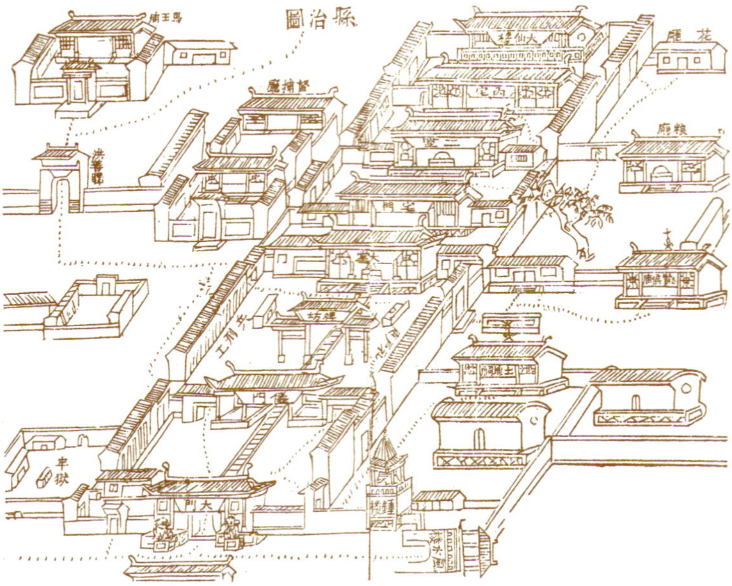

清光绪八年（1882）平遥县治图

宽131米，南北长203米，占地面积为2.66万平方米，是古城内规模最大的一处建筑群。据清光绪八年（1882）《平遥县志》绘制的县治图，当时的衙署建筑曾经达30座，均为明清两代陆续建造，依照严格礼序，对称布局在一条看不见、摸不着，却又真实存在的南北向中轴线上。

在封建社会，县治代表着皇帝在县域所拥有的至高无上的权力和地位。平遥县衙充分发挥空间和环境的陪衬作用，运用建筑语言恰到好处地诠释了明清县治遵循的礼仪和权力尊严。县衙主体建筑自南而北沿中轴线排列，构成四进院落，东西两侧纵向与中轴线并行，按照“左祖右社”布局原则，分别建有偏跨院和礼制建筑。与此同时，采用中国古建筑里规格比较高的悬山式屋顶，以及极富变化的硕大斗拱梁枋，并有华贵细腻的彩画，而屋顶正脊和垂脊却不加华丽的脊饰，屋面铺就一色黛瓦，却展现出雄浑威严的气势。

县衙署的衙门建在这条中轴线最南端的台基上，面阔三间，单檐悬山顶，外檐施以斗拱，东侧前檐下放置一面供申冤人告状使用的鸣冤大鼓。衙门口正对衙前街，因属风水学上的“枪煞”，故此大门两旁砖砌宽大的八字影壁墙，既有辟邪化解路冲煞的讲究，又有增强衙门入口气势的作用。同时在对面隔着街道设有照壁墙，阻挡冲煞。加之在衙门前的左右两侧各置石狮一座，东面建观风楼与钟楼毗连，下筑砖石高台，高台上为三间木构单檐歇山式楼阁。如此这般形成以衙门为主体的一组建筑，布局严谨，错落有致，建筑语言具有强烈的明示作用，营造出一种门禁威严的氛围，令人望而却步。

县衙大门前照例在东西两侧分别设立彰瘅亭、申明亭。将这两亭设在县衙，属明代创举，清代承袭明制。“彰瘅”出自《尚书·周书·毕命》中的“彰善瘅恶”一语，意在表彰良善，憎恨邪恶。彰瘅亭设在县衙门前，是宣讲圣谕、乡规民约，彰善瘅恶之所，借以表彰善行，公布处罚和判决告示，端正社会的道德风气。申明亭是专事调解民间纠纷之所，乃《大明律》的规定。明洪武五年（1372），明太祖朱元璋诏令全国各县修建申明亭，为的是消除秦汉实行郡县制后千百年间困扰一县之长的弊端，以减少民间聚讼，让知县从繁杂的政务中脱身，有更多时间和精力来处理关系一县兴衰的政治经济大事。对民间发生的婚姻、田产、地基纠纷，必须先在申明亭由各里长调解，只有在调解无效时方可具状击鼓，由县太爷升堂断案。

进入县衙大门，并不能直接通往大堂，而要穿过设在大门与大堂之间的第二道屏障，这是特别建造在县衙内的礼仪之门，称作仪门。仪门面阔三间，五檩悬山顶，斗拱三踩，建筑规格较高。仪门平时不开启，出入仅走两侧角门，只有新官到任、恭迎上司和贵宾，或者举行重大庆典活动时，才可作为一

平遥县衙仪门

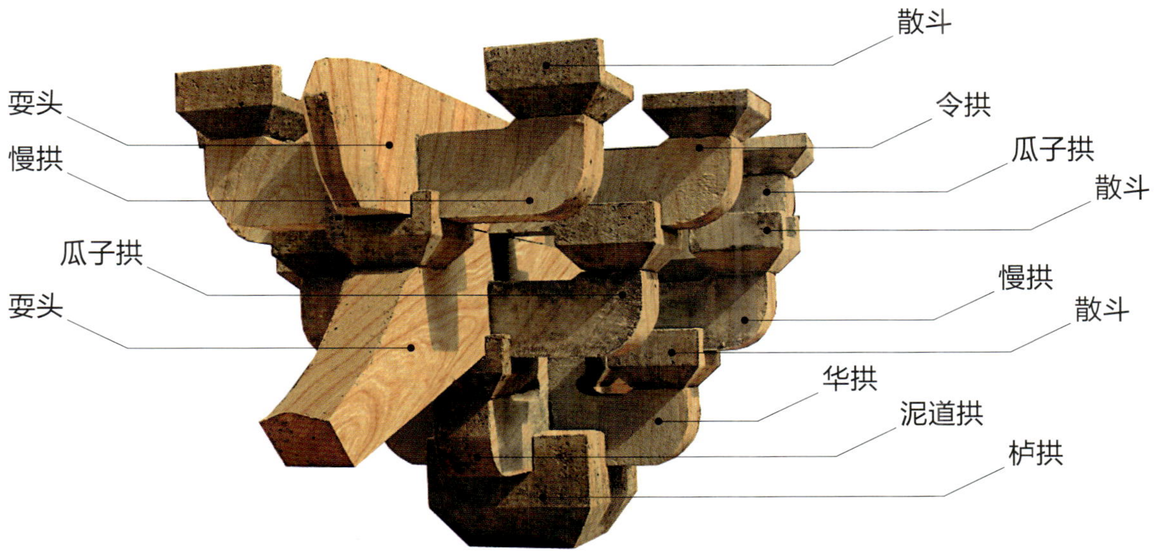


古建筑斗拱构件

种隆重礼遇大开。仪门东西两侧各有一个角门，东为上首，俗称“人门”，当地又叫作“喜门”，是知县日常出入县衙的门户。而西侧的角门则俗称“鬼门”，也叫“绝门”，平时关闭，只有在提审人犯或者押解死囚赴刑的时候才会打开，而且被判决的死囚必须走鬼门。

沿甬道北去，迎面是县衙署最重要的主体建筑县衙大堂。它不仅位于县衙的中轴线上，而且居于整座县衙的中心。知县就是在这座县衙大堂上举行典礼，发布政令和审理案件的。不过按清代沿用明代洪武二十六年（1393）的规定，官员造房不准用歇山转角、重檐重拱，六至九品官，厅堂三间七架，梁栋饰以土黄，门一间，黑色铁环。然而不知何故，平遥县衙大堂却破例比照明代府治的规格建成五间，大堂进深六檩，七檩前后廊式，单檐悬山式屋顶，前檐斗拱五踩，补间一攒。檐廊下采用木栅栏和直棂窗，整座大堂坐落在一米多高的台基上，月台前的台阶采用了等次较高的垂带踏跺，向人们表明平遥县衙署在众多县治里规格非同一般，地位尊贵显耀。

在中国古代，府和州县的朝廷命官受权理政，均须秉持民本思想。敬天保民，以民为本的思想源自先秦时期。《尚书 · 五子之歌》中即有“民惟邦本，本固邦宁”的重民之说。《尚书 · 高宗肜日》又有“王司敬民，罔非天胤”的敬民意涵。这种民本观始终贯穿在中国古代社会之中，成为历代封建统治者的行政价值取向和政治理想。同时它还强调为官须亲民，清正廉洁，致力养民富民，以固国家之本。因而知县素称“亲民之官”“民之父母”“父母官”。县衙大堂称为公堂、正堂或者正厅。

大堂正中的开间比旁边的开阔，顶部外檐处上悬匾额，上书“亲民堂”。或许为了向庶民百姓展示为官清正廉明，办事公开公正，又或许为

平遥县衙大堂

大堂暖阁

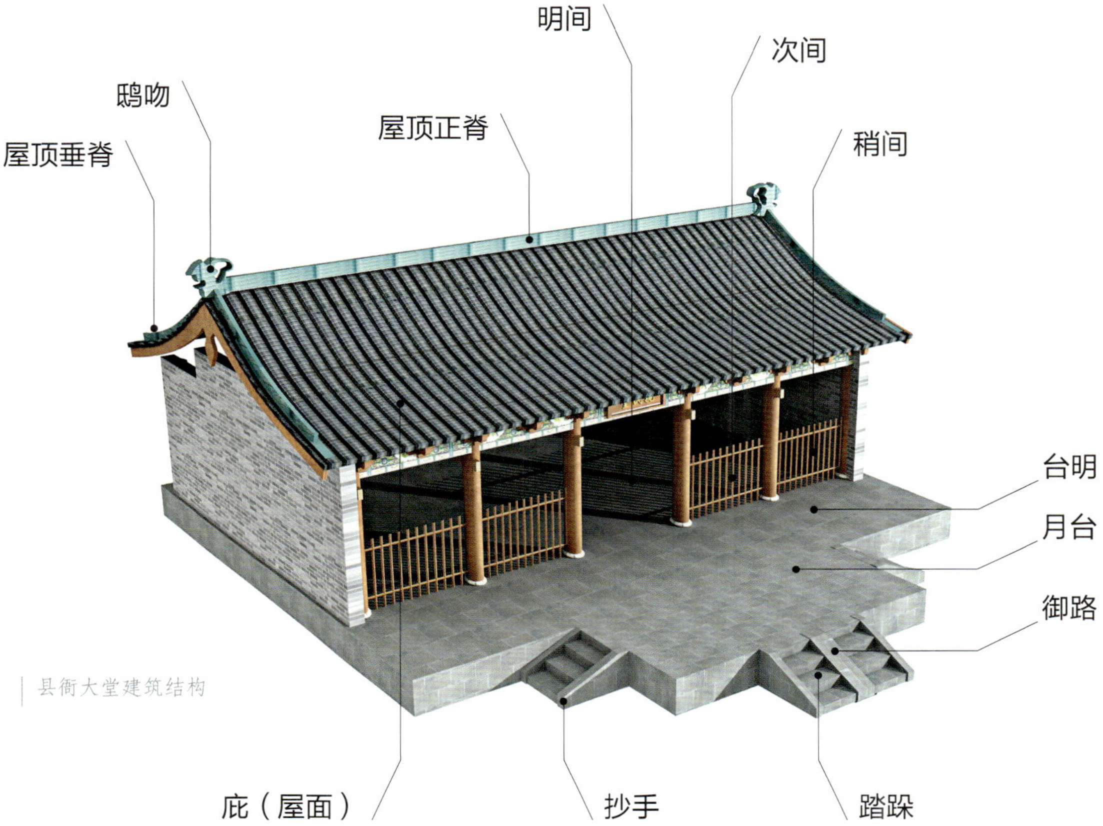


县衙大堂建筑结构

了向庶民百姓宣示官署的威严，县衙大堂建筑的次间不设槛墙，无遮无拦，直接面对着大堂前开阔的庭院，甚至月台不设石栏板。这样一来，大堂内外通透，便于面向围观民众理政训政和审理刑事案件，因而兼有惩一儆百的警示作用。

大堂内的屏风上置有一幅山水朝阳图，山正、水清、日明，象征清正廉明，与上悬“明镜高悬”的匾额意涵相同。在屏风前高出地面一尺（约33厘米）的官台上以四根立柱支撑，柱间不设任何隔断，围成开敞的官阁。官阁顶上的天花绘有三十六仙鹤朝日图，寓意着皇权一统，四海归一。官阁是县治权威的象征，内设几案与官帽椅。几案上摆放纸墨笔砚文房四宝、惊堂木和火签筒，火签分为黑、红两种颜色，黑色用于轻刑罚，而红色只在判死刑时才使用。几案右侧立有一个木架专门放置官印，官阁两侧陈列正七品官的仪仗。一眼望去整座县衙大堂庄严肃穆，气势威仪万千。

在大堂的后院是二堂，同样面阔五间，而内部陈设要比大堂简单得多。正中屏

平遥县衙二堂

风绘有松鹤延年图，屏风上方悬有匾额“思补堂”。这里是县令的主要办公场所，审理婚姻、土地、房屋、债务等民事纠纷和处理日常公务。二堂东侧是掌握知县的信件、帖子的简房，是礼房的下设机构。它的西侧是刑房下设的机构招房，专事勘验及票务、档案管理等。

二堂通常设在县衙大堂后面的宅门内。从大堂屏风后的北门出来，经过宅门前的一条夹道，才能移步进入二堂院内。宅门两旁各设有一个“门子房”，由看门人日夜轮流值守，禁止闲杂人等入内，形成了一处相对独立的内庭院。庭院封闭，显示出民事案件审理的私密性。

吏、户、礼、兵、刑、工六房是县衙必不可少的办事机构，分别按照“左文右武”的礼序，分设在大堂前甬道左右的廊庑，胥吏总共不到20人。六房在方志中多称“吏廊”或“廊庑”。吏、户、礼房居东，兵、刑、工房居西，和大堂、二堂配套，组成相对独立的区域，称为“外衙”或“外署”。以县衙大厅为主体，构成行政机构。县丞负

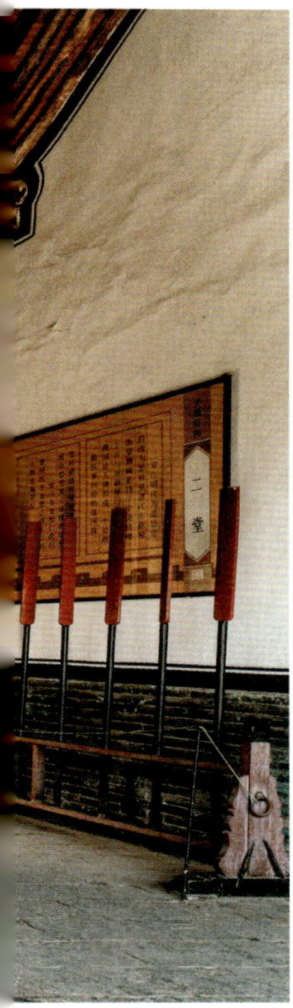

责管理吏、户、礼房，典吏则掌管着兵、刑、工房。吏房主管本县吏员升迁、调补，登记进士举人，管理乡绅、丁忧以及本县在外做官人员的出身、成分、任职等事宜。户房主管民政、财政、田土、征派税赋、赈灾放粮等事宜。礼房掌管教育、县试、庆典、礼仪、祭祀等教化事宜。兵房负责征集兵丁、马匹，训练兵卒，考武，向上输送兵员，管理驿站、铺兵、剿匪、城防等事宜。刑房主管民间和刑事案件，以及验尸填报、堂事笔录、拟写案牍、管理刑狱等。工房主管全县工程营造，如修筑衙署、城池、仓库、桥梁、祠庙，铸造银两、枪械等项目。

县衙署的三班衙役指皂班、捕班、壮班。皂班是在县太爷升堂时，站立在两旁，手拿黑红棍，呵堂威，打板子的衙役。捕班是捕快，专管捕盗捉贼，搜寻证据，侦查案情的衙役。壮班是负责看守城门、衙门、监狱等重点机构，以及巡查街道，处理一般民间纠纷，并抓送官府审问的衙役。

平遥县衙署以中轴线为准，甬道东西两边还布局着重重封闭式合院。东边几处四合院内建有钟楼、土地祠、寅宾馆、酂侯庙、粮厅与官宅花厅；西边几个四合院中建重狱、轻狱、女狱、洪善驿、督捕厅、马号和官仓等建筑。其中，将土地祠放在县衙内东院，是明太祖朱元璋的一个发明。乞丐出身的皇帝对贪财好色、饮酒废事、漠视世间百姓疾苦的官吏深恶痛绝，于是立法严惩，谕请上天土地神灵一道监督。明初他曾诏令各地知县在县衙内建土地祠，对贪污一定金额的官员一律斩首示众，还要在土地祠内对犯官施以剥皮刑罚，用草袋装入剥下来的人皮，悬挂祠内，震慑贪官蠹虫。民间称土地祠为“皮场庙”。

监狱在县衙不可或缺，是执行朝廷律法的重要工具，一般安排在县衙的西南角，故俗称“南监”。平遥县衙重建时仿照清末监狱样式，复原了一部分占地1700平方米的监舍，入口处的券拱门洞外题写有“牢狱”二字。狭窄低矮的监区分别建有“重狱”“轻狱”“女狱”“狱神庙”“子孙房”等，同时陈列一些明清监狱的刑具，再现了昔日牢狱场景。

依照明清两代旧制，知县须异地为官，禁带家眷，只有在每年腊月二十至第二年正月二十的封印期，才能返乡探亲，其间，由县丞、主簿、典吏等代理县衙日常事务。所以在平遥县衙的二堂后面为知县建有四合院官宅。现存建筑始建于元至正六年（1346），距今已有六百多年历史，也是县衙中唯一保存下来的元代建筑。楼下正房是典型的北方建筑——窑洞。内宅面阔五间，硬山式屋顶，作为县太爷起居用餐、接待上司、处理一般公务之所。内宅中间三楹的明间和次间为客厅，东、西暖阁是卧室、书房。不同之处是内宅后面有大仙楼。清代有些官衙尊奉狐仙为守印大仙，平遥知县为求得仕途平安而虔诚供奉。

平遥县衙大仙楼下窑上楼式的建筑风格别具一格，完全采用当地民居特

平遥县衙土地祠

古韵生动

平遥县衙二堂与内宅间的夹道

平遥县衙彰瘅亭

平遥县衙监狱

平遥县衙大仙楼

殊做法，在底层窑洞砖券前廊，冬暖夏凉，二层是木结构建筑，专门供奉守护知县印鉴的大仙。这种建筑布局和建筑风格十分罕见。

在原址上重新建起来的平遥县衙署，严格按照清光绪年间《平遥县志》的县署图考，采用清代木构营造技术与构件，原汁原味地再现了明清时期平遥县治理政之所的历史场景与风貌，是一部用建筑艺术的形象语言书写而成的历史画卷。它所展现出来的不仅是儒家礼制思想的深刻影响和传统的伦理观念，还有明清时期的政治制度和吏治文化特征，为解读中国明清县治的结构、场景及流程，了解传统的县治思想与制度，提供了珍贵的史料。

## 三、感受平遥县衙的明清官箴文化

官箴文化是中国古代官场的道德规范和行为指南，以“修齐治平”为核心，汇集历代居官要领与为官之德，教育、劝告、警示及申饬各级官吏，塑造官吏的行政人格与行政之术，强调为政者身体力行，率先做廉政的典范，从而为皇权政治奠定牢固的权力基础。

“箴”是一种文体，语言精练，类似于现在的座右铭。箴体分官箴与私箴两类。官箴是针对为政者的一种告诫规劝，警示为官为人之道。中国古代官箴文化源远流长，最古老也是最著名的官箴当属垂训千古的《虞人之箴》。关于这篇官箴的传世文字，见于《左传·襄公四年》所载。官箴自商周产生，西汉末期著述再度兴起，而官箴文与官箴书交相辉映的局面则始于宋元时期。这一时期比较注重对官德修养、官场关系、为官之道内容的全面阐发。时至明清，中国古代官箴文化发展到一个重要时期。与早期的官箴文和官箴书相比，明清显然更重视为各级官吏履职尽责提供方法指导、经验借鉴和思想启迪。

由此，官箴书有了初仕指南、州县实务等，尤其作为明代官吏初入仕途的为官指南，反映了当时官场行事惯例。这也成为明清时期官箴文化较为普遍的特点和风格。

数千年来官箴文化广博的思想意蕴和深刻的思想内容延绵接续，一脉传承，具有极强的连续性，对封建社会完善吏治制度起到重要的指导和约束作用。

古人一句“天下之治始于县”的古训，道出了县级政权在整个国家政权体制中的重要性。古代皇权至上，用人之事操自皇帝。由于县官是直接面对庶民百姓的官职，因此选拔任用有一套完整的制度。从选授的标准、途径、考课内容和程序，到县政监察体系化、整肃吏治等，都有着明令章法可循。将科举考试与荐举相结合，进行层层筛选，要求居官为政之人必须具有皇权大一统和以民为本的思想，忠君报国，勤政为民。与此同时，儒家治国理念认为个人的道德修养是居官行政的基础，与其施政好坏密切相关，“其身正，不令而行；其身不正，虽令不从”。所以皇帝选授县官还要求个人修身正己、廉洁奉公。

知县官衔不过正七品，三年一任，期满不得久留，民间戏称“七品芝麻官”。知县官衔虽小，却可震慑一方，全县土地、农桑、户籍、赋税、教育、刑罚等由知县一人定夺。为割断县官与本籍私情利益勾连，避免私徇之弊，特别是防止县官与地方势力勾结，从东汉时便采用异地为官制度。随着中央集权的不断强化，这一制度到了清代已经相对完善。据《清稗类钞》云，明清两代知县一律在五百里（约等于现在的288千米）外易地为官，知府以上官员更是距家千里，一律不得携带家眷。就连教谕、训导也不得在本县任职，家眷不得到任所探视。这一制度到了清乾隆年间才有所改变。

知县受命赴任后，为显示自己清正廉洁、勤政爱民的官风官德，也为了自勉，几乎都在县衙内悬挂匾额、楹联，立碑亭，建牌坊，勒石刻铭，以昭示民众，无论官民出入衙署门庭，都必须遵循礼制，恪守箴言。这一类楹联的内容十分丰富，在平遥县衙随处可见，一般文字较长。柱子上悬挂的楹联通常用椴木制成，断面为弧形，是故当地方言称之为“瓦对”。平遥县署衙门口迎面悬挂着一副长50字的楹联：

莫寻仇，莫负气，莫听教唆，到此地费心费力费钱，就胜人终累己；

要酌理，要揆情，要度时世，做这官不勤不清不慎，易造孽难欺天。

上联规劝庶民百姓常怀包容之心，和谐相处，少打官司避免纠纷。下联告诫自己做官务必勤、清、慎，理政合情合法，不然难免会遭天谴人怨。在这副楹联里暗含着一个典故。南宋有一位叫吕本中的学者将官场为政之德用三个字高度概括——清、慎、勤，也就是为政要清廉，这是根本；同时还要慎言慎行和勤于政事。流传至清代，康熙皇帝慎思之后将“清慎勤”三字钦定为官箴。从此三字箴言盛行于清代官场，成为为官理政的道德标准，广布于全国各州县衙署。清世宗雍正皇帝即位后，进一步细化操作，特命总督田文镜、李卫专门针对州官、县官，编撰了《州县事宜》等政书，对州县正印官进行约束规范，使之从赴任、交盘、关防、宣讲等，到遵照操守的细枝末节，都有法可依，有章可循。此举也使清代县级行政组织，达到了中国封建社会最完备的阶段。

根据县衙标准格局，在衙内均应建造戒石亭，也叫圣谕牌坊。亭中的戒石篆刻皇帝颁赠警诫地方官员的铭文和“公生明”三字。“公生明”三字最早来自《荀子》中“公生明，偏生暗”一语，是说公正而没有偏见，也就是说不会凭主观臆测先入为主，影响客观判断。明朝时泰安知州顾景祥认为无论是做人还是做官，倘若真正领悟这三个字的含义，并身体力行，人的一生就能无忧无患，走得稳健且长远。于是在明孝宗弘治十四年（1501）八月的一天，以“公生明”为主题写下一则《官箴》，“吏不畏吾严，而畏吾廉；民不服吾能，而服吾公；公则民不敢慢，廉则吏不敢欺。公生明，廉生威”，并勒石于府衙。每个进出衙门的食俸者均可目视心念，视同座右铭时刻警示自己，也被后世历代王朝推崇至极，将“公生明”三字铭刻于戒石碑，置于仪门与大堂之间的甬道中央，正对衙署大堂的戒石亭内。知州或者知县，坐在大堂上审问案件时只要抬眼一望，目光必然与戒石亭相对。镌刻在石碑上的皇帝十六字“座右铭”顿时映入眼帘：“尔俸尔禄，民膏民脂。下民易虐，上天难欺。”皇帝通过这样的戒石碑告诫地方官员，要做视民如子、廉洁奉公的好官，不可贪污腐败、虐政害民。然而令人不解的是，在清光绪八年（1882）撰修的《平遥县志》里，却显示此时县衙的戒石亭已经不复存在，取代它的是一座四柱重檐的木牌坊。

平遥县大堂外檐匾额题写“亲民堂”，“民”字上多出一点，意在表达知县与庶民亲近无间，宁肯自己忍辱负重，也要给民众多一点奉献。

当年大堂明间两侧廊柱有副楹联，

平遥县衙亲民堂

可惜早已不知所终，如今复建后的大堂廊柱上悬挂的楹联内容，借鉴了河南省内乡县衙大堂楹联。这副长长的楹联本为康熙十九年（1680）内乡县知县高以永撰写，每联22字。上联“得一官不荣，失一官不辱，勿道一官无用，地方全靠一官”，下联“吃百姓之饭，穿百姓之衣，莫以百姓可欺，自己也是百姓”。这可谓传统民本思想的经典表述，观后令人拍案叫绝！至今仍被视为至理箴言而共同推崇，广泛传播。

县衙二堂前也悬有一副楹联：“与百姓有缘才来到此；期寸心无愧不鄙斯民。”同样以爱民如子的真心实意，表明了与民同心的为官姿态。

二堂是知县处理日常政务治所。知县除了在大堂升堂问案，或者外出探访民情之外，大部分时光都在二堂里度过。知县一天处理事务总的次序是处理公文、比较钱粮、问理词讼。《官箴集要》规定处理公文的顺序是：“其申达上司公文，早衙佥押；其平关牌帖并批牌等项，中衙佥押。”每日政务颇为繁忙。不过二堂理政总比大堂审案略显轻松闲适，没有大堂那般肃杀阵势，留有更多思索的心理空间。平遥县衙二堂的屏风上悬“思补堂”匾额，是知县自谦退而思过之意，诫勉本官任何时候不可居功自傲，凌驾于百姓之上。不单这样，县太爷还在屏门对面墙上悬“天理国法人情”六个大字，以此警示自己断案决策要慎思缜密，做到合法、合理、合情。二堂后墙东侧有一块“除暴安良”匾额，是清光绪八年（1882）邑人王希闵送给时任知县锡良的。起因于光绪七年（1881）冬，平遥县落邑村古董商人王希闵，走村串户收买一副看似黄铜、实则黄金制作的象棋。村中几名无赖闻听，夜入王宅蒙面抢劫，未能得手便留下匿名字条，以灭门之祸相威胁，迫其交出黄金象棋。王希闵急奔县衙告状。平遥知县锡良派人微服私访，终将劫匪擒获，课以重刑。王希闵感动不已，光绪八年（1882）正月时值县衙开印，遂恭送“除暴安良”之匾。

知县日常起居生活的内宅有时也会用于审理一些不便公开的隐秘案件，故而又被称为三堂。内宅门口悬有楹联，上联为：“治赋有常径勿施小恩忘大体”，下联曰：“驭官无制法但存公道去私情”。同样不忘进出庭时提醒自己，做官一定秉持“公生明”的原则，不能因小失大，贪图一时的私欲和小恩小惠就忘乎所以，贻误大事。

内宅所悬匾额“勤慎堂”十分耐人寻味。原本康熙皇帝钦定的是“清慎勤”三字官箴，后因康熙初年开始大兴文字狱，人们便对“清”字甚少提及。在雍正年间，文华殿大学士兼翰林院掌院学士徐骏夜深人静时，随口吟小诗一首《无题》：“莫道萤光小，犹怀照夜心。清风不识字，何故乱翻书。”孰料竟惹得龙颜震怒，另一首赠好友的送别诗：“明月有情还顾我，清风无意不留人。”又遭歹人举报，70余人招致杀身之祸。“清”字虽是为官理政之本，然而自徐骏蒙受文字狱牵连后，人们对“清”字讳莫如深，唯恐避之不及。平遥知县自然深谙个中端倪，为此制作“勤慎堂”匾额悬于内宅，既恪守了“清慎勤”三字官箴，又巧妙避讳了“清”字，足见为官理政和为人立世的机敏睿智。

内宅的大仙楼院门两侧也有一副长长的楹联，上联写“柴米油盐酱醋茶除却神仙少不得”；下联为“孝悌忠信礼义廉无有铜钱可做来”。上联直言但凡人生在世，不分贵贱高低，谁也离不了日常起居生活所必需的开门七件事：柴、米、油、盐、酱、醋、茶，暗喻对待物质生活合情合理的诉求，人人皆平等，都享有获得利益的权利。下联则话锋一转，劝诫人们与柴、米、油、盐、酱、醋、茶等物质相比，孝、悌、忠、信、礼、义、廉更加珍贵，值得世人重视。这副充满人情味的楹联刻意悬于知县内宅门前，无疑是知县对道德修养的自省自勉。倘若进入大仙楼下的东屋，在县太爷用餐厨房查看清末膳食菜单，便发现大多情况下也是粗茶淡饭。据专家考证，平遥古城的明清县衙历时541年，即使晋商崛起，在昌达兴盛的百余年间，也从未出现过一任贪赃枉法的知县。

# 第五章

# 中国古代居住制度和坊市街区

早在远古时代，人类进化过程出于本能，从走兽飞禽的栖息方式获得灵感，最原始的安身立命之所同样选择了穴居和巢居，或利用天然洞穴，或借助凿洞挖坑，来满足生存需要；为了远离水患潮湿，躲避虫蛇野兽侵袭，也在树上“构木为巢”，搭建遮挡风雨的木屋。穴居大量分布在气候比较干燥和黄土层深厚的黄河流域。巢居多见于温暖湿热和多雨的长江流域。两种居住形式不仅因地而异，而且也因时制宜。《礼记》载：“昔者先王未有宫室，冬则居营窟，夏则居橧巢。”随着文明的进步，人类逐步懂得如何掌握建筑结构和材料、构件性能，最终殊途同归，演化为以木构架为主，结合土、砖、石材料的中国古代建筑，从中原地区兴起，在人口不断迁徙中遍及全国各地。巢居形式演变成干栏式建筑，通常称作吊脚楼，主要在我国的大西南地区。

如果说居住形式起源于人的自然属性，那么居住制度则取决于人的社会属性，必须从属于政治经济需要，恪守共同的社会规则。这种规则在封建社会就是儒家主张的皇权礼序。

中国古代建筑受木、土、砖、石材料和营造技术的制约，同时又受封建礼制等第规范与伦理道德观念的束缚，单体民居建筑简陋质朴，等次低下，很难满足居家生活需求，更无法适应两代以上之家的起居生活需求，于是民间自发创新以家庭为单位、由多个单体建筑组成的合院式民居。然而历朝历代为加强安全保卫，防止城内百姓异动，一直延续着秦汉居住制度，将城中居住的庶民分隔在若干坊里，实行统一管理。直到北宋开始出现重大转折。由于封闭的里坊制对于新兴商品经济发展十分不利，于是打破禁锢，出现了有利于商品交易的开放式居住制度，这就是街坊制。到了明清两代，朝廷依然实行“庶民庐舍不过三间五架，不许用斗拱，饰彩色”的律令，这在很大程度上促使建筑群体的组合产生了新飞跃，达到了封建社会空前的水平。合院式民居在传统封闭院落的基础上，采取多重灵活组合的手法，通过多条纵向轴线并行，院落层层推进，不仅使建筑群体严谨规整，而且使建筑空间凸显丰富灵活的特色，创造了具有地方风格的优美建筑造型和空间环境。明清是我国封建社会制度最完备的历史时期，这时的居住制度实行坊里与街坊并行，民居建筑风格已然定型，建筑配置井然有序，尊卑等级格外分明，装饰也更加细腻清丽，蕴含了中华文化深刻的道德伦理观念和丰富的民俗文化内容。

如今平遥古城大片民居依然完整地保留着明清社会的原生状态。回望尘封的岁月，从这些文化遗产传递出的信息，可以了解和体验古代中原地区汉民族一脉相承的起居生活形态，汲取优秀的传统文化。

# 一、中国古代的里坊与街坊

从明初到现在的650多年里，在平遥古城里始终延续着中国古老的居住方式和生活形态。这是一种充满活力的传统起居文化，也是对不同时代居住制度变革的生动记忆。这座古城现在完整保存的传统起居方式和生活形态，主要是明清时期以合院式民居为基本居住单位的街坊制。然而在这座古城的东北隅，还同时保存着由东壁景堡、中壁景堡和西壁景堡三部分合院式民居组成的里坊制。虽然壁景堡的建筑已大部分改建，不再是原状遗存，不过里坊制的主要特征及其遗存尚清晰可见。一座古城同时保留中国古代两种居住制度，实属罕见。平遥古城中传统民居所承载和蕴含的起居文化，恰恰体现了中国北宋前后里坊与街坊两种不同制度的典型特色。

里坊制在北宋之前一直是中国的基本居住制度。这种制度由西周时期的“里”演变而来。西周时期“里”属于城邑中居民聚落的一个基本单位，以血缘和宗族为基础，规模不尽相等。《周礼·地官·遂人》谓：“五家为邻，五邻为里。”《管子·小匡》又云：“制五家为轨，轨有长，十轨为里，里有司。”而银雀山竹简《田法》记载：“五十家而为里。”在东汉以后宫中贵族的府第称作“坊”。坊的规模一般比里的规模大。到了北魏时，开始将都城中居民的里也称为坊，由此里、坊互用，演化为一种具有户籍编制的行政组织。到了唐代，它已经变得相当成熟，成为那个漫长岁月城市社区行政管理

平遥古城壁景堡入口

平遥古城壁景堡入口

东壁景堡门

的一种制度。里坊制以“里”和“坊”为居住单位，用来划分和管理城郭内庶民的住所，并专门设有职官，监督管理庶民的起居生活，扼守里坊大门，盘查往来人等，以维护社会稳定。

当时古城里的各种用地均划分为明确的功能区，大都由几道不同层次的墙垣重重围合，城套着城，城套着院，大院套着小院，形成许多大小规模不等的城市闭合式空间，对街、巷、市、里实行严格管理。除了建造城墙和郭墙以外，在城郭以内的宫殿、坛庙、道观寺院、官署、仓库、贵族府第四周，也都筑有高大围墙，以加强安全防卫。就连庶民居住生活的宅院也都要划分成里或者坊的居住单位，建起高墙，分隔而治，实行宵禁，警戒防范。里坊作为古代城市中最基层的居住组织形式，颇似今天城市里特殊重要的居住单位。

古城的里坊限定在由经纬干道分隔而成的方形地块上营建，它的四周构筑里垣，出入口只能开设一座里门或坊门，面对主要干道。开启里坊门的钥匙由里正一人掌管，早晚按照一定的时间开闭，夜间实行戒严，街上禁止通行，如有违禁，便要问罪。里坊内分别辟有一条尽端式街巷，通过里门或者坊门，才能与外面的道路连接。里坊内的四合院依序沿巷道两侧排列，每座四合院坐北朝南，院门前设有小路，通过小路才能进入并列的住户宅院。按照里坊制（也称坊里制）规定，紧邻主要街巷的人家不得直接面对街巷开设门窗，在里坊内也不准开设店铺，而且禁止游商进入里坊叫卖。那时进行商品交易的活动必须集中在“市”以内，里坊要和市场截然分开。老百姓进出里坊门和市门，都要接受守门官吏的监督检查。

然而到了明代，因为地缘政治的需要，平遥也和山西其他古城一样，在城的内外修筑了许多围有土墙的封闭式“堡”，仍旧保留着里坊制的特征。据《平遥县志》记载，清代时，行政区划为里坊制。城内设坊，城外设乡、里。直到清末的光绪九年（1883），在平遥还有10坊、4乡、30里。古城内按照8个方位，分别在东北设文会坊，西北设武宁坊，中东设里仁坊，中西设积善坊，中南设余庆坊，南设宣化坊，东南设宣教坊，西南设宣德坊，东设忠孝坊，南设德盛坊。同时还设有永泉里、泉乐里、长泰里、和顺里、永安里、嘉庆里、丰盛里、吉昌里、兆康里、臻祥里、集福里、佳瑞里、普净里、居仁里、由义里、遵化里、正道里、东安里、西宁里、北清里、公平里、行善里、襄城里、康阜里、庞千里、仁和里、靖乐里、明信里、和同里、独半里等，共30个里。而古城东北隅现存的东壁景堡、中壁景堡和西壁景堡，大约在文会坊的位置，清光绪年间又叫作北京堡，如今成为历史遗存下来一个罕见的中国古代里坊制度的实例。

壁景堡在平面布局上三堡并列，之间各自独立，互不连通。每座堡内各有一条南北向的主街通往南端的堡门。堡门口便是东西走向的堡外街，分别与东城墙下的马道和西面的窑场街相连。主街的长度分别是170米、300米和290米，宽度均为3.5米。砖砌堡门坚实厚重，颇似三座并排而立的城门。抬眼望去，镶嵌在券拱门洞上的门额字迹依稀可辨。走进主街，只见两侧壁垒高耸，并行的两道屋际轮廓线嵯峨跌宕，一直往北延伸，仿佛与雄伟高大的北城墙连成一

西壁景堡入口

体。在壁景堡保存完好的95处四合院里，民居建筑大都建在清代。从中壁景堡北端残存的碑文看，早年这里曾经建有一座观音堂庙，平遥人叫它娘娘庙。庙的后面还有一眼水井和一处花园。这通碑是清道光二十八年（1848）所立，上面有“观音

壁景堡里坊制空间布局图

堂年深日损”的字样，说明建庙年代久远。据说在东壁景堡与西壁景堡的北端也曾有过老爷庙之类的庙宇。如此看来，当时很可能在每个相对独立的堡内，均有过一座小小的庙院绿地，作为这一封闭里坊民间的祭祀文化场所。如今虽然距离那个盛行里坊制的时代已经过去12个世纪，但是想不到这座古城居然完整地保留着它的形态特征，难怪专家学者对于平遥古城的三座壁景堡给予异样的关注，试图借助平遥古城壁景堡的实例解开更多里坊制的秘密。如今壁景堡已有两个堡门不复存在，一些民居建筑显然进行过修缮改造，不再是原来的样貌，不过好在它的整体格局形态、街巷尺度、建筑布局保留了下来。唯一的堡门也给人留下深刻印象。在这里，可以直观地感受中国古代最初的封闭式居住制，想象和解读那段特殊的历史，那种特殊的起居文化。

诚然，对于大多数观光旅游的造访者来说，穿行在古城的大街小巷，印象最深的莫过于市井的繁华。从商家店铺琳琅满目的幌子和招牌，以及伙计们的叫卖声中，不难领略到街坊制所带来的进步与变化。

街坊制与里坊制的根本区别在于，街坊制从封闭走向了开放。旧的里坊制度到了晚唐时期已经不适应商品经济的发展，很难满足居住在封闭环境内的达官贵人和庶民百姓的消费需要，于是出现了市肆入坊。商品经济也以其顽强的生命力试图打破旧制度，为自己的发展拓展市场领域，同时，也在悄悄地推动着里坊制度的变革。到了北宋真宗时期，市和坊的界限终于被打破，逐渐取消了里坊制、宵禁制和城内集中设置的市场。商品经济迅速发展的结果就是带来了各行各业的丰富商品，开始按行业聚集成街，形成以“行”为主干的商业网络组织，包括茶楼、

宋代·张择端《清明上河图》部分场景

酒肆、瓦子、客栈在内的行业应运而生。商家纷纷沿着主要街道开门设点，直接与消费者见面。于是行业街市相继出现，就连坊巷内也开设了各种销售日常生活用品的店铺，以供居民之需。东京汴梁（今河南开封）甚至有了夜市，通宵达旦从不间断。

今天，北宋汴梁呈现出的车马行人摩肩接踵、酒楼店铺百肆杂陈的景象和“百家技艺向春售，千里农商喧日昼”的街市氛围，仍旧可以从北宋画家张择端的传世之作《清明上河图》中窥其一斑。作品以长卷式构图，生动描绘了公元12世纪的徽宗时代，在清明时节，东京汴梁郊区和城内汴河两岸人群熙熙攘攘，商铺和手工作坊星罗棋布的繁华景象。

现在我们已经无从考证北宋时期平遥古城街坊制的情形，然而展现在我们面前的却是承袭这种街坊制并将其推向极致的明清时期的盛景。明清时期，平遥城内类似壁景堡那样的营盘式居住方式已经基本废除，实现了街坊制度的改革。3000多处四合院大多数都把院门直接开在了主、次街道和巷道上。四大街、八小街，街街都有店铺和作坊。不仅商店行的粮、油、米、面、盐、肉、果、菜、烟、酒、木柴、煤炭、棉花、绸布、颜料、皮货等样样俱全，而且作坊行的剪纸、绣花、裁缝、塑纸神、制线香、锯木坊、漆匠坊、酿酒坊、装裱书画等无所不有。可以说三百六十行，行行都与庶民日常生活息息相关。这些店铺和作坊都将临街民居大院的门厅、倒座改建成了商业铺面，并且大多采取前店后宅或者前店后坊的方式，把住房、加工与买卖经营结合在一起。特别是到了清代，平遥古城中的“土”字形商业街完全形成。城隍街、衙门街、南大街、东大街和西

大街的沿街商店作坊更是绵延成线，各式各样的牌匾琳琅满目，令人目不暇接，无不渲染着街方制带来的市井繁华。

无论里坊制，还是街坊制，都是我们祖先的伟大创造，在我国古代历史进程中发挥过积极作用。两种不同的居住制度丰富了我国古代的规划思想，也对近代社区组织形式产生了深刻的影响，纵观半个多世纪以来，我国居住区、商业街等建设，规划结构与规划方法经过了无数次演变，但是万变不离其宗。今天，当我们看到各种形态的居住社区和商贸街市的时候，特别是走进老城区和商业街，依然可以从中寻觅到古代中国居住制度留下的痕迹。

古城传统民居风貌

古城传统民居风貌

市楼下南大街两侧前店后宅

## 二、完整保存明清格局的坊市街区

徒步古城，所到之处见到的都是青砖庐舍，庭院高深，门楼比肩林立。老旧的房屋大多过了百岁，灰砖、青瓦、立柱、檐廊、雕刻及彩画已然失去了昔日的光彩，处处浸透着沧桑、质朴、平实的淳风古韵和岁月沉淀的历史感。倘若驻足城头俯瞰，更见灰墙瓦顶鳞次栉比，组群院落起伏跌宕，纵横延展，伸向天边，整座古城像是一座规模宏大的民居展览馆。在平遥古城徜徉，总会有一种怀旧心情，让人沉浸在浓郁的历史氛围中，来仔细品味和解读古城蕴含的历史文化。

平遥古城申报世界文化遗产前的调研资料显示：这座古城里保存着3797处明清时期的民居院落，其中有400多处保存相当完好，而且还保留了传统街巷的整体格局。这些历史地段保存的文化遗产丰富，比较完整地反映了一定历史时期的传统风貌。

像平遥这样，在面积为2.25平方千米的古城内，至今还保存有如

具有明清古风遗韵的平遥居住坊市街区

此完整格局的原汁原味的历史街区，在中国仅此一例。由于历史沧桑巨变，元代和元代以前的街巷格局形态以及民居院落在国内已荡然无存。现在保存下来的街巷格局和民居院落基本在明代以后形成，而民居建筑主要建在清末民初。迄今为止，异彩纷呈的传统民居虽然遍布全国各地，但都比不上平遥古城如此大的规模。这座古城的历史街区和它的传统民居形态、建筑艺术，不仅代表了中原地区汉民族古代起居生活特征，而且充分反映了中国古代社会的宗法制度、居住制度与伦理观念。透过平遥古城遗存的历史街区，人们不仅可以看出它在明清时期的空间结构形态，而且可以感受到古城延续千年所蕴含的绵长厚重的历史文化。正因为如此，平遥古城的历史街区才具有令人神往的魅力和极其珍贵的价值。

平遥古城的历史街区由中原地区常见的合院形式构成，以四大街、八小街和七十二条蚰蜒巷作为经纬脉络，把民居院落分成了几十个大小不一的街坊和里坊，有机网织在一起。当地老百姓将这些街巷形容为八卦街。街区采取多重组群院落结构，严谨规整，延续着古城传统的空间肌理。宅院群落庞大，气势恢宏，空间有大有小，有开有合，既有纵深延伸，又有横向扩展。疏朗有序的庭院与嵯峨起伏的屋脊，形成了历史街区疏密有度、层次叠变、空间组合富有韵律的立体轮廓。

由于古城的兴盛得益于明清时期的晋商崛起，尤其在清代中叶以后，随着金融业兴起，平遥的商业贸易空前繁荣，这时早已完成了初期资本积累的平遥商人行商全国各地，拥有了雄厚的经济实力，因此在荣归故里、耀祖光宗的传统观念支配下，纷纷投入巨资置办房产土地，大兴土木，修宅扩店，重整家园，大大刺激了平遥建筑业的迅速发展，也使平遥的建筑营造技术发生了质的变化，居民建筑创作进入了巅峰。明清时期晋商尊儒崇经的文化取向成为一种社会时尚，对平遥古城的历史街区产生了深刻影响。

为了适应古城居住和商贸的不同功能，棋盘式的街巷路网主次分明，四大街纵横南北，贯通全城，主要满足商贸交通要求。八小街分布在街区，虽与四大街相连，却并不形成环路，街巷之间大多采取丁字形交叉，有意使人车畅而不通，避免了过境车辆和商贩对居民生活的干扰。而城内七十二条宽窄不一的巷道自由蜿蜒布局，

古城内民居大院一座连着一座

古城幽静舒适的街巷院落

老街晨曦

小巷幽深

民居大门

除了与大街或小街采取丁字形交叉以外，基本上都是尽端路，形成一种曲径通幽的环境效果。这是因为古代，老城内建设并不是先修好所有的街巷，才在街巷的两侧安排建房，而是在确定了主次街道走向以后，小的巷道随着房屋的建造，在棋盘式格局上自发形成，自由延伸，于是房屋的外墙往往就成了巷道的路界，便出现了小巷弯弯和狭窄崎岖的不规则布局。于是在平遥古城产生了七十二条蚰蜒巷形如龟背纹的奇特现象。

形如龟背纹的老城街巷

# 三、门堂之制和居家风水

平遥古城的民居讲究门堂之制和居家风水。这种传统一直沿袭到现在，从来没有中断，沉浸在这座守护着千年俗成的家园里，潜移默化地影响着一代又一代平遥人，融入了他们的日常起居生活与精神文化生活。

门堂之制和居家风水并非平遥独有。平遥古城现存的古建筑和集中连片的数百个传统民居只是中国古代建筑文化的一处缩影。门堂之制和居家风水古已有之，来自古人对居住环境的认识。门堂之制属于西周礼制的一部分。风水起源则追溯到远古伏羲时代。二者体现了中华民族的生存智慧，不仅规定了如何处理天人关系、人伦关系等，也规范了人的生活方式、伦理道德与思想情趣，带有强制化和世俗化的特征。按照尊卑等次礼制确定各类建筑的性质、内容、布局、标准、样貌，形成的房屋制式，就是传统的门堂之制。门堂之制的核心是门与堂的分立，以区别建筑内外、上下的宾主尊卑礼序，用门的式样、尺度、装饰以及建筑高度、开间、进深和屋顶形式，表明主人的地位身份。历代王朝将西周礼制奉为不可逾越的雷池，对门堂之制均以法令做出明确规定，自天子至平民莫不循规蹈矩。同时按照《黄帝内经》记载：“夫宅者，乃是阴阳之枢纽，人伦之轨模……人因宅而立，宅因人得存，人宅相扶，感通天地。”阴阳合成令人深信不疑，把院落外“实”内“虚”、门庭朝向、多进院落空间组合、建筑在合院的排列方位和主次相邻，都看作一一对应的阴阳关系。如今徜徉在保存完整的平遥古城，穿行在大街小巷，出入于门第悬殊的民居，门堂之制和居家风水的浓郁传统建筑文化始终如影随形，萦绕左右。

民居大门

明清时期平遥人尊儒崇经，涌现诸多晋商，为家业兴旺，福泽子嗣，从来都是严格遵照门堂之制和居家风水选址建造宅屋。中国唐代规定王公以下屋舍不准“重拱藻井”。北宋仁宗年间曾诏令“天下士庶之家，凡屋宇非邸店楼阁临街市处，毋得为四铺作及斗八”。《明史·舆服志》的

平遥传统合院式民居

条文曾经明确规定：“庶民庐舍，洪武二十六年定制，不过三间、五架，不许用斗拱，饰彩色。”门堂之制限制了平遥人建筑楼堂亭台、豪门富宅的想象力和创造力，即便是腰缠万贯的平遥票号商和手眼通天的达官贵人，也只能修建三开间的居家屋舍。家家户户的院落布局严正均衡，建筑组合紧

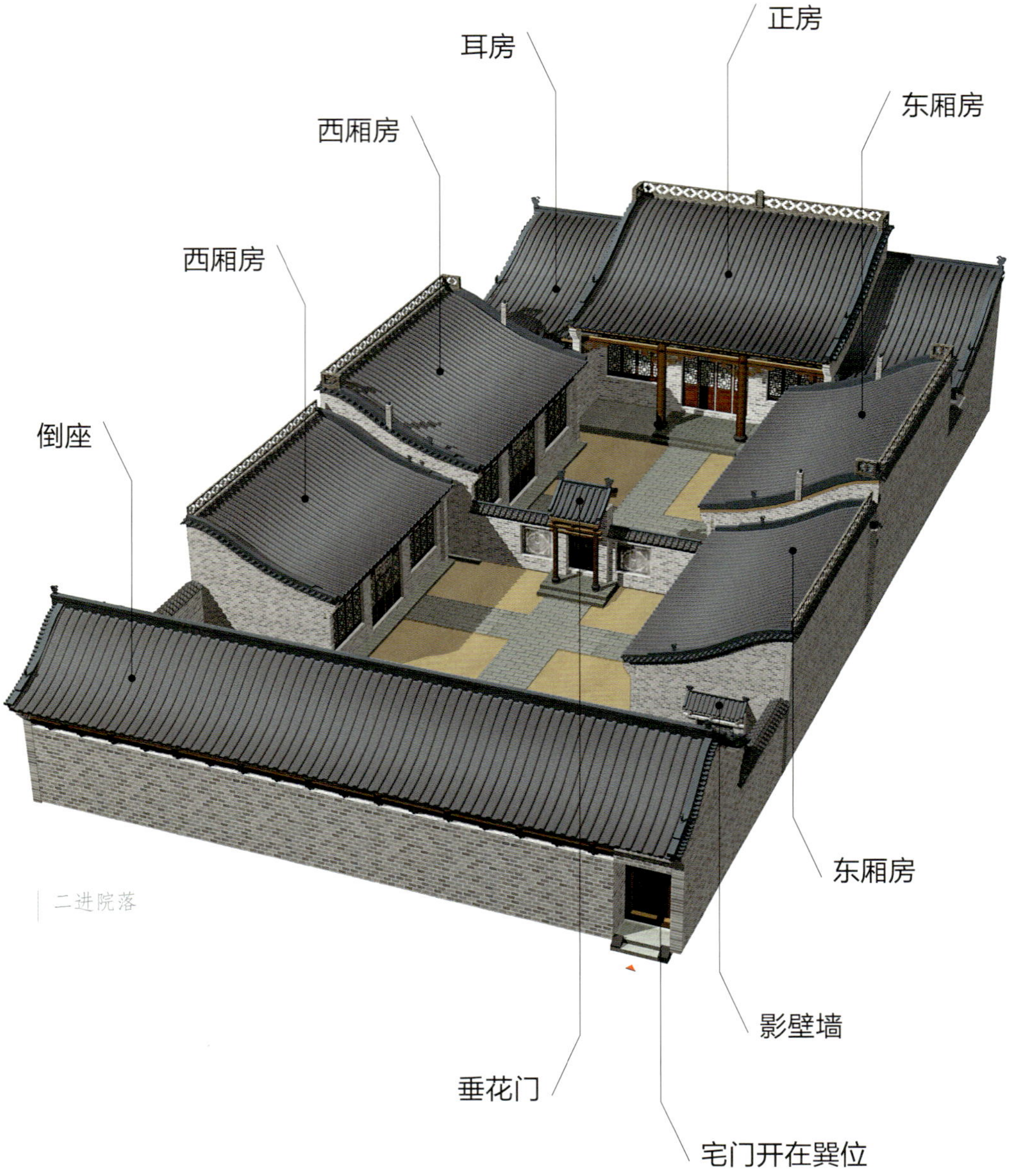


二进院落

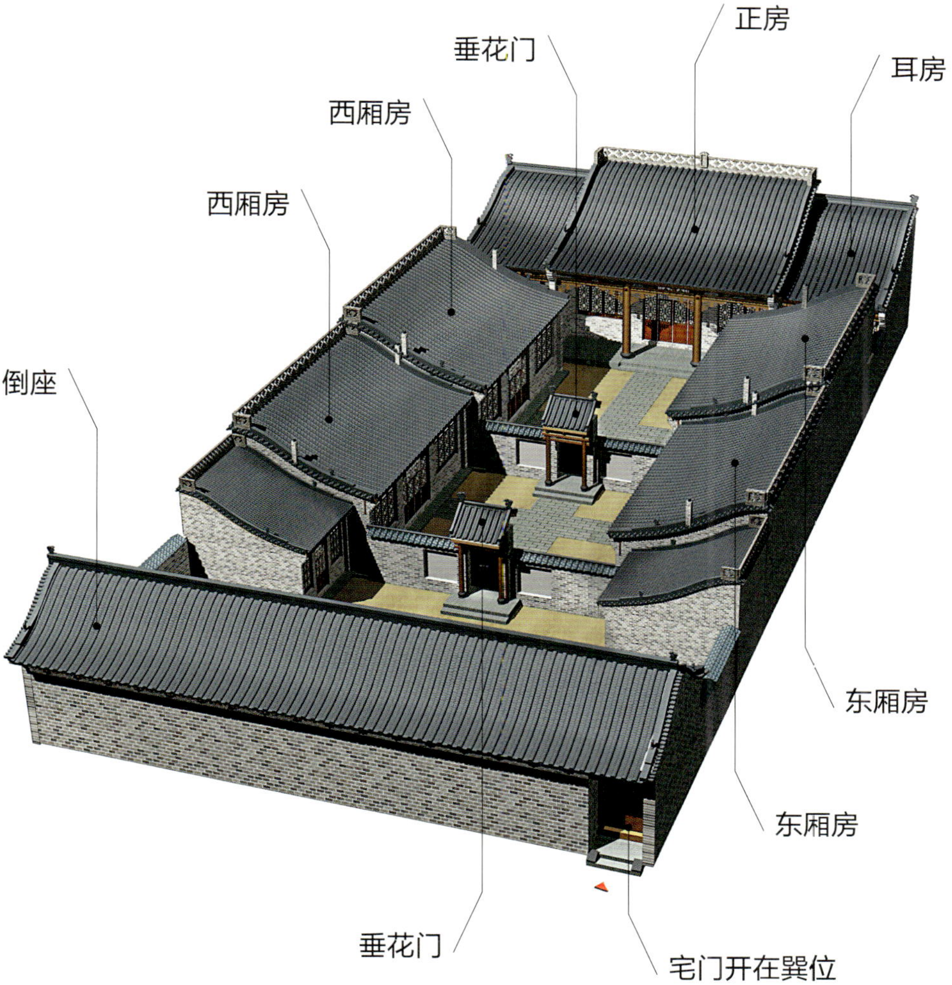


三进院落（入口在东南角）

凑，主次分明，有明显的纵向轴线，厢房左右对称。

平遥古城民居院落大多为一进院。家境殷实的住户在院落平面布局上，突破了简单的一进院和二进院形式，创新了纵横双向多元组群风格。

在起居生活上则秉持尊卑有序、男女有别以及长幼区分的伦理观念，合族聚居，建筑配置主次分明，井然有序。平遥古城坐落在中都河（今柳根河）与惠济河的冲积扇上，地势平坦，适宜合院建筑纵向延伸或横向扩展。民居合院形式衍生出单进二合院与单进三合院、四合院。

在保存完整的大片历史街区，除了这两种基本形式以外，还演变出了纵向多进式串联、横向多跨式并联以及纵横多进多跨混合的多元组群院落。但是院落在街区建造的位置和形式选择却有着明显的尊卑等级区别。在平遥古城，单进三合院和单进四合院大都属于富裕百姓的居家之所，寒门浅户因为家境并不殷实，故而建在偏离繁华闹市的小街小巷，只图封闭安逸，不为世扰。相比之下，商贾财东和有些功名利禄或者经济富足的人家则不然，他们往往拥有豪门大宅，既是为了居家生活的需要，也是作为财富和地位的象征。这些豪门大宅通

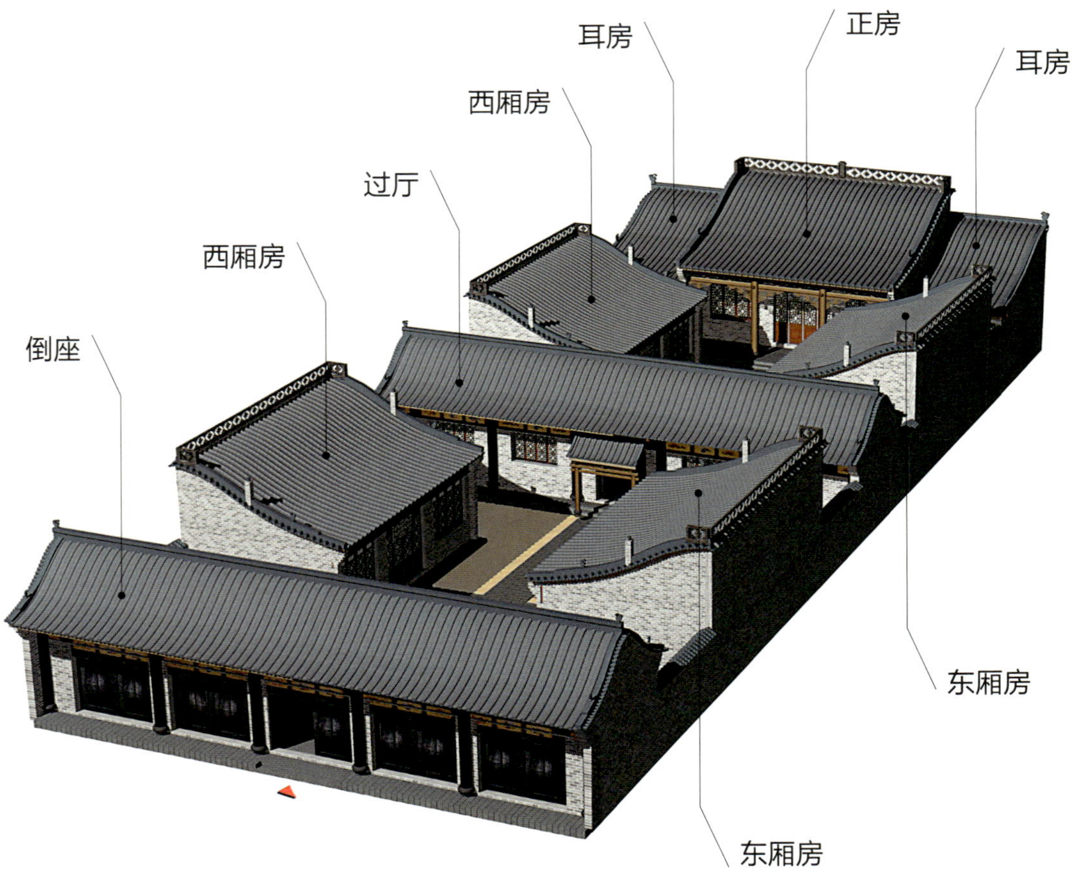

二进穿堂楼院民居

保存完好的二进院落的垂花门

常占据着古城最繁华热闹的地段，高墙围合，临大街而建。最常见的大户人家采取纵向串联、横向并联或者纵横混合组群的方式，至少建成二进院或者三进院，还有不少民宅在二进或三进院的两侧，与纵轴方向平行，增建偏跨院。偏跨院的格局与主院基本相同。于是这些院落便呈现出“日”字、“目”字以及“田”字等多种空间组合形态。按照传统的四合院做法，沿着南北向中轴线层层递进，以内院门、矮墙、过厅分隔组合成纵深的庭院空间，一方面在合族起居生活中满足了尊卑长幼有序、内外区分有别的居家安排，另一方面也使得地处繁华地段的豪门

大户人家门前的拴马柱与上马石

人宅虽居闹市，却坐拥庭院幽深的宁静。这些民居外观朴素，平实无华，毫无张扬之嫌，却又内藏儒雅之秀，细腻华美，巧夺天工。

对于那些拥有万贯家产的商贾巨富来说，建造的宅院比起其他大户人家更加恢宏阔绰。不过他们向来尊儒重文，自诩儒商，通晓宗法戒律，深谙官场世事，自然懂得历朝历代帝王官宦都把建筑作为一种权力和地位的标志，对建筑的规格有着尊卑等级划分，还专门制定有严格的住宅制度，违者将会获罪。所以，精于经营的山西商人从来不敢随意提高民居建筑的规格，扩大开间、进深和建筑体量，而是私下模仿王府官邸的做法，巧妙地运用多元组群的方式，采取将一座座三合院、四合院纵向串联，横向并联的形式，纵横混合，组成多重套院，从而彰显出大院主人卓尔不群的品级地位。纵向串联有助于合院沿中轴线延伸，层层递进，通过合院空间的开合、大小、宽窄、尺度与建筑形体的变化，区别院落空间和民居建筑的主次、内外和等级，体现它们的使用功能；与此同时，和这组主要院落的纵向中轴线平行，左右横向并联，扩展出偏院或跨院，组合成多重、多轴线的建筑群，既可用作主人的书斋花园、亲属客房及财物储藏，也可用于仆人伙计起居生活，以及停放车马，饲养牲畜，安置磨碾。这种纵横混合组成的民居套院，是山西晋中地区传统民居的经典之作。它们在历史街区往往占据着最抢眼的位置：层楼叠院，高墙耸立，各式屋顶错落有致，展示出峰升谷

降、连绵起伏的街道景观轮廓。砖、木、石雕装饰的大门制作工整精美，自上而下配置门额、门簪、门钹、门联、门枕石等装饰物，有些大院的门口还立有拴马柱、放置上马石，显示出了晋商大院的富有与高贵。在平遥古城现存为数不多的拴马柱里，柱顶石雕都是猴的造型，或一猴独处，或二猴叠立，据说取材于《西游记》里玉皇大帝封孙悟空做“弼马温”，以猴之灵性挟制天庭御马。而晋商大院采用这样一种民间艺术形式，不仅寓意着避除马瘟，更主要的是表达了对中国儒家文化所推崇的“马上封侯”和“辈辈封侯”的理想企盼。

平遥的大院一座连着一座，整整齐齐排列在街坊里，与高墙壁立夹峙的一条条小小巷道形成强烈对比，把历史街区的传统肌理勾勒得格外清晰，也将中国传统合院建筑内敛封闭的特点表现得淋漓尽致。

如今走进平遥古城，依然可以到处看到保存完整的历史街区。素有明清商业街称谓的南大街、东大街、西大街、城隍庙街和衙门街自不必

雷履泰故居大门

雷履泰故居正房楼梯护栏

雷履泰故居庭院内景

说，就连沙巷街、马圈街、石头坡街、范家街、书院街、仁义街、仓巷街、关帝庙街、火神庙街、鹦哥巷、东郭家巷、西郭家巷、北巷、米家巷、东壁景堡、中壁景堡、西壁景堡这些游人很少涉足的地段，也都原封不动地保存着那个久远时代留给平遥的街巷格局和传统风貌。在这些街区里不乏书香门庭、商人故居、绅士宅第与小康人家，其中雷履泰和侯王宾的故居便是实例。

雷履泰是日升昌票号的第一任大掌柜，也是中国金融汇兑业务的创始人，家财丰厚，精明过人，在平遥商界深孚众望。他的家在书院街，建于清道光年间，坐北朝南，由中院、东院、东偏院、西偏院组合而成，占地面积3888平方米。中院为故居的主要院落，因用地局限，前后不过两进，于是采用平遥典型的三脊两院过道厅式结构布局，里、外院的东西厢房均三三对应，并按当地风俗，建成轿杆式院落，在中院东西厢房后墙外，分别留出夹道，寓意两根抬轿的平行轿杆，让过道厅堂“坐”在花轿上，象征雷氏家族的荣华富贵、吉祥兴旺。由于中院两侧建了夹道，因而也使得东、西院各自独立，自成格局。东院由两道内宅门分隔为三进院落，和东院一墙之隔的东偏院置有车棚、马厩等。西偏院虽然略显狭窄，却是雷氏家族的宗祠所在，命脉之根。故居宅院布局合理，设施齐全，坚实牢固，砖、木、石雕装饰考究精细，却不崇尚奢华，展现出故居主人博弈商海的雄才大略和稳健务实的人格魅力。

侯王宾一生从事票号金融业，在天成亨票号做过总号大掌柜。他生活的年代比雷履泰晚，据说继雷履泰之后也曾在商界独领风骚，并捐得“诰授直奉大夫晋封朝仪大夫光禄寺署正候选”官位，所以兼有官与商双重身份。侯王宾的故居位于沙巷街北段的一条东西向尽端巷道。巷道宽阔，端有照壁。这组故居由上院、下院、书房、祠堂、车马院、花园连成6座功能各不相同的宅院，既相互连通，又相对独立，分两组坐落在巷道南北两侧，门户相对，均为拱券式。门前置上马石、拴马柱。巷道以条石铺墁。仅此一组豪门大宅便足以撑起沙巷街区的门面。

类似雷履泰和侯王宾故居的名门望族和商贾乡绅的大院还有许多，诸如侯殿元、赵大第、范治、王沛霖、宋梦槐、张鸿图、阎清龙、高鸿升、冀氏老宅等。这些深宅大院如同星罗棋布的珍珠，镶嵌在平遥古城各个街区，散发着夺目的光辉，使街区的完整格局更加宏阔壮观。

古城传统民居风貌

# 第六章

# 晋中地区汉民族明清起居生活

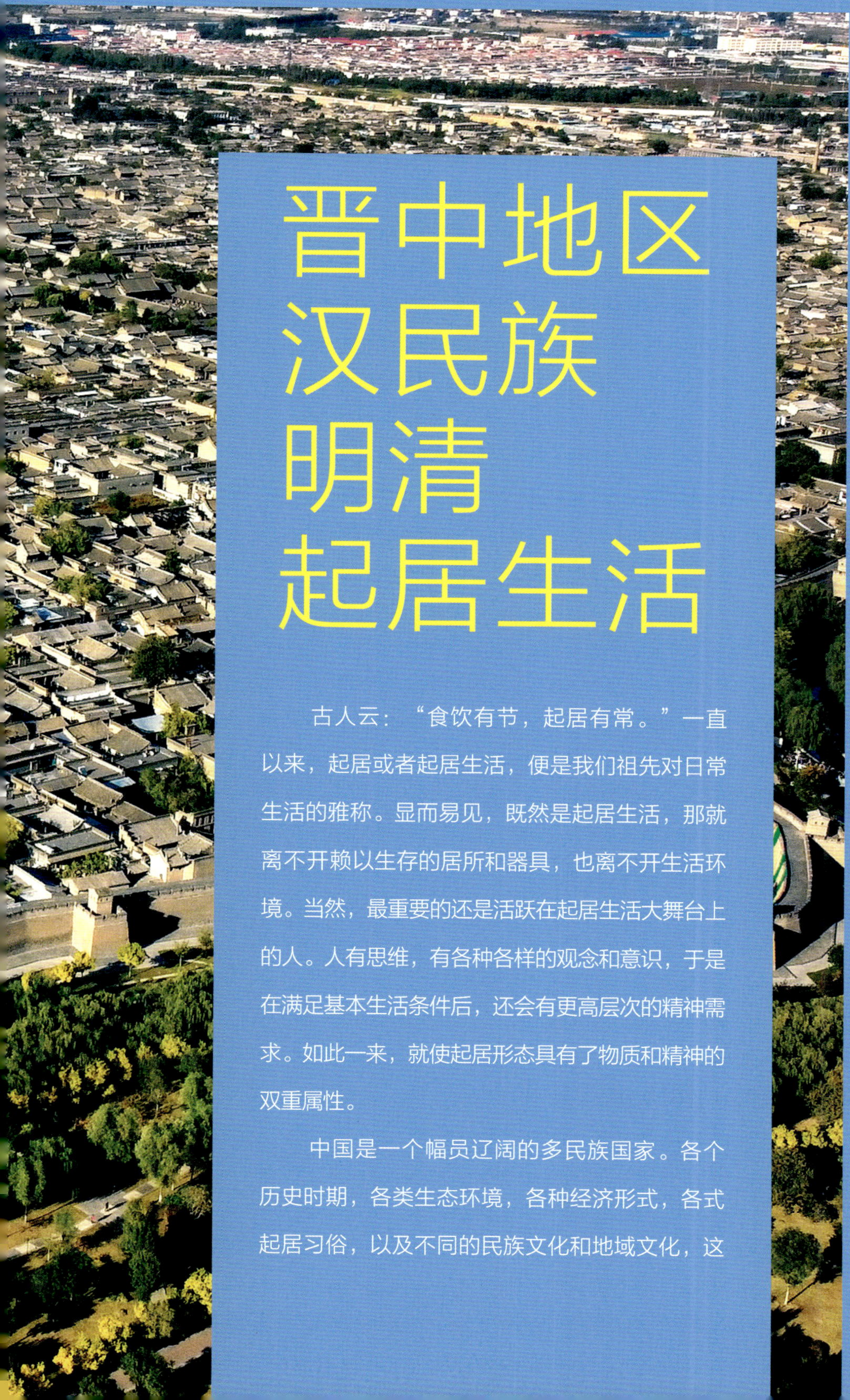

古人云：“食饮有节，起居有常。”一直以来，起居或者起居生活，便是我们祖先对日常生活的雅称。显而易见，既然是起居生活，那就离不开赖以生存的居所和器具，也离不开生活环境。当然，最重要的还是活跃在起居生活大舞台上的人。人有思维，有各种各样的观念和意识，于是在满足基本生活条件后，还会有更高层次的精神需求。如此一来，就使起居形态具有了物质和精神的双重属性。

中国是一个幅员辽阔的多民族国家。各个历史时期，各类生态环境，各种经济形式，各式起居习俗，以及不同的民族文化和地域文化，这些错综复杂的因素造就了起居生活的多样性，使起居文化变得丰富多彩。在长江以北，合院式传统民居是中原地区汉民族的伟大创造，也是千百年来的一种最普遍的居住形式。这种民居按照古代礼制规范，把若干单个建筑组织在一起，围合成社会最基层的家庭单位，从而构成了一方属于自己家庭的天地。在儒家礼治思想支配下，我国传统民居具有布局严谨、主次分明、中轴对称、尊卑有序的院落空间形态特点，构成与西方世界截然不同的居住建筑聚合形态。

平遥古城的传统民居不仅具备了中原地区汉民族合院式民居的所有共同特征，而且创造了晋中地区鲜明的地方个性：狭长的院落空间，穿堂式楼院和过厅，下筑窑洞上建楼阁的房舍，平屋顶上的风水楼、风水墙，厢房和倒座采用单坡屋面形成高墙围合的深宅大院，随处可见的屋顶脊饰、山墙墀头、檐廊镂空雕刻的雀替，以及中西合璧的建筑装修、南北融合的建筑元素等，充分展示出平遥人在行商天下的打拼中，尊儒崇经的风尚和兼收并蓄的包容。

直到现在，在平遥古城仍然能找到传统起居形态的原型。合院式民居、生活器具、室内摆设等，大多数都保存着明清时期的老样子，且保存数量之多、范围之大、品味之高，均为国内所罕见。

## 一、合院式民居的深邃隐秘文化

中国的传统民居建筑特立独行，自成体系。它们具有两大显著特征：一是采用木制框架结构作为建筑的承重体系，通过墙体来围合与划分室内空间；二是无论多么宏大复杂的建筑群，单体建筑的平面构成形式单一，群体组合严谨规整而又不失变化。在幅员辽阔的国土上，各地民居建筑之所以异彩纷呈，主要是由于民族和地域文化千差万别。到了明清时期，随着民族和地域的不同，民居建筑在结构、布局、装饰风格上产生了很大差异，汉族的传统民居因此分成了南北两大区域，这就是以中原为代表的北方区域和以江南为代表的南方区域。平遥古城的传统民居便是汉民族中原地区民居建筑的杰出范例，具有鲜明的地域文化特色。

平遥古城现在保存下来的传统民居大部分建在清代。这些民居都是在原来宅基地上经过祖祖辈辈翻修或者重建的，它们仍旧保留着

晋中地区传统民居院落空间尺度

当时形成的街巷格局与合院式风格。

合院式民居是中国传统民居最常见的形式。发展到明清时期，能够在四合院内居住生活，被认为是最完美、最理想的起居方式。四合院是由纵横四向垂直对应的房屋围合起来的庭院式民居。院落四周利用实墙与外界隔绝，通常只开一处宅门出入，具有内向性和独立性，不仅给院落的主人营造了舒适静谧的起居环境，而且院落封闭，有利于安全防御。这种以血统为纽带合族聚居的方式成了汉族民居最基本的群体单元，是最适宜按照中国古代的宗法制度和伦理观念组织家族的起居生活。四合院民居多数坐北朝南，使主要居室取得较好的朝向和日照。院落居中，通过建在纵向上的房屋正脊中点、明间门扉、台阶、步道与内宅门，形成一条控制院落平面布局的中轴线，沿中轴线布置不同功能的房屋建筑，使它们的位置、体量、高度、造型等完全对称均衡。

在中国古代，几千年传承下来的家庭形态都是家族式的数世同居。在四合院的房屋分配上恪守尊卑有序、男女有别，以及长幼、嫡庶、贵贱区分的礼制规范。四合院的主要居室坐落在中轴线北端，建筑高大舒适，称作正房、北屋或上房，供家族中辈分最高的长者居住。正房山墙两侧分别建有比较矮小的耳房，用于存储杂物。建在正房左右两侧、门窗相向对称的房屋是东厢房和西厢房，用于晚辈子孙起居。按照古代“左为上右为下”的礼序，通常嫡长子被安排住在正房左侧的东厢房，庶子住在右侧的西厢房。位于四合院中轴线南端的房屋，因其坐南朝北，门窗与正房的门窗相对开向庭院，故而称为倒座，也有的地方把它叫作南屋，作为书房、客厅，或者安排辈分比较低的家人居住。厕所则安排在院落的西南角。宅院大门是划分院落内外空间的屏障，因此它在位置与朝向的设置上特别讲究。汉族居家风水历来就有“坎宅巽门”之说，认为“宅之吉凶全在大门”，将坐北朝南的宅院视为“坎宅”，规定宅院大门不可开在院落的东北角和西南角，其他方位均可开设，其中以开在东、南和东南角为宜，而最佳的选择是在东南角，也就是建筑风水理论中所说的巽位。

一进院是四合院的基本形式。其他形式的多进、多跨、组群院落都是从一

民居大院室内外变化丰富的空间

后墙高耸的单坡屋面

进院演变而来的。比如常见的二进院，是与东西厢房的南墙平齐，建一座内宅门，将庭院分隔为前后院。前院较浅，可以接待外人，后院较深，外人非请莫入，显示出内宅庭院的私密性和神秘性。如果是三进院，那么还要在二进与三进之间再建一座过厅，连通内宅门与正房，这时的过厅就兼有了书房和客厅的功能。

在北方古老的城市中，棋盘式的街巷格局也使许多四合院建在街巷路南，呈坐南朝北布局。这些四合院在房屋配置的等次序列上与“坎宅”规则大体相同，只不过以大门前的街巷为轴，反向对应建造，将大门开在宅院的西北角。

从平遥古城的传统民居中，人们能够找到汉民族中原地区明清民居的所有特征，而且这些民居有着很强的地域特色，体现了独特的建筑个性。北京四合院是中国典型的合院式民居。和北京四合院相比，平遥的四合院没有北京四合院那样舒展，而是南北狭长。庭院长度一般都超过了庭院宽度的3倍，院落布局相当紧凑。因受用地的限制，一些合院

的正房建成了二层，东西厢房的后墙或者直接靠着街巷，屋宇高耸，显得庭院格外狭窄纵深，或者紧靠邻院厢房的后檐，院落连成一片。这样的布局自然与平遥地处北方黄土高原有关。这里的海拔在754.8米到762米之间，冬季盛行西北风。古城的纵轴略微偏向东南，把民居院落建成南北长、东西窄的形状，不仅有利于接受东南风，满足阳光日照，而且有利于减少夏季酷暑时节的太阳西晒时间，同时还可以避免冬季西北风直接吹入院内，因地制宜，一举多得，满足了防暑、御寒和防风特殊的需要。

由于地缘政治的原因，山西自古以来就是兵家必争之地，战事频繁，战火袭扰，盗贼土匪趁机滋事，常常导致人民生活动荡不安。平遥古城位于交通要冲，为了门户安全，一改北京四合院建筑采用“人”字形两坡屋面的做法，特意把所有后墙临街的房屋做成了朝向院内排水的单坡屋面，而且房屋的后墙一律不开窗。高耸平直的后墙把院墙的高度升至屋脊，大大增加了盗贼土匪飞檐攀爬的难度，提高了宅院的防御能力。同时黄土高原干旱少雨，滴水贵如油。在素有经商传统的平遥，人们更是把水看成财。四周单坡屋面围合的庭院很容易形成小天井，起着“聚财”作用，一旦下雨也能做到“肥水不外流”，还可以利用庭院内的大缸盛装雨水，防火灭灾。临街后墙不开窗，不露外檐，可以防止发生火灾时的火势蔓延。民间有“山陕一大怪，房子半边盖”的说法，就是指这种面向院内倾斜的单坡屋面民居。院落狭长、高墙壁立的建筑风格成为平遥古城有别于其他北方民居的显著特征。梁思成先生曾把这种民居建筑的特征精辟地概括为“外雄内秀”，足见平遥民居非同凡响。

一座比较理想的平遥三进式四合院多由大门、倒座、垂花门、过厅、正房和前后院的东西厢房组成，非常适合中国传统的尊卑、老幼、男女、内外有别的礼序需求。

宅院大门是家庭或家族的脸面，或亲切迎人，或富丽堂皇，或庄重

侯殿元旧居

高贵，或含书卷之气。通常大院主人地位的高下和财富的多寡，只需看宅院大门便一目了然。平遥古城的宅院大门普遍采用门楼式柱门和拱券门，也有少量屋宇式如意门。在门洞走道上方一般都铺设木制楼板，楼上储物。门洞前造垂花门楼，镶嵌彩画门额，门洞方砖墁地。门外雕有小狮、麒麟各式门枕石。除通行车马的拱券大门外，垂花式门楼前均砌有数级石阶。多数人家将门设在院落东南方向，占据倒座一间，避免外人视线直通院内。进门以后，左转折西才能到达前院。山墙上或砌筑大型砖雕照壁，以砖雕装饰吉祥图，或设置神龛供奉土地爷和门神。也有大户人家将宅门设在院落正南的中轴线上，从倒座的底层穿过，进入前院，形成只有在山西晋中地区才能见到的穿堂楼院式大宅门。

倒座的建筑高度比正房低，门窗开向前院，和垂花门相向而对。有些人家在前院建东、西厢房，也有很多人家不在前院建厢房。

垂花门是明清时期比较流行的一种庭院宅门。这道门建在庭院的中轴线上，起着分隔与联系外院和内宅的作用。

在封建社会，成年男女是不能随便接触的，有着严格的仪礼限制。《孟子》曰："男女授受不亲，礼也。"日常由男子料理外面的事务，而女子则主持家庭内务。到了宋代以后，这种礼制规范更加森严。司马光在《涑水家仪》中说："凡为宫室，必辨内外，深宫固门内外不共井，不共浴室，不共厕。男治外事，女治内事。男子昼无故不处私室，妇人无故不窥中门。男子夜行以烛，妇人有故出中门，必拥蔽其面。男仆非有缮修，及有大故，不入中门。入中门，妇人必避之。不可避，亦必以袖遮其面。女仆无故，不出中门，有故出中门，亦必拥蔽其面。"还有一本写于南宋时代的百科全书《事林广记》，对日常起居生活形态也都

民居院落内的角门

民居院落内的垂花门

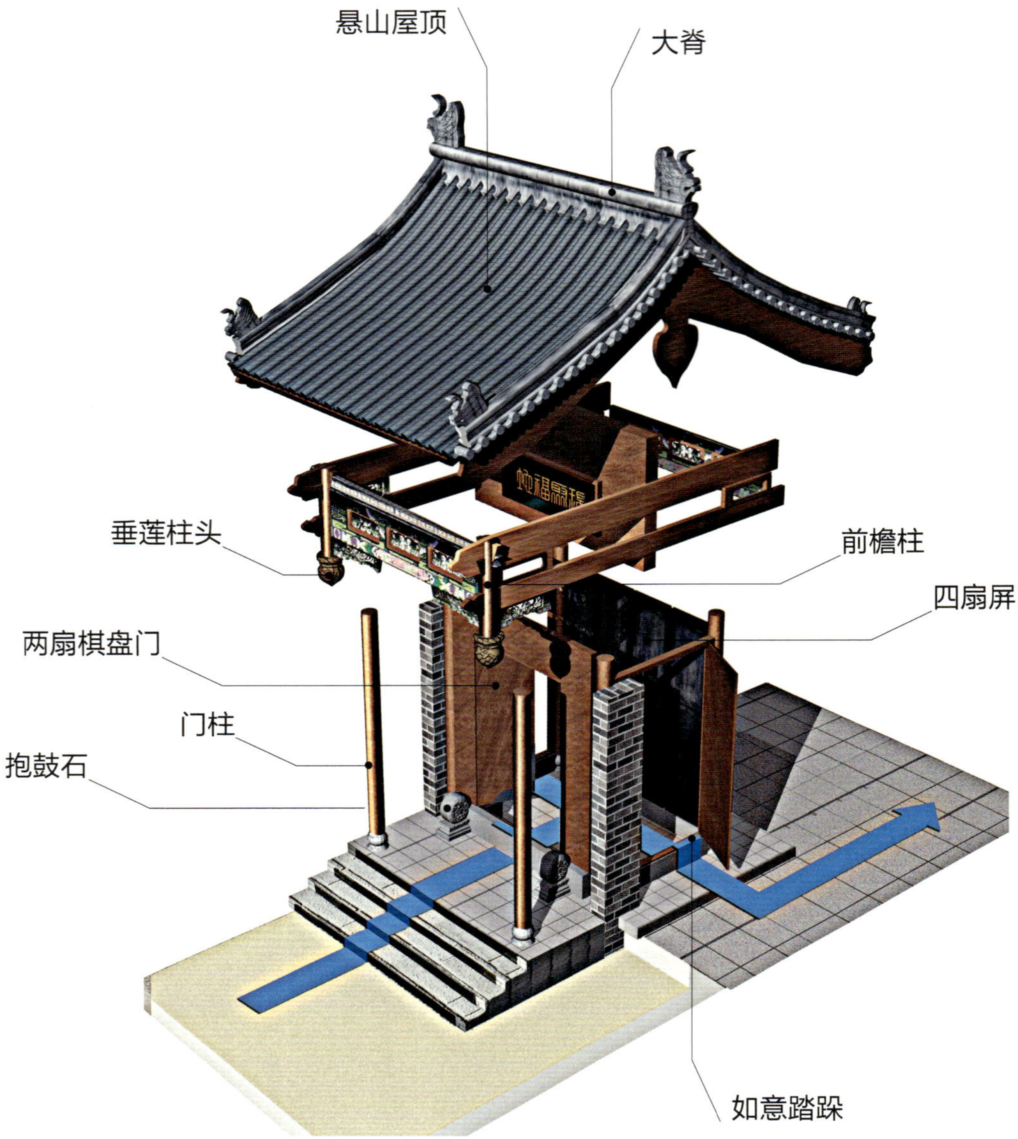

垂花门结构示意

有详细描述，在民间广为流传。书中同样说：“男治外事，女治内事。男子昼夜无故不处私室，女子无故不窥中门，有故出中门，必拥蔽其面。”可见传统合院民居里的中门是区分内外的一道不可随便逾越的界线。人们通常说闺房淑女“大门不出，二门不迈”，这二门即是四合院的中门，也就是垂花门。

所谓垂花，是指门楼上的前檐柱不直接落地，而是通过梁架与门柱十字相交的技法，在悬挑的梁头下面设垂莲短柱头，形成垂花的造型。在平遥古城寻常百姓的四合院中，造型美观、装饰华丽的双柱单卷式垂花门最为常见。有钱人家经常建造四柱或六柱单卷式垂花门。这种垂花门采用歇山顶，面向前院的屋顶安大脊，门柱与前、后院分界的厢房山墙平齐，前檐柱间装有两扇棋盘门，下置方形门枕石或抱鼓石，背面柱中间安装屏门。台基内外设有如意踏跺。平时屏门紧闭，进出只走两侧，只有在女眷上下轿、婚丧嫁娶或者迎接贵宾时，屏门才可开启。

垂花雕饰拱券大门

垂花雕饰拱券石阶门

经过垂花门进入后院。后院又被过厅分隔为二院和三院。过厅由一南一北两座背向而建的房屋组成，坐落在砖砌台基上。两座房屋共享一道后墙，做成“人”字形双坡硬山屋顶，前后房屋明间相连，作为联系二、三两院的通道。坐北朝南的建筑面向垂花门，当作客厅、书房使用，采用木制抬梁式框架结构，并在明间靠近后檐处设置屏风，遮挡视线。坐南朝北的建筑采取窑洞式，东西次间作居室。过厅前后均用条

古色古香的民间居室

石砌筑成单出陛垂带踏跺。

三院是四合院里最封闭、隐匿的空间。穿行过厅，迎面的正房是四合院最主要的建筑。正房的开间、进深、檐高、脊高和台基都超过了院内其他相应建筑的尺度。门前基本上都建有外檐廊，装饰考究华贵，门额常悬挂牌匾，外檐柱挂有枫木楹联，就连柱础的式样和雕刻图案也别有韵味。

东、西厢房分列正房两侧，大都是单坡硬山屋顶。因为多数庭院狭窄，没有条件在厢房前檐做外廊，所以厢房屋顶梁架一般采用半屋架形式，屋面举折。前檐挑出椽子和飞檐，后墙高耸，正脊临街巷的一面用砖砌出小披檐。大户人家宅院比较开阔，常在厢房建外檐廊，甚至建成二层檐廊式楼作为闺房。

由于平遥古城建在两河下游的冲积扇上，地势比较低，经常受到洪水的袭扰，故而民居室内外地坪都比自然地面高出许多。建造三进式四合院时，根据这种地形，从宅院大门开始，用土层将庭院和建筑的地坪垫高夯实，使二进院地坪高于一进院，三进院地坪又高于二进院，院落的高度依次递增，并特别赋予了文化的内涵，美其名曰“步步登高”或“连升三级”，企盼家族兴旺，福禄惠泽门第。

四合院维系着中国数千年以“礼”为本的宗法制度与伦理观念，通过空间分隔组合、庭院深浅变化、建筑造型对比、装饰繁简华实、步道错落登降和交通流畅阻断等一系列艺术手法，实现了由开敞空间逐步向居家共享空间和私密空间的过渡，层次丰富，主次分明，营造出了规整、有序、舒适、典雅、清幽、静谧和温馨的居住环境，达到了“天人合一”的完美结合。四合院民居作为当时家庭起居生活的载体，在一定程度上标志着主人的地位和财富。

# 二、平遥居室建造别具一格

平遥古城的民居建筑在继承中国古代建筑传统形式的基础上，结合晋中地区的自然地理环境，有许多创新与发展。

平遥民居主要是砖木混合结构。按照中国古建筑的规定，“间”指单体建筑中由四根柱子围合成的空间，是建筑面阔最低的计量单位。人们总是以“间”“架”作为衡量建筑面阔和进深的尺度标准。平遥民居的建筑面阔也都控制在三间，严格按照明清时期关于民居建筑规格的规定建造，不敢越雷池一步。平遥的建筑工匠结合当地条件，创造了三种具有浓郁乡土气息的建筑形式：一种是木构抬梁式砖瓦房，一种是独立式拱券砖窑洞，还有一种是下窑上楼式民居。世世代代生活在黄土高原的平遥人深得祖先“凿土为窑”技术的真传，深悟窑洞住房冬暖夏凉和避风沙的特点，往往把建造拱券砖窑洞作为民居建筑的首选。在平地上先用黏土砖砌成三眼半圆形窑洞，再用黄土覆盖，分层夯实，做成略向院内倾斜的平屋顶，以利排水，四周筑

平遥古城下窑上楼式民居建筑

平遥民居中最常见的连架门和隔扇窗

女儿墙。最后沿砖拱内缘安装硕大的木隔扇门窗，采光良好，极富装饰性。

平遥民居最常见的房门叫作连架门，在构造上做成里外两层。里面一层为加栓双开木板门，向内平开，同时为了防止风沙吹进屋内，又在木板门的外面加了一道用来挡风的单开风门，向外开。窗子通常也是内外两层，向内平开的窗户做成固定的套方灯笼锦、“工”字卧蚕步步锦，或者正搭正交“万”字棂条花格，并且雕刻有蝙蝠、如意、松、竹、梅、兰等吉祥图案，以示清雅、高洁及祥和，窗户内侧糊上麻纸，既可挡风寒，又可自然采光。

“下窑上楼式”民居在拱形砖窑洞的前面一般都要加上木廊外檐，并利用窑洞前面的女儿墙作檐廊屋顶正脊。外檐额枋与柱相交之处装置精美的雀替，梁枋配以各种题材的木雕。富裕家庭的民居还在窑洞的上面建造一层木构抬梁式楼房，并与窑洞上下对应，加筑外檐廊，形成下层砖窑洞和上层木构房。民居的楼梯采用室外砖砌方式，设在正房的两侧，每侧均可一梯二用，可以登上正房二楼，也可以走进厢房二楼。无论哪种建筑形式，外墙都是砖砌清水墙，一概为硬山屋顶。一色的青灰筒瓦，形成强烈光影效果的行行瓦垄，使屋面极富韵律。为了解决冬季御寒问题，平遥传统民居建筑的室内都砌有土炕，通过土炕前的炉灶和在炕下面弯弯曲曲的烟道散热取暖。烟道延伸至山墙内，从山墙顶部的烟囱排放烟尘。在烟囱出口处，常常会做一个小方亭，方亭上装有五脊六兽式的砖雕屋顶，造型独特，饶有情趣。

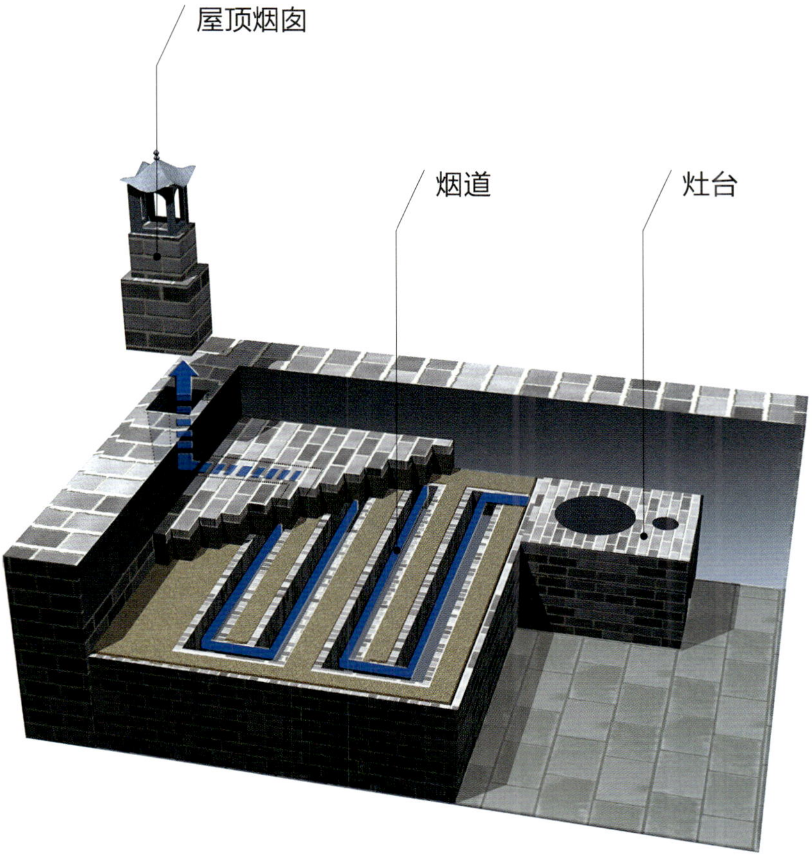


火炕取暖构造示意图

走进平遥古城，人们还会随处见到另外一种奇怪现象：在不少窑洞正房屋顶的中央，或者屋顶一隅，建有一种独立的类似小庙式样的阁楼，大小不一，均为一间，外面一层则是向外平开的隔扇窗；也有些窑洞房在后墙的女儿墙上砌筑一人多高的方形花格墙壁，一座独立或三座分列，数量不等；还有些在木构抬梁式砖瓦房的屋顶上，于正脊中央装饰脊刹的位置装着一个如同佛龛一样的小房。这种奇怪现象形成了平遥古城一道富有特殊魅力的风景线，蕴含着深邃怪异的玄机。原来这就是晋中地区民居建筑特有的风水楼和风水墙。

民居屋顶上的风水楼

无论是风水楼还是风水墙，都起到了提升建筑高度的作用。据说这样一来，就可以改善建造民居时因为客观条件导致的风水不足。相邻两家中，倘若居住在东面的一家建了风水楼，那么西面的一家便只能建规格小一些的风水楼或者风水墙。这里的人们就是用这样一种具有特定含义的建筑语言祈求子嗣平安，家族兴旺昌盛，传递出他们的精神寄托，表现出乡土风俗。在日升昌票号的掌柜张兴邦旧居中也完好地保存着一座兼作佛阁的风水楼。仁义街4号院王沛霖旧居的屋顶上也有三座完整高大的风水墙。

王沛霖故居屋顶上的风水楼

## 三、

# 鬼斧神工三雕并茂的建筑装饰

平遥古城传统民居的建筑风格外刚内柔、外雄内秀，含蓄而不张扬。塑造如此完美的建筑形象，除了在木结构制作上运用小木作技术，进行丰富多彩的外檐装修和内檐装修以外，还运用了木雕、砖雕、石雕三种建筑装饰艺术。民间把这三种不同材质的雕饰统称为“三雕”。三雕到了明代日趋精美，广泛用在了梁架、瓜柱、山墙墀头、脊饰、瓦当、额枋、雀替、挂落、门窗、匾额、门楼、门罩、基座、台阶、柱础、抱鼓石和照壁等各种构件上，逐渐成为民居建筑的一大特色。

清代时我国工艺美术已经十分繁荣，民居建筑采用三雕装饰的意蕴大大超过了实用价值，因而在艺术手法上开始变得更加纤细繁密，精致入微。平遥古城现存的传统民居恰好体现了这一时期中国北方民居建筑雕饰艺术的成就。

随着山西商人行商全国，逐步形成晋商文化，不仅使平遥古城

传统民居大门砖雕

的商业异常活跃，而且促使民居建筑得以不断修建翻新。在古城翻新的过程中，晋商把从四面八方带回的优秀文化与当地民间工艺相结合，促进平遥的民居建筑雕饰题材多样、构思巧妙、内容丰富、雕工精湛，实现新飞跃。

黄土高原的独特自然资源为烧制优质黏土砖和采石加工提供了优越的物质基础，便于创作出经久耐磨的雕刻作品，增加了选材的多样性。通过艺术创作，把木、砖、石三雕艺术结合，给这些原本生冷坚硬的材料注入生命力，表现人的生活，寄托人的感情，丰富了人们的居住环境和精神生活，也为装饰艺术开辟了广阔天地。平遥传统民居的建筑装饰在雕刻手法上充分利用了大自然的优越条件，融汇平雕、透雕、圆雕、半圆雕、高浮雕、浅浮雕、贴雕、镂空雕等多种表现形式，一时间百工竞技，百花齐放。

以祁县、太谷、平遥为代表的晋商及晋商文化蕴含着尊儒崇经、重商立业、自强不息、敬业诚信的思想特质。在晋商文化熏陶下，平遥人把族训家规和门风道德看成是家族兴衰的根本，以儒家思想修身治家，教育后代，不

民居屋顶与山墙砖雕装饰

雕琢精致的烟囱帽

民居屋顶垂脊砖雕

仅重学，而且以学促商。他们习惯于把这些思想理念融入建筑装饰，在四合院围合的家庭环境里潜移默化，陶冶情操。如果仔细观察，人们就会发现遍布在民居建筑各种构件上的三雕图案，无不贯穿着这样的思想，体现着这样的精神。所谓“建筑必有图，图必有意，意在吉祥”，其实并不夸张。建筑雕饰不外乎围绕着三方面内容：一是儒家孝、悌、忠、信、礼、义、廉、耻的传统思想与伦理观念；二是弘扬关公忠贞、守义、至勇、仁智的道德精神和气节品格；三是表达五德俱全、清高儒雅和祈福纳吉、益寿延年的愿望。有以戏剧人物为题材的桃园三结义、三英战吕布、千里走单骑等故事；也有以祥禽瑞兽、仙花芝草为题材的三阳（羊）开泰、四时（狮）如意、五福（蝠）捧寿、六合（鹿鹤）同春、麒麟送子、喜鹊登枝、松梅竹“岁寒三友”和梅兰竹菊“四君子”、连（莲）生贵子（籽）、狮子滚绣球……还有以文房四宝、琴棋书画、云纹、龟背纹、万字纹等吉祥符号与福、禄、寿、喜等寄寓美好愿景的文字为题材的书卷文化。这些立体化的雕饰画面充盈，紧凑饱满，裁云镂月，各显春秋，于是金、木、土、石的碰撞升华大大拓展了民居建筑的意蕴，取得了良好的装饰效果，使民居建筑变得更加艺术化，更有文化价值和审美意义，也给封闭的合院平添

精美的木雕窗棂

精美的木雕窗棂

了欢乐与温馨。

这些三雕艺术反映了晋中一带的地域文化，虽然被广泛用于民居建筑，但是并不滥用，主要点缀在建筑外观细部和室内门窗隔扇上，构图简洁，风格庄重朴实，体现了晋商求真务实的品格。

值得一提的是，在平遥民居的建筑雕饰中，几乎到处能见到戏剧人物和场景：山墙墀头、挑檐梁头、雀替、门楼、门罩、柱础上，常常雕刻一出折子戏；额枋、照壁上，则雕刻戏剧连台场景。可见平遥人对戏剧是如此钟情。这大概和平遥地处晋剧的故乡有关。元

精美的山墙砖雕装饰

代时中国的戏曲发展进入高潮，戏剧演出与创作在山西空前繁荣。在城里乡间，戏台随处可见。元末明初《三国演义》的作者罗贯中就生活在距平遥不远处。到了清代，因晋中票号兴盛，经济文化繁荣，所以发端于晋南的蒲剧在晋中地区很快落地生根，并且很快吸收了当地的唱腔，演变为独树一帜的晋剧，也使平遥成了晋剧活跃的大舞台。戏曲很快走进寻常百姓人家，成为平遥人不可或缺的文化生活和精神寄托，他们唱在嘴里，哼在

精美的砖雕装饰

窑洞房外檐廊木雕

正房檐廊戏曲人物木雕

心上，把戏曲题材的三雕艺术融入居家环境。平遥民居的三雕大多采用写意的手法，画龙点睛，点到为止，借助象征、隐喻、比拟和谐音，寓意深刻。而对表现戏剧题材的雕饰则擅长写实，把剧情和现实生活结合起来，精工雕琢，毫不吝啬，连人物的须发、神情也细致入微地加以刻画，令人叹为观止。

迄今为止，在民居建筑中保存最完整的木雕、砖雕和石雕，集中体现在仓巷49号的赵大第故居。清代末期，赵氏在平遥古城称得上是家业鼎盛的大户。传说八国联军将要打到北京时，慈禧太后逃往西安躲避，途中在平遥短暂停留，下榻之处就在这座赵氏宅院里。走进这座宅院，无论屋脊、烟囱、檐廊梁柱、石础、台阶，还是帘架、风门、炕围等，三雕饰物无处不在。正房檐廊的挂落、雀替，以及窑洞房的风门、窗扇等都布满了诸如“文房四宝”“四君子”之类的图案，而在居中和醒目的位置，均将《打金枝》《七星庙》《穆桂英出征》等晋剧戏曲人物点缀其中，显示了主人对传统文化的崇尚和对戏曲艺术的酷爱。现在凡是上了岁数的平遥人都还记得，早年赵大第的几个儿子时常邀请晋剧名流来到自家宅院切磋演技。每当此时，琴声鼓乐便会伴着高亢的晋剧唱腔从这里飞出，回荡在古城的上空。

在赵大第故居内，石雕、木雕和砖雕作品比比皆是。它们的刀工、手法和艺术表

精美的木雕装饰

风门木雕大舜耕耘图

风门木雕樵夫驯狮图

风门木雕鹿衔灵芝图

风门木雕麒麟送子图

风门木雕太平有象图

现形式完全继承了我国清末民居建筑的传统工艺。由于正房和厢房的门窗如同民居建筑的脸面与眉眼，故而这里的雕饰精心构思，雕刻细致，极尽艺术表现之能事。正房和厢房一共有五扇门，每扇面向室外的风门都用樟水板制作，上面分别雕刻着“大舜耕耘”“樵夫驯狮”“鹿衔灵芝”“麒麟送子”和“太平有象”五幅图案，刀法娴熟，寓意深远，在众多平遥古民居中实属罕见。

厢房的木窗做成色垫套子镶玻锦，内设可以开启的实木窗扇，在窗扇上也都彩画着工笔花鸟。靠近窗户的炕围子四周装饰有浅浮雕石刻二十四孝图。院内精美的雕饰与缤纷的彩绘琳琅满目，使得这座赵大第旧居俨然成了平遥古城的一处三雕艺术博览馆。

窗扇上的工笔花鸟画

这个院子的倒座过去是主人的客厅，客厅外檐下的走马板至今还保留着民国初期的彩绘。彩绘的内容是那个年代风靡中国的洋楼、洋车和都市生活的画面。它们为近代中国的真实写照，反映了平遥人在新文化运动影响下对新思想理念的崇尚。在古城中，不少民居大量采用刻花玻璃窗艺术，而且在大街小巷已有零星插建的民国初期建筑，从中人们也自然感受到这座古城随时代变革在悄然前行。

传统民居中的门枕石雕刻

传统民居中的柱基石雕刻

传统民居合院倒座彩画

雷履泰故居中的炕围画

# 第七章

## 原汁原味的中国明清繁华市井

中国对古代城市的起源有着自己的说法，认为城市是由“城”和“市”组合而成的空间聚落概念，能够最为贴切地表达出城市的基本属性和职能。

“城”在汉字里的本意是指在都邑四周以土围合的用于防御的城垣。因城垣内容纳居民，故而又有东汉许慎《说文解字》关于“城，以盛民也”的解说。然而这种“城”充其量不过是由城垣围合起来的居民聚落而已，还算不上真正意义上的城市。城市是具有防御和商品交换双重职能的居民聚落。既然有商品交换，那就要有商品交易的场所。《易经·系辞》载：“日中为市，

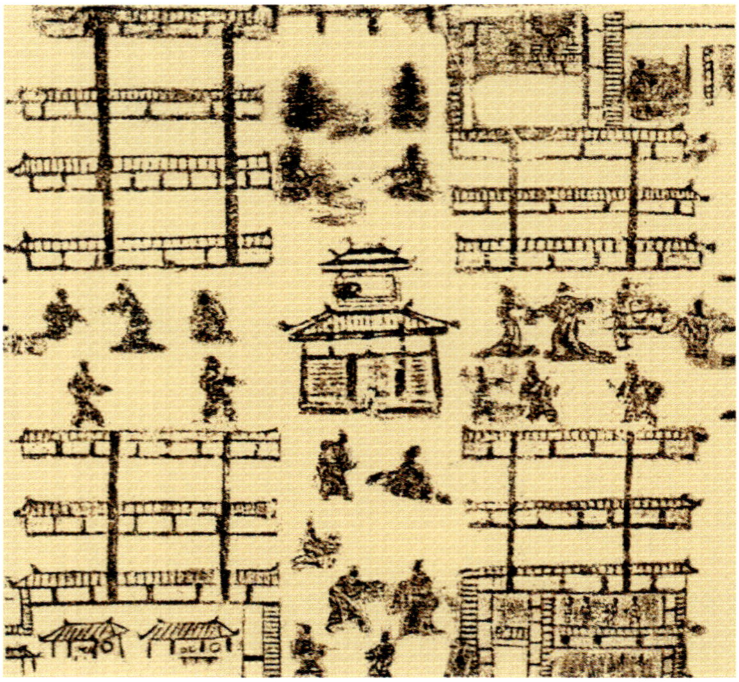

东汉墓出土的市井画像砖拓片

致天下之民，聚天下之货，交易而退，各得其所。”由此可见“市”带给“城”商业职能。

“市”在早期是商业建筑和商贸市场的雏形，在中国经历了从封闭空间到开放空间沿革的过程。北宋以前与里坊制相对应，按照传统的礼制，“市”被布置在“城”里固定的露天广场或者由一些院落组成的交易之所，交易活动分为大市、小市，早市、朝市和夕市。北宋以后随着街坊制的出现，古城内四合院的临街建筑由可以开墙设店，逐渐演变成了独立于民居建筑以外的商业店铺。店铺毗连，形成了店家林立的商业街。于是“市”也就由原来在古城内“点”的布局，变成了商业功能极强的“线”，呈现出了一种全新形态的市井繁华景象。到了明清时期，资本主义萌芽的产生和发展使得商品经济更加发达，商品交易有了更为广阔的市场。特别是明代中叶以后，随着商品生产日益丰富，人们生活水平提高，社会消费迅速增长，进一步刺激了手工业、商业和服务业的发展，社会风俗也由过去的轻商逐步转向了重商。于是弃农经商的现象不断出现，社会人口流动相当频繁，百行百业的工匠艺人以及那些失去土地的农民纷纷涌进城市，寻找适合自己的就业机会和生财之路。明清时期的商业街在形态上已经变得非常丰富，店铺大都集中列肆，街道两侧的前店后宅和下店上宅格局相当普遍。这些商业街大部分以古城的钟楼或者鼓楼为中心，分东、西、南、北四个方向形成十字街。县城由于规模较小，通常不建钟楼、鼓楼，而是以市楼为中心形成“一”字形的商业街。

平遥商业街的兴盛发端于明初。当时朝廷正在实行以粮食换盐引的“开中法”，精明的平遥商人敏锐地捕捉到了商机，投身于正在崛起的晋商大军，凭借丰富的粮、盐、铁、绸等物产资源和成功的经商之道很快发展起来。明代中叶的山西已是“重利之念甚于重名，子弟之俊秀者，多入贸易一途”，这种弃农经商的观念给平遥人带来了深刻影响。据记载，到清嘉庆十八年（1813）时，平遥古城的商贸活动已经十分活跃，仅捐资重修南大街市楼的商家就多达700户，以致城内“迩来商贩云集，居奇罗珍增前数十倍”。如今在这里不仅原封不动地保存着当年的商业建筑，而且还原汁原味地保留着那一时期商业街的所有特征，铺户荟萃，商贾云集，展现了当时繁华的市井风貌。平遥古城也因此成了我国明清时期汉民族城市的杰出范例。

## 一、意蕴深邃的明清“土”字街市

综观平遥古城商业贸易各商，可分为商贸与钱肆两大类。商贸以颜料、货栈旅店、绸缎、布庄、医药、茶叶、烟叶等各商为主；钱肆以典当、钱庄、银号、印局、账局、票号领先。鼎盛时期，著名的货栈旅店多达55个，全国各地设在平遥的票号总部也有22个之多。据载，当年在这座不大的县城里仅捐银修葺平遥市楼的店铺就多达700家，商业繁盛之况令人咋舌。不过平遥古城商业街的布局形式与大多数古城迥然不同，既不是“十”字形，也不是“一”字形，而是几百年延续下来的“土”字形，颇具特色。这种独特的布局形式是由平遥古城地理位置、交通和商业需要决定的，具有深邃的历史文化内涵。

平遥古城在明代归汾州府所辖，地处太原、平阳、汾州、潞安、大同等五府、十八州的通衢要冲。贯通京城与秦陇、川陕的京陕驿道经由平遥古城。与此同时，太行山区与吕梁山区之间各县、乡的四条主要信道也都要穿过平遥古城的东门和西门。无论是过境出行，还是商品集散的运送，都需要在古城的东、西两侧各开两道城门，以保证道路畅通。于是，平遥古城在东城墙和西城墙各开设两座城门，建成了上东门、下东门、上西门和下西门，并且按照人、马、车辆和货物运送的通行频率，在东面两座城门与西面两座城门相互对应的位置上，分别采取了有主有次、主次分明的营造方式。进出上东门和上西门的行人与货物略少，所以二门的位置并不直对；而下东门和下西门是东西向人流与货流的主要通道，故而两门直接相对，东、西大街一字贯通，交通指向相当明确。

依附道路交通优势发展起来的商业无疑给平遥古城的商贸带来了非常有利的契机，于是大街小巷很快出现了各式各样的手工作坊和店铺。清嘉庆年间面积仅为2.25平方千米的古城内形成了许多市场，全城15个比较大的市场，分别设在南大街二市、东大街二市、西大街二市、十字街一市、衙门街二市、南门街二市中，使南大街、东大街、西大街、城隍街、衙门街组合成“一竖二横”的商业街市，成为商业贸易最为集中的繁华地段。而最具代表性的还是以市楼为中心的南大街，每日三市，按照市场交易对象不同，“大市日昃而市，百族为主，朝市朝时而市，商贾为主；夕市夕时而市，贩夫贩妇为主”。

如今，有些人误以为这几条商业街的布局形式像“干”字，在深入探寻平遥古城历史文化之后，方知商业街的布局其实是一个“土”字。仔细解读起来，后者更符合古人堪舆对于方位顺序的认知，以及对五行学说的崇信。古人惯以面南为尊，坐北朝南辨方正位，因循了《周易》中关于伏羲八卦推演的规律。对天地的定位则采用了“上南下北”的方

各式老字号和商铺幌子

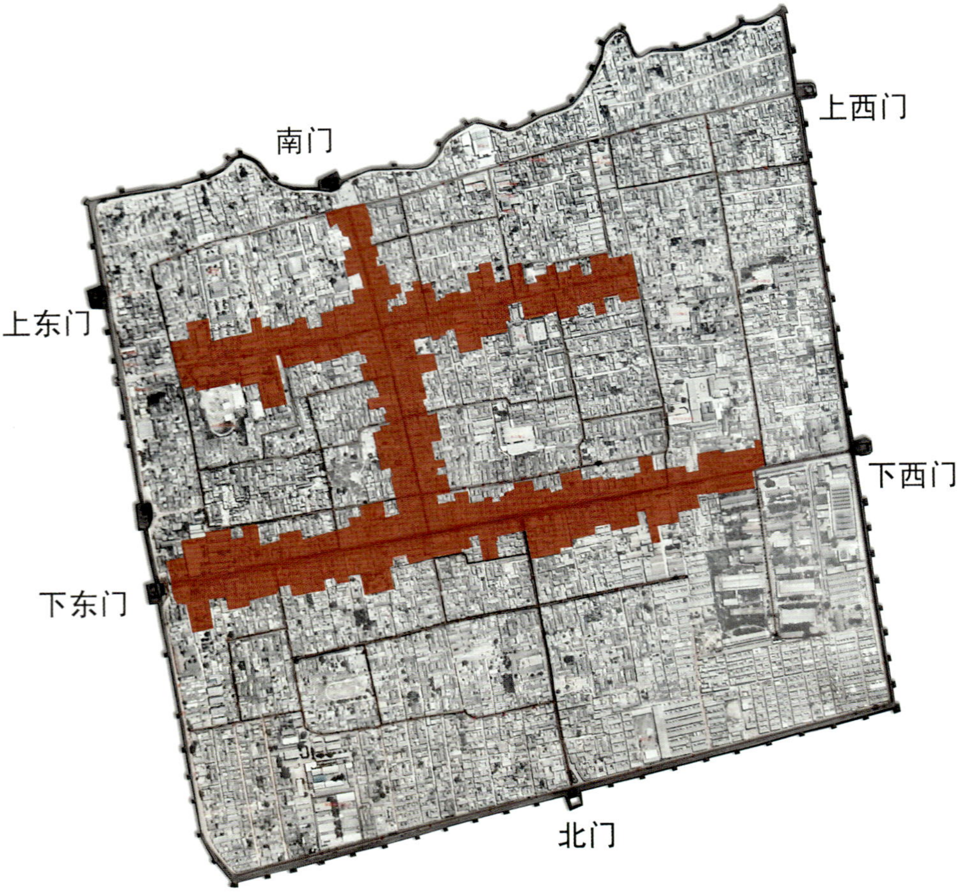


坐北朝南的“土”字街市

法。平遥的营城者正是按照这种方位顺序的认知规律，结合“木、火、土、金、水”五行中“土居中央”的特性和五行顺次相生的规律，取“土能生金”的寓意，把几条彼此相连的商业街规划成了“土”字的形状，期盼着平遥古城财源滚滚、茂盛达三江。至于说到“干”字，似乎有些牵强。因为现在使用的“干”字是从古代汉字里的“幹”简化而来，古代并无简化字一说，自然“干”字形商业街的说法也就不足为凭，只不过是现在的一种肤浅诠释，乃至以讹传讹。两种解读看似一字之差，实则有着质的区别。“干”字描绘的是商业街的布局形态，而“土”字却蕴含着古城商业街在谋划布局时的深厚历史文化。

其实，建筑本身就是一种文化，规划同样贯穿着文化的意蕴。尤其在中国古代，几乎所有的建筑和规划都不仅仅体现在功能的需要上，它们的内容和形式还会被人性化，赋予这样或那样的隐喻，打上传统文化的烙印，表现出中国人一脉相传的审美观和不同历史时期的价值观。对于世俗社会来说，一座城、一条街、一处建筑的文化价值往往比使用功能更为重要。从平遥古城商业街规划建设所反映出的建筑文化现象，便可以感悟到中国传统文化的特质。

南大街是平遥古城的中轴线，也是平遥古城商业街的精华所在。东大街、西大街与鹦鹉巷交会处的大十字是这条街的北起点，南端延伸到南门瓮

商业店铺林立的南大街

屹立在南大街的市楼

城，正对着迎薰门（南门），总长738米。在这条街上聚集了上百家古香古色的商家店铺。大到金融票号、钱庄等，小到关系庶民百姓柴米油盐居家生活的粮店、油铺、肉铺等，不一而足，可谓百工百匠、百行百业，应有尽有。平遥在明清时期形成一大批百年以上的老字号店铺，诸如协同庆、永隆号、云锦成、天元奎、百川通等，大多开在南大街上。从清道光年间开始，22家全国票号总部曾聚集平遥，开设在这条繁华的南大街上，一时间平遥古城成为主宰我国金融汇兑业务的中心。

走进南大街，满眼都是百年老店，店铺列肆，横匾连楹。古城醒目的标志性建筑金井市楼跨街而建，如同鹤立鸡群一般高高耸立，打破了南大街平缓的屋顶轮廓线，与鳞次栉比的商业店铺相映生辉。倘若在摩肩接踵的人群中穿行，顿时会被彩画、木雕装饰出的铺面所吸引。铺面前五花八门的幌子竞相媲美，招徕着南来北往的顾客。这里的幌子制作也别有情趣。原本只需按照各行业的约定俗成，根据经营的商品种类和内容设计成各种样式的幌子，悬挂在作坊和店铺前，让它们在晃动中吸引顾客视线，使顾客无须进入店铺，便对商品特色一目了然。然而明清时期的平遥古城在南大街悬挂出的幌子却不单单是写着商品与经营内容的文字幌，而是以实物、模型或图画作为招徕标识的形象幌，融合了民俗文化与民间工艺，极富诱惑力和感染力。

与南大街相交的东大街和西大街在布局形式上宛如“土”字下面的一横。这两条街东起下东门（亲翰门），西到下西门（凤仪门），宽度均为5米，长度分别为571米和861米，是古城东西方向的主要通衢，也是往来京城的通天大道。

这两条大街的两旁连绵不断地排列着各种商铺、作坊，而在铺面布局上又各有侧重。东大街集中了粮、油、面粉、肉类、果菜、布匹、棉织等商铺。而西大街则多半是客栈，货栈，饭店，前店后宅或前店后厂式的点食、油面、

南大街老式店铺

原汁原味的明清商业铺面

平遥古城早市

光彩耀眼的绣花枕头

笼床、铁器、药材等商铺。靠近大“十”字不足200米的地段建有多家票号，不仅有中国最早的票号日升昌，还有随之兴起的日新中、蔚丰厚、宝丰隆票号和厚德亨、蔚丰厚钱庄。在人们的心目中，西大街无疑是孕育平遥票号的摇篮。正是这条看似不起眼的普通老街，创造了中国金融业的辉煌。早在100多年前，平遥东大街和西大街车水马龙的景象和繁荣的商业贸易，已呈现出外向型经济的特征。它的商业贸易辐射范围大大超越了这座小城的境域，覆盖了晋中，影响了大半个中国，并且最终走出了国门。

平遥古城的城隍街与衙门街组成了“土”字形商业街上面的

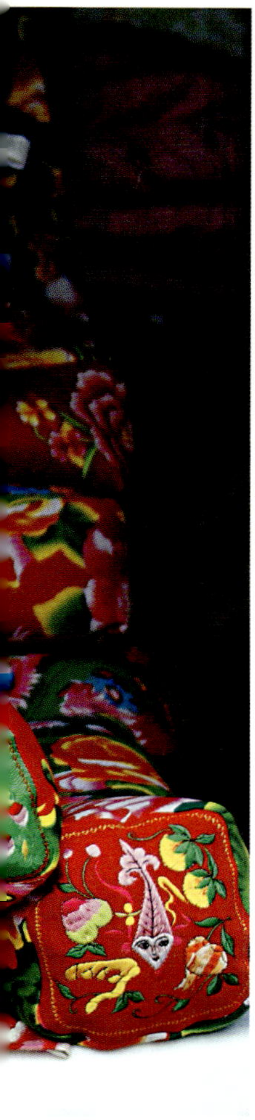

明清商业街商品琳琅满目

俯拾皆是的古玩地摊

一横。与东、西大街相比，它虽然也有5.2米的宽度，同样遍布着大大小小的店铺作坊，但是面向的客户主要是居住在古城内外的百姓，为他们提供着居家生活日常用品。因为城隍街的南北两侧建有文庙与城隍庙，而且紧邻着上东门，出入古城十分便利，所以城隍街自然成了民间举行庙会的最佳场所。

庙会是中国特有的民俗文化。明清时期开庙设市，在岁时节日或者规定日期于庙的内外进行集市贸易相当普遍。人们总是将商品交易、文化娱乐和宗教祭祀融为一体，把逛庙会当成祭祀神灵、自娱自乐和人际交流的最好机会。各地最繁盛的庙会就在城隍庙。每逢此时，络绎不绝的香客就会赶赴庙场烧香敬神，百姓人家也会同时汇入逛庙赶集的人流，在包罗万象的百货中挑选自己满意的商品，同时可以随处观看民间艺人演绎的戏曲歌舞和各种杂耍。于是凡有庙会的地方，必定是“百货云集，百戏杂陈”。平遥县城坐落在交通要冲和商品集散中心，到平遥赶庙会的商人无所不有。平遥的城隍庙规模比一般的县城隍庙大，里面还专门建有酬神献艺、与神共舞的戏楼，西北角建着一座供奉赵公元帅的财神庙。与城隍庙一街之隔的斜对面就是县文庙、学堂和书院。开庙时分，峨冠博带的豪门士绅、方巾长袍的儒雅学子、罗衫钗裙的深宅女眷都会聚于此。如今在这里我们仍旧可以想象当年城隍庙会人声鼎沸、热闹非凡的景象。

“长昇源”老字号黄酒作坊

百川通铺面

古玩货摊

古城布鞋工艺名扬海内外

衙门街的商贸业态少了许多喧闹。因为毗邻官府，所以行医、代写诉状契约和相面、测字、打卦的铺面地摊比比皆是。其他商家店铺及手工作坊经营的商货也大多属于针剪锁篦之类的日杂用品。清末民初，受近代工业和西洋文化影响，衙门街上还出现了洋铁铺、玻璃铺、钟表店、照相馆、镶牙馆，成为古城追逐时尚的标识。

浓郁乡情的各色花布

我国明清时期以祁县、太谷、平遥为代表的晋商之旅崛起，驰骋大江南北，成了各地商界的主体，在商界占有垄断地位，甚至一度把握了朝野的经济命脉。据史料记载，清咸丰三年（1853），为了筹措军饷，朝廷采取让各商号捐输助饷的办法，根据商号捐输银两的多少，酌情给予官职虚衔。在清宫档案里可以查知：天津长芦盐商中有晋商103家；奉天巨贾中有晋商130家；京城茶庄中有晋商17家；当铺中有晋商108 家；268家账局中就有晋商210家。而瑷珲、张家口、归化、包头等地的市场，则全部控制在晋商的手里。同治到光绪年间，山西票号实际上已经成为清朝政府的“中央银行”。生性精明的平遥人一批又一批走出家门，行商全国。

各式老字号和商铺幌子

他们勤奋创业，聚财故里，就连榆次、太谷、祁县、介休的商家也到平遥投资办店，于是成就了平遥古城具有相当规模和建筑艺术价值的商业街。

平遥古城的商业建筑是在传统四合院式民居的基础上演化而来。民居院落有一进院、二进院、三进院和偏正套院等多种形式，院落的大门面街而设。沿街铺面建筑由原来四合院的倒座房改成面向街道的穿堂楼，均为二层三开间，底层门面开敞，明间作为进入商铺和庭院的信道。入口处安装两扇平开实榻门，两旁的次间陈列商品柜台。由于建筑内部进深不同，屋脊高度一般在七米至八米，错落有致。一色的硬山屋顶，上面铺着深灰筒瓦，层层叠叠的瓦片、起伏的屋脊和凹凸变化的屋面排列在一起，跳跃着向远处的天际伸展过去，构成了节奏感极强的韵律。

当时的商业铺面要比街道路面高出许多，顾客进入商店购物，需要踏上四级至五级青石台阶。商业街一概用青石板铺就路面，街道宽度与建筑高度恰如其分，和路人之间形成了轻松、亲和的尺度。从鳞次栉比的沿街建筑、装修考究的商业铺面到古老街道的细部铺装，伴随着时而传来的叫卖声和洋车的叮当声，人们感到无以名状的惬意和舒心。

商铺彩画比比皆是

精美的商铺彩画

商业街的店铺酒肆比肩而立。铺面之间的山墙墀头镶嵌着福禄寿和四时如意的砖石雕饰纹样，刻画细致，栩栩如生，给商业气息浓重的店铺增添了文化意韵。商店的外墙铺面大都采用拼装方便的黑漆木制门板，也有一些铺面采用槛墙和槛窗的做法。店铺建筑虽是两层，但上层实际只存放杂物，临街铺面上层并不开窗，在底层的槛窗及以上全部做成槅扇横披，外观看上去只有一层。这样做显然是为了提升沿街建筑的高度，强化铺面商业化宣传的效果。两侧山墙采用砖雕、木雕装饰。在铺面的槅扇横披上面和外檐檩、枋、梁、柱头部分，采用了晋中地区传统的金青上五彩画技法，以蓝、青、金三色为主绘出各种汉纹锦图案，包括花鸟、瑞兽、山水、楼阁、软草、夔纹、福寿和人物故事等。门额高悬黑漆金字牌匾，外檐悬挂式样各异的幌子、灯笼，以及寓意吉祥的楹联，色彩缤纷，琳琅满目。铺面装饰艺术淋漓尽致地表现了晋中浓郁的地方文化特色，展示出华贵富丽的风格，根植在这方乡土的精美建筑装饰给予古城明清繁华市井生活氛围最好的烘托。

## 二

# 守望古城老街兴衰的金井市楼

岁月不居，时节如流。平遥古城延续数百年的“土”字形商业街曾像一个取之不尽、用之不竭的聚宝盆，财源滚滚，长盛不衰，也曾因时世沧桑巨变萧条冷落了半个多世纪。而目睹老街兴衰的“历史长者”便是雄踞在古城中心的金井市楼。

金井市楼是对相依凿建于南大街同一处的“金井”与“市楼”的并称。在清代康熙年间和光绪年间纂修的《平遥县志》里，金井市楼又叫作金井楼和市楼金井。

然而，这里所谓的金井并非寻常居家生活的饮水之源，在建城选址盛行风水堪舆的中国古代，这座金井很可能就是平遥古城卜地点穴的中心探井所在。虽然《平遥县志》对金井的由来没有详尽记载，但是显而易见这座金井与风水堪舆有关。古代建城也要对城池的方位进行规划选址，那时依据的是从占卜发展而来的风水学，通过堪舆的方法处理城池和山、水、地形的关系，从而使古城获得良好的建筑生

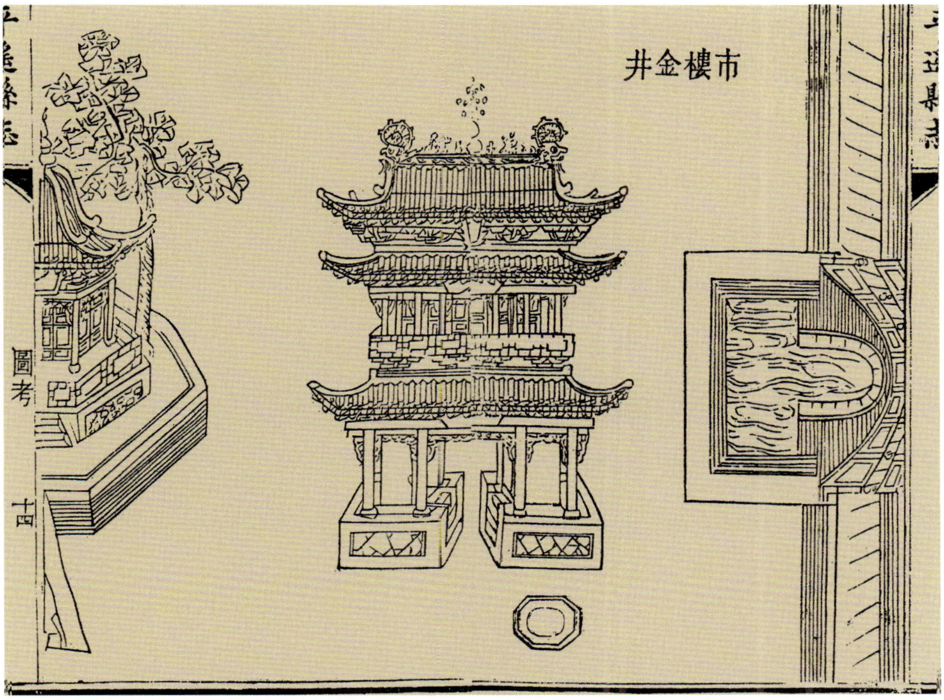


清光绪八年（1882）市楼金井图

态和工程地质条件，与周围的自然环境和谐共生。按照风水学的说法，蕴藏山水之气的地方称为穴，穴能聚气藏风，所谓“山水相交，阴阳融凝”，属于吉祥之处和风水宝地。在堪舆时寻找理想中的区穴，进而对古城选址定位被称作“点穴”。“点穴”是要在区穴中央挖掘一个探井，用于勘验地质条件，确定规划设计和建筑施工的基准控制点。这口探井便是风水学上吉祥地的穴中。穴中关系着这座城的命脉，对古城的兴衰起着至关重要的作用，于是，穴中的探井也就成了人们心目中的金井，被奉若至高无上的神灵。因为平遥古城的金井位于这座方城东西、南北两轴相交的几何中心，地处至尊，所以更具上承天意的象征，以至连官修《平遥县志》也不加勘察考证，竟煞有介事地写道：“市楼金井在县中，楼高百尺，井内水色如金。”由此又附会出了井内藏有金马驹的传说，给这座金井罩上了扑朔迷离的神奇色彩，使平遥古城超凡脱俗，身价显得尤其尊贵。

至于金井之内到底是否“水色如金”，这座金井是否就是平遥古城避凶趋吉的风水宝地，其实并不重要。金井存在的真正价值在于典型地反映了中国古代营城所特有的古代哲学观、生态环境观。

从建造平遥古城的时序看，显然是探凿金井在先，营建市楼在后。将标志市肆管理的市楼与金井建在一起，恰好对应了《史记》注中关于“古未有井，若朝聚井汲，便将货物于井边买卖，曰市井”的解释，似乎市井便是围聚在汲水井边的商品交易。其实不然，应当说“市”作为最早的交易场所，与西周时期出现的井田制密切相关。井田制将土地按照“井”字形划分成九块，因为中间的一块是公田，其余八块

市楼屋顶脊兽

市楼繁花似锦

市楼南向“金井古迹”横额

私田绕其周边，所以唯有“井口”四周的道路通达便捷，最适于居民聚散、沟通交易和互通有无。《管子》中说：“立市必四方，若造井之制，故曰市井。”可见“因井设市”指的是因交通便利而设立集市。因而将市肆设在四通八达的街巷，也就更合乎市井的由来。然而无论怎么说，平遥古城的营城者特意在金井旁边建市楼，横跨南大街北端街心，形成金井市楼和市楼金井的邑之胜景，的确可见一番匠心。市楼与金井二者相得益彰，相辅相成。市楼因金井而熠熠生辉，为古城长盛不衰的商业街市平添了神秘的古韵；金井因市楼而玄妙横生，为古城的滚滚财源做出了最好的诠释。难怪在市楼面南的通柱上悬挂了这样一副寓意深远的楹联：上联书写“朝晨午夕街三市”，下联写着“贺凤桥台井上楼”，横批是“金井古迹”。从这副楹联可以想象出明清时期平遥古城商贾辐辏的市井繁华景象。

南大街老式店铺

中国的市楼原本是负责管理市场的建筑，历史相当久远。它的形象很早就出现在汉代画像砖、画像石和壁画中。在以礼序作为规范的中国古代城市，官署一般都要建造市楼，派有市官在此听治，负责维持市场秩序和收缴交易税。每逢开市的

新辟镖局博物馆

时候则升旗于楼亭上，作为开市的标识。市楼通常建在古城街市的中央，市官居高临下，对街市交易一目了然。市楼属于楼阁式建筑，造型挺拔耸立，华美壮观，在古城大片灰砖黛瓦色调和平缓舒展的建筑轮廓烘托下，显得格外抢眼。故而市楼除了具有管理市场的建筑职能以外，往往还兼具鉴赏人文景观的功能。

如今平遥古城的金井市楼垂垂老矣，始建于哪个年代，已无从考证。能够查阅到关于金井楼的最早文献记载，是清代康熙年间纂修的《平遥县志》。据《平遥县志》记载：“金井楼不知始自何年，在县中街，下有井，水色如金，故名。”现存的金井

狭窄的楼梯

市楼壁画《桃园三结义》

二层平座两套环柱框架

市楼“忠至义尽”匾额

市楼系康熙二十七年（1688）重修，历时6个月，花费大量白银，用工2000多人，重修后，更加壮观。后来又在乾隆、嘉庆、同治、光绪、宣统各朝进行了修葺润色，其梁架结构、用料尺度与建筑装饰完全规范化、程序化，展现出了清代木构建筑的艺术风格，进一步凸现了市楼人文观赏的价值。据光绪年间重新纂修的《平遥县志》记载，这时的金井市楼已被列为平遥邑景，被誉为平遥城内八景之一。

这座市楼位于南大街的街心，是一座二层三重檐的歇山顶建筑。在它的底层，四角立有通柱支撑，凌空托举楼阁。楼阁以下就是贯通平遥古城南北的商业街，成为名副其实的过街楼，造型华美秀丽，气势高耸挺拔，守望着平遥古城老街的繁盛与辉煌。

平遥古城的市楼是我国清代楼阁建筑艺术的传世佳作。市楼高18.5米，建筑平面近似正方形，楼阁面阔和进深各三间。在底层的四角通柱外以砖墙包砌，南北贯通，东西两边砖砌台基，台基上各设一道券门，还有直通上下楼的木制楼梯。市楼当街而立，因受南大街尺度限制，楼阁内部空间较小，因此所有的立柱都采用比例修长的檐柱，而不用柱身粗短的金柱。这样一来，使得市楼既适用，又轻盈俏丽。在建造金井市楼时，采取内外两环柱的柱网结构，内环柱间与外环柱间分别用梁枋和斗拱纵横相连，组成内外两套框架。然后用梁枋将两套框架联结成一个牢固的整体，大大增强了市楼的稳定性。从平遥市楼采用的独特柱网结构可以看出，中国清代匠人的睿智才思与高超技艺。

市楼的全部构架是按水平方向分层制作安装的。二层楼阁在底层通柱与梁枋、斗拱上铺作，外檐装修围以菱形花纹样的隔扇窗，前后檐的明间设木质隔扇门。阁内中央置三尊神龛：南向供奉着被民间视为忠义财神的关圣大帝，北向奉祀着大慈大悲的观世音菩

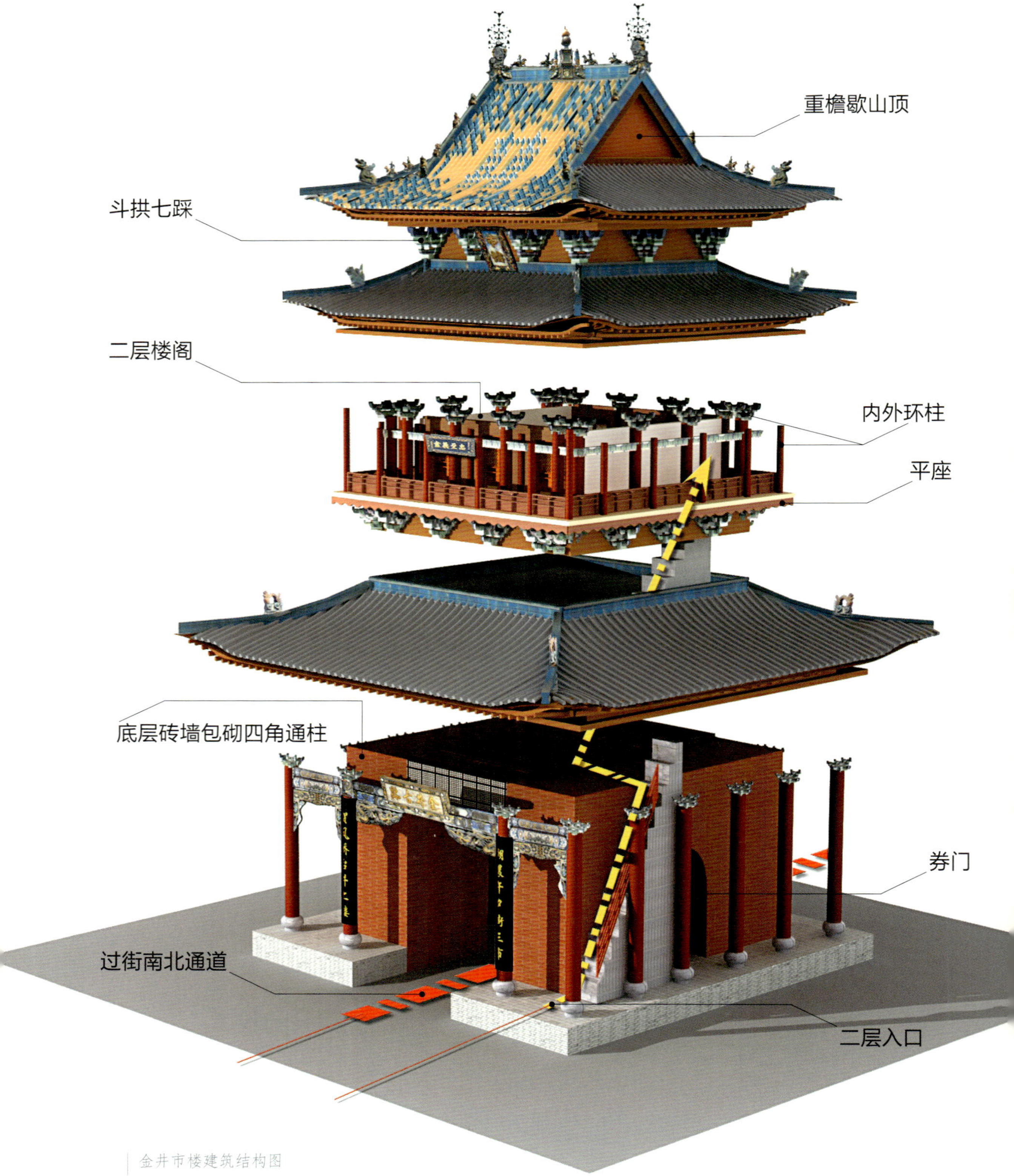


金井市楼建筑结构图

萨，西北角的琉璃龛内面东尚有魁星真君塑像。东西两壁彩绘着以《三国演义》故事为题材的连环壁画，生动传神。市楼阁顶施天花藻井，上层檐下斗拱七踩，平身科三攒，皆出翘，角科诸拱排比，体现了清代特有的营造手法。

楼阁的室外，在通柱顶部挑出的腰檐上设置平座，将室内空间向外拓展延伸，追求内外空间开敞通透的效果。沿平座边沿施以勾栏，便于凭栏远眺，不仅广开视野，将古城风情景物尽收眼底，而且凌空驻足平座，恰似登临天上宫阙，浴乎天地之间，令人情不自禁融入自然，畅抒胸怀，仿佛进入了天人合一的境界。无怪乎古人赞叹金井市楼乃“一邑之胜”，以至清代骚人逸士慕名而来，登楼远望，寄兴游览，不禁感慨：“纵目揽山秀于东南，挹清流于西北，仰视烟云之变幻，俯临城市之繁华。”

市楼建筑做工极为精细。它的内外檐与梁、枋等处雕梁画栋，或装饰木雕，或绘制彩画，以花卉、鸟兽、人物、器物以及字体等形象组合成各种吉祥图案，寄托平遥人憧憬福、禄、寿、喜，企盼岁岁平安的美好心愿。在五彩缤纷的建筑装饰中，最引人注目的经典之作莫过于市楼上蓝黄相间的琉璃瓦屋顶。琉璃在中国古代属于高档尊贵的建筑材料，用琉璃制品作为建筑装饰历来有严格的规定，一般只用在皇宫、陵寝、达官府第、寺观庙宇和皇家园林建筑，在奢华装饰的光环下区隔着森严的建筑等级。平遥是我国明代重要的琉璃产地之一，到了清代，琉璃饰物用于公共建筑已经相当广泛。然而用琉璃装饰在屋顶上组成字的图案，却相当罕见。而平遥金井市楼的屋顶，一条正脊与八条垂脊均以蓝色琉璃贴面，外檐四周以黄色琉璃瓦镶边，屋脊两端与正中装饰有鸱吻、宝瓶，垂脊上还饰有神兽和骑凤仙人，朝南的屋面在黄色琉璃瓦拼成的菱形图案上，用对比色强烈的蓝琉璃瓦镶嵌出偌大一个“囍”字，而朝北的屋面同样用蓝、黄琉璃镶嵌出了一个醒目的“”字图案。于是这座金井市楼金碧辉煌的屋顶便有了南喜北寿的祈福之说。

市楼屋顶南喜北寿琉璃装饰

蓝天丽日下，倘若驻足南大街昂首仰望，只见高耸蓝天的金井市楼在竞相媲美的商家店铺簇拥下，宛如众星捧月一般，随着飘逸变化的浮云，金光灿灿，升腾而上，景象蔚为壮观。

诚然，时代变迁，社会进步，使得金井市楼失去了昔日市场管理的职能，变为一座颇具景观特色的地标性楼阁，凝聚着平遥古城的光华。它与古城墙一起成为平遥古城最具代表性的象征。人们想到平遥，便会想到市楼；想到市楼，便自然而然地想起了平遥古城。

如今这座市楼还保存着11通清代碑碣，字里行间铭刻着金井市楼守望老街的历史记忆。楼阁内也还完好无损地存放着28橱“纱阁戏人”，保留着平遥民间早已失传了的绝技。金井市楼就像是一位最具权威的历史老者，牢牢聚合着平遥人的意愿、平遥人的心。每逢传统佳节，平遥古城内外的高跷、背棍、舞龙、耍狮、旱船、花灯等表演队伍便会潮

水般地涌向南大街，汇聚在这位老者的身边，万民欢腾，倾城同庆，场景热闹非凡。

当你徜徉在繁花似锦的南大街时，你会发现金井依然是平遥的吉祥地，市楼依然是老街昔日繁华的见证。所不同的是，金井市楼将要守望的是平遥古城更加灿烂美好的未来。

# 第八章

# 平遥票号开启中国金融汇兑史

说起世界金融史，人们必然会想到位于美国纽约的华尔街。17世纪中叶至19世纪末，荷兰裔移民把创立阿姆斯特丹银行的完整金融体系带到这块北美新大陆殖民地，后易手英国人。美国独立战争胜利后，华尔街逐渐发展成为全球主要金融中心之一，从此华尔街成为世界近代垄断资本和投资高度集中的象征。

然而世界上最早的银行并不在荷兰的阿姆斯特丹，而是1580年创立的威尼斯银行。倘若追溯银行更早的起源，从公元前20世纪的巴比伦、公元前5世纪的希腊，到公元前4世纪的雅典和公元前2世纪的罗马帝国，都可以寻觅到原始银行的雏形。

近代银行之所以缘起中世纪的欧洲，是因为文艺复兴运动的影响和新航路的开辟，推动了西欧封建解体，开始向原始资本积累的近代资本主义过渡。拥有重要港口和商业贸易市场的威尼斯和热那亚率先进入商业时代，异地交易和国际贸易的进一步发展催生了货币兑换、保管、收付、结算、汇兑等业务，一种新型的货币经营业就此在海洋文明的国家先期诞生。

其实，中国在世界金融史上同样占有不可或缺的一席之地。中国属于大河文明的国度，公元前10世纪的西周时期，早于西欧出现了赊贷业务，到春秋战国时的东周，借贷行为相当普遍。7世纪初至13世纪末，唐宋兴起汇兑业务，北宋时资本主义萌芽初现中华大地，从张择端绘制的《清明上河图》长卷即可窥其一斑。宋代虽然屡遭辽金侵袭，但是社会经济依然有长足发展，享国长达300年，是中国古代一姓承袭皇位年代最久远的封建王朝。可惜亡于马背上的蒙古游牧民族，资本主义萌芽随之夭折。16世纪的明代后期，也就是威尼斯、热那亚进入商业时代的同期，随着商品经济繁荣以及雇主与雇工产生雇佣生产关系，资本主义萌芽再度出现在中国，不料又一个马背上的游牧民族入主中原。1644年，正当近代英国掀起工业革命，促进资本主义迅速发展之际，清军杀入山海关，建立清王朝，大开历史倒车，加强封建统治，采取支持大地主兼并土地的政策。中国地处东亚大陆，西有天然屏障青藏高原和喜马拉雅山脉，东有浩瀚太平洋，在交通和信息传递还比较原始的年代，中国就是一个独立封闭的地理单元。加之明清时期，强大的奥斯曼帝国横亘在中亚，控制着亚洲和欧洲之间的通道，阻隔了东西方经济文化交流。清王朝又实施一些政策，遏制与经济发达、文化繁荣的欧洲各国友好交往，最终导致中国资本主义萌芽泯灭!

虽然如此，明代崛起的晋商和徽商，不像海洋文明国家的商旅那样，凭借航海便利以及海洋贸易营利，而是以宽广的胸襟，靠着吃苦耐劳、坚韧不拔的晋商精神与徽商精神，走南闯北行商天下，经过数百年顽强打拼，买卖越做越大，渐渐走上了兴旺鼎盛的规模发展之路，大江南北遍布分庄商号。在交通极不发达的条件下，沿袭传统方式，雇佣镖局长途押运银两进行资金周转，不仅费时费力冒有风险，而且制约大宗生意发展。同时银两成色不同，银两铜钱比值差异，也使得货币兑换极为不便。这样一来，改进商业贸易模式，用中国人自己的智慧，去开创适合本土的远程金融汇兑，已势在必行。

# 一

# 平遥人改写镖局押运银两史

在平遥古城申报世界文化遗产之前，几乎很少有人知道这座小城曾是中国金融业的摇篮。全国最早创立的金融票号日升昌就诞生在这里，将近半数的票号总部一度汇聚平遥古城，而分支机构遍布国内外。平遥票号掌控着中国金融界，对中国金融业产生的影响长达一百多年，为开创和发展中国金融事业作出过巨大的贡献。

现如今，只要人们说起中国金融汇兑业务的发端，就必然会想到蜚声中外的平遥票号，想到平遥票号的鼻祖日升昌和它的创始人雷履泰。

按说在日升昌票号创设的年代，还没有金融汇兑的说法。“金融”一词在中国出现得很晚，直到光绪年间才由日本传入中国，沿用至今。不过人们还是习惯把发端自清代的汇兑业务与近代兴起的资金融通联系起来，以示和古代信用汇兑的区别。

寻觅中国金融业发展的轨迹，商业信用的问世应不迟于西汉，

中国最早的金融票号——日升昌

到了唐代已经开始有了汇兑。唐宪宗时在京师产生的“飞钱”其实就是汇兑业务的雏形。宋代不仅延续了唐代的“飞钱”形式，宋开宝三年（970）官府还在都城汴梁设立了官营的汇兑机构“便钱务”，改用“便换”方式为客户行商办理异地汇款。明代末期随着商品经济的发展，货币流通的数量日增，流通速度的日趋频繁，大额现金转运在客观上已经无法适应贸易迅速发展的需求，于是以票据清算代替现金清算的汇票开始出现，从而为长途大宗贸易提供了方便。这种汇票的流通使用一直持续到清初。据清《皇朝经世文编》卷52《钱币》记载：清初许多商人往京师转运大宗物资，因为路途遥远，搬运不便，出于安全和便捷的考虑，纷纷“委钱与京师富商之家，取票至京师取值”，并且把这种办法谓之汇票。由此可见，明清时期的汇票，都具有商业信用汇兑的性质。直到平遥票号的创办，才使信用汇兑业务产生了质的飞跃，在中国金融史上开拓了金融汇兑的新局面。

这是一处再普通不过的三开间铺面，坐落在平遥古城西大街路南，黑漆实木门板和柜台已经褪色。在平遥古城数以百计的商家店铺中，它显得格外平实，绝无奢华，普通得让人无论如何也想象不出180多年前在这里曾经发生怎样的惊人之事。这家商铺的字号叫“日升昌”，最初由西裕成颜料铺演化而来，随着票号的崛起和字号的

日升昌票号庭院内景

变迁，引发了中国金融业的巨变。这一年是清道光三年，也就是公元1823年。

在此之前，康熙、雍正、乾隆历朝采取了一系列巩固统治、稳定社会和振兴经济的重大措施，进一步加强了中央集权，促进了农业与手工业的发展，商品货币经济空前活跃，不仅出现了大商号和拥有众多资产的大商人，而且商业发达的城市如雨后春笋般相继脱颖而出，北有北京、天津、济南和太原，南有江宁、苏州、杭州、镇江、扬州、无锡和广州，逐步形成了全国的大市场。外贸也比清初有了较大发展。财政收入快速增长，经济发展到了清代最辉煌鼎盛的时期。这一时期商品经济的发展对商品在更大范围的流通和货币金融提出了新的要求，也为汇兑专业化创造了条件。这时从明代中叶开始兴起的晋商已是足迹遍天下，达到了“富可敌国”的程度。晋商资本的发展，不仅聚集了大量的货币，让白银源源不断地

流回家乡，而且带动了山西手工业的发展，促进了全国物资的流通，加快了中国自然经济解体和商品经济发展的进程，同时也为创办金融汇兑业务奠定了雄厚基础。明末清初时的晋商以祁（祁县）、太（太谷）、平（平遥）的商帮为代表。康熙、雍正、乾隆、嘉庆年间，设在平遥古城的典当、账局、钱庄、银楼等已经初具规模。据嘉庆十八年（1813）重修市楼碑记载，当时平遥的700多家商号里，就有25家信用汇兑字号。在平遥，商业和金融并重的行业优势，为票号在平遥首创提供了可能。于是，中国第一家专事金融汇兑业务的日升昌票号便

日升昌票号过厅匾额

票号账房汇兑银两场景

应运而生。

日升昌票号的前身是西裕成颜料铺，由平遥县西达蒲村李家在城内西大街开设。元代李氏祖上由陕西迁至平遥落户，清雍正年间开始从事颜料铺经营，跻身于平遥的颜料业。那时平遥庞大的颜料商帮几乎垄断了北京、天津的颜料市场。西裕成颜料铺也随之在北京、天津开设了分店，生意越做越红火。财东李大全慧眼识英才，聘请天资聪慧而又善于经营运筹的雷履泰担任大掌柜，很快积累了大量商业资本，使西裕成颜料铺在竞争激烈的颜料行里成为规模最大、实力最雄厚的商号，李大全也因此成了平遥、北京、天津、汉口一带声名显赫的大财东。

正是由于雷履泰的鼎力相助和苦心经营，才成就了西裕成的兴隆，成就了李大全的一世功名。也是由于雷履泰在瞬息万变的商海中敏锐地抓住了机遇，才创下了开启中国金融汇兑的伟业。

嘉庆年间，在西裕成的颜料生意如日中天时，全国数省接连爆发了武装起义，加之灾荒不断，农业连年歉收，社会动荡不安，官饷、镖银时常被抢，给众多商家异地运送银两带来了极大不便。于是有商家求助雷履泰，宁愿付一点汇费，把从北京捎往平遥的银两交到西裕成北京分号，再凭借雷履泰开具的汇票去平遥西裕成总

日升昌开办初期的汇票

号提钱，两得其利。西裕成也顺理成章地在各联号之间采用了以汇票代替镖局长途押运银两进行异地远程汇兑的办法。在资金一往一来产生的商业利润中，雷履泰这个富有商业头脑的平遥商人，很快洞察到了商机，意识到这种全新的资金流通方式所蕴含的潜在生命力，发现了呼之欲出的金融汇兑市场。

因此在雷履泰的建议下，李大全出资大量白银，将西裕成颜料铺改为日升昌票号，取旭日东升、财源昌盛的寓意。道光三年（1823）农历正月初一这天，张灯结彩，爆竹齐鸣，在热热闹闹的喜庆恭贺声中，西裕成铺面的门额上更换上了黑漆金字的“日昇昌”牌匾。从此，中国的汇兑业务彻底改变了货币流通方式，取代了通过镖局长途押送银两进行异地汇兑的旧制。

日升昌票号主要经营存款、放款、汇兑，其中最主要的是汇兑业务等业务。汇款人先将需要汇兑的银钱交付给票号上的柜台，由票号的伙计开具一张汇票，上面用楷书工工整整地写明汇入的银钱数额和汇款人的姓名、地址，以及收款人的姓名和地址，然后将汇票寄给汇入地的收款人。收款人便可凭此汇

日升昌门额

票到日升昌设在当地的票号兑换银钱。

日升昌票号从创立时起就实行了股份制、聘用制、所有权与经营权两权分离制、大掌柜负责制、银股与身股同股同酬分配制等，改革创新了一系列具有近现代企业管理性质的经营体制和管理机制。票号的股份分为银股与身股。“出资者为银股，出力者为身股”。票号由股份最多的财东李大全控股，并且由股东们组成董事会，所有的重大决策都必须在董事会上充分协商，一致通过。董事会的印章也被分成若干块，股东人手保存一块，只有全体股东达成一致意见，才能将各自手中局部的印鉴拼成一个完整无缺的印章，加盖在文书上面。在日升昌票号，股东拥有的所有权体现在两个方面，一是聘用大掌柜，二是合账分红。对于大掌柜的日常经营管理一般不予过问；而大掌柜则对票号全权负责，除了“扩充业务、赏罚同仁、处置红利”需要禀报财东裁定执行以外，票号内的人事与业务均由大掌柜一人定夺。日升昌票号始终把经营管理作为所有管理业务的核心，严格培训各管理层的经营人使其具备金融知识和诚信意识。票号掌柜特别注重资金的灵活调

日升昌票号过厅南立面

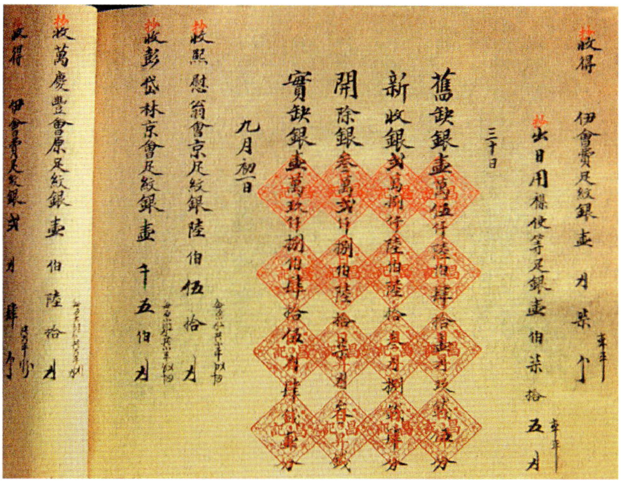

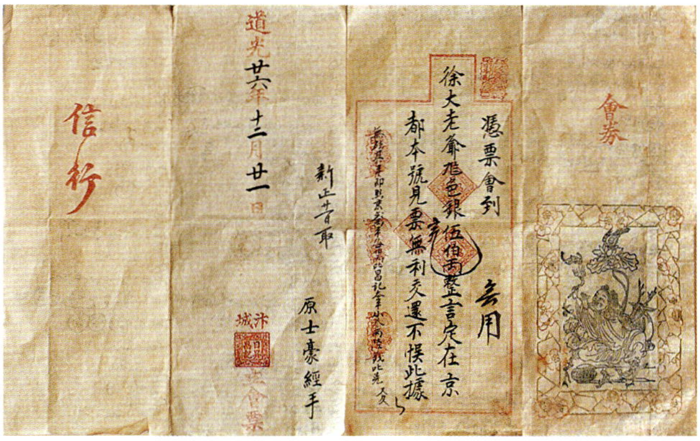



日升昌开办初期的汇票

度，提高资金的使用效益，而且视诚信为生命，秉持“诚信待客、信誉为本”的理念，广泛招徕生意，赢得了各地客商的高度信任。出于安全及保密的考虑，日升昌票号首创了汉字密押，用拟就的五言十句古诗代表暗语，字面读来意境幽深，朗朗上口，其实句子中的每个字都有特定含义，它们分别表示农历的年、月、日和银两单位的个、十、百、千、万。这些暗语写进汇票，在总号与分号之间只有大掌柜、分号掌柜和管账人心知肚明。而且每年都要不断更改五言诗的内容，确保不出差错。与此同时，还在汇票的四角独创了验票水印，面对光亮查看汇票时可见由四个角上的汉字水印所组成的“日昇昌記”。由于采取了安全保密措施，日升昌票号从1823年创立到1932年歇业，历经百年经营，金融汇兑业务从来没有发生过泄密或窃密事件。

在那个封建专制的年代，平遥票号就已经十分重视企业的财务、人事、信息管理，而且设置票号协理，把一年一度的“巡边”督察和日常监督管理有机结合起来，贯穿到票号业务的各个方面。直到今天，当我们仔细研读被称为中国金融业鼻祖的日升昌票号时，仍旧不得不为平遥儒商雷履泰的商业能力所折服，也不得不为一个世纪前日升昌所积累和创造的经营理念、企业制度、管理机制和管理经验所震撼！

日升昌票号卓有成效的经营管理模式推动了汇兑业务的长足发展，使它成为平遥商帮的领军者。它创造性地将汇兑业务从一般商业领域中剥离，并且借助资本雄厚、分号广布、信誉卓著等优势，迅速在全国许多城市建立起汇兑网络，开设分号367家，涉及城镇68个，重点分号大多分布在我国东部沿海城市和南方城市，它的汇兑业务甚至辐射到了国外，与英国汇丰银行、麦加利银行，美国花旗银行，德国德华银行，日本正金银行等来华金融机构也有密切的业务往来，成为所有平遥票号在国内外设立分号最多、业务量最大、盈利最高的商家，创下了一纸汇票“汇通天下”的奇迹。至今在日升昌票号过厅南向的门额上还悬挂着“丽日凝辉”的匾额，檐廊立柱上原封不动地保留着当年书写的一副楹联，漆黑的椴木瓦对篆刻着两行鎏金大字：

日丽中天万宝精华同耀彩

昇临福地八方辐辏独居奇

饶有趣味的是，这副藏头楹联的上联与下联分别巧妙地藏入了“日”“昇”二字，祝福日升昌如日中天，辉煌永昌。如今楹联虽已老旧，但却透着历史的厚重与沧桑，迎着巡天丽日抒怀，成为千古绝唱。

# 二、执牛耳平遥票号 一纸汇通天下

在中国的金融史上，日升昌票号出现之前，没有专营汇兑业务的金融机构。明代中叶，随着商品经济的发展，跨地域的长途贸易和通货流转日渐增多，而且通货贸易中大量使用贵重白银，为防止沿途翻山越岭遭遇抢财劫货，富商巨贾不得不花重金请武功高手携带刀枪保镖押运。到康雍年间武装押运的镖局应运而生。那时虽然国内早已有了钱庄和银号，但是不能满足远程金融汇兑需求，也没有安全保障。钱庄早期叫钱肆、钱铺，是由私人经营的金融商店。小的钱庄仅从事银钱货币兑换的业务，规模大的钱庄除了汇兑外，还办理存款、放款业务。它们主要分布在江苏、浙江、福建一带。在北方有的城市也出现了大大小小的钱庄。银号则是以熔铸碎杂银两为元宝、兑换银两，并兼有为商家保管银两的商业信用机构。在北京、天津、沈阳、济南、郑州等地也称“银号”。汉口、重庆、成都、徐州等城市常常将钱庄和银号名称并用。而平遥从康熙年间就已开设了钱庄、银楼，

传统的镖局长途押运银两场景

道光年间又创立了票号。票号与钱庄、银号同样是金融机构，它们的性质却有很大不同。票号的主要业务是汇兑，采用汇票方式完成现金周转，在国内外各大商埠开设分号，进行跨国、跨区域经营，以官款作为存款大宗，放款也只借给钱庄、官吏和有经济实力的商号，而且还发行纸币。钱庄、银号的主要业务是做贴现、兑换、保管、买卖银两、交换票据，并不发行纸币，业务范围也只限于在本地，不在外埠设立分店，存放款的对象是一般商家。因而钱庄和银号的商业利润与后来居上的票号相比，可谓望尘莫及。显然票号汇兑业务对于商家巨贾来说有着更大的诱惑力和驱动力。

日升昌票号的创举唤起了一批又一批精明过人的山西商贾。首先，在平遥的一些商业利润较高的商号、茶庄、钱庄、银号等竞相效仿西裕成颜料铺改弦易辙的经营方法，陆续改营票号。例如与日升昌仅一墙之隔的绸缎庄，索性改成平遥“蔚”字五联号专事金融汇兑业务的票号，迅速在这座古城崛起，相继成立蔚泰厚、蔚丰厚、蔚盛长、新泰厚、天成亨等票号。随之出现了日新中、协和信、协同庆、百川通、乾盛亨、谦吉升、其德昌、云丰泰、松盛长、祥和贞、义盛长、汇源涌、永泰庆、永泰裕、宝丰隆等票号，初步形成了山西票号的平遥帮。

之后晋商纷纷效仿，短时间内又出现多家专营货币业的票号，票号总部设在晋中的平遥、祁县、太谷三地，逐渐成了山西票号中的平、祁、太三大商帮，尤其在平遥古城南大街上最为集中。

票号具有明显的地域特征，多为山西人经营，又被称为“山西票号”和“晋商票号”。从清代五台人徐继畬留下的一份奏疏中也可知其一二。徐继畬曾官拜广东按察使、广西巡抚、福建巡抚之职，他在《松龛全集》的《潞盐刍议致王雁汀中丞》里写道，晋商“买卖在三江两湖者十居八九”。奏疏陈述的情形是在日升昌票号创立后的道光至咸丰年间，他还曾被平遥超山书院董事会特聘为书院山长，对家乡山西了如指掌。从明朝中期到清朝初年，晋商除经营盐、铁以外，还经营粮食、棉布、棉花、丝绸、茶叶、颜料、煤炭、木材、烟草等，到了徐继畬任职的年代，行业扩展迅速，经营种类愈加增多。而这些商家都离不开山西票号。山西票号甚至主宰着市场现银流通。这种现象一度引起朝廷恐慌。

就在道光八年（1828），素称“上有天堂、下有苏杭”的苏州城突然发生了物价飞涨的异常情况，使得苏州城一下子减少了大量白银的流通。江苏巡抚陶澍顿时紧张起来，坐卧不安。经过一番查访，他发现苏州城里的商家因涨价风波以致门可罗雀，唯独票号的生意却出奇地兴隆红火，细究其因，恍然大悟，遂奏请圣上：“苏城为百货聚集之区，银钱交易全藉商贾流通。向来山东、山西、河南、陕西等处，每年来苏办货，约可到银数百万

票号内的信房

两……自上年秋冬至今，各省商贾，俱系汇票往来，并无现钱运到。”这说明各地到苏州办货的北方商人已经悄然用金融汇票代替了现银交易，才导致市场物价飞涨。当时金融汇兑业务的发展方兴未艾。咸丰二年（1852），清政论家冯桂芬著《显志堂稿》卷十一中记载：“今山西钱贾……散布各省，会票出入，处处可通。”进而表明以平遥票号为主力的山西票号对各地经济发展产生了巨大影响。

这些票号总部集中在晋中的祁县、太谷、平遥一带，分号设在交通便利、商贸繁华的古城街镇，实现了“交银于此，取银于彼，从无空票”的金融信用。在诸多山西票号中，平遥票号帮成其掌门人，执天下之牛耳。那时候在京津地区，人们都习惯把山西票号称为“西号”。主导西号汇兑业务的就是平遥票号的东家和掌柜，经营活动的势力范围包括西部、西北及长江大部分地区。祁县票号帮则控制着平津和东北，而太谷票号帮控制广东等地。清咸丰十一年（1861）平遥票号进入蓬勃发展时期，分号总数增加到400多个，遍布全国77个城市和商埠重镇。光绪年间票号发展到极致，当时全国总共有51家票号总部，设在平遥古城的票号总部就达22家，占全国票号总数的43.14%，操控了全国的金融商业资本。清光绪二十六年（1900）八国联军攻进北京，慈禧太后和光绪皇帝仓皇逃离京城，一路西行途经太原时，湖南巡抚俞廉三也将筹集来的效忠银两交给日升昌、天成亨、百川通、新泰厚、蔚丰厚、蔚盛长、协同庆、乾成亨等平遥票号，限10日内汇到平遥县。中日甲午战争以后，清政府对日赔款也是由平遥票号日升昌、蔚泰厚、蔚盛长、百川通、协同庆等包揽一些省筹款的债款汇兑。义和团运动时期，清朝政府对山西票号的依赖更是有增无减，下令各省解京饷款一律电汇到设在平遥古城的山西票号总部。平遥票号一下子变成了清政府财政出纳的一个总代理机构。庚子赔款开始以后，它再次承担了清政府汇兑巨额赔款的业务。

光绪年间平遥票号发展到鼎盛，在总号之外，分号有近500家，分布在全国各地，以及日本东京、大阪、神户，朝鲜仁川，新加坡，俄罗斯的莫斯科等地。清光绪三十年（1904），仅平遥日升昌票号一家，已在北京、苏州、扬州、重庆、三原、开封、广州、汉口、常德、南昌、西安、长沙、成都、清江浦、济南、张家口、天津、河口等地建立了18个分号；清光绪三十二年（1906）以后，又在荆州、上海、杭州、湘潭、桂林等地设分号，使国内分号迅速增加到34个。平遥票号创造的财富及其流通的汇票所表现出的良好信誉和流通能力赢得了一纸汇票“汇通天下”的赞誉。

日升昌票号一纸汇通天下

如今人们在平遥古城申报世界文化遗产的过程中才真正发现了平遥，认识了平遥票号的历史地位和珍贵价值。于是也有人激情惊叹，把曾经是中国金融汇兑中心的平遥南大街比作象征金融帝国的美国华尔街。然而南大街毕竟与华尔街的命运不同。华尔街从350多年前“一块墓地和一条河流之间”长不足500米的小街成长为当代世界金融体系的中心，在美国资本市场发展的每一个阶段始终扮演着重要角色。而根植于封建制度上的平遥票号却在20世纪初华尔街刚刚成为世界金融中心的时候，随着清政府国家银行和地方钱局的竞相建立，以及来自外国银行对国内资本市场的不断冲击和强力打压，金融汇兑业务急转直下。即使这样，据《山西通史》《山西史纲》和清末民初平遥票号商李宏龄《山西票号成败记》所述，辛亥革命前的光绪二十九年（1903），北洋大臣袁世凯曾想在天津筹办直隶银号，还一再邀请山西票号参加，足以说明山西票号在袁世凯心目中举足轻重。然而由于票号掌门人的偏执消极，多次丧失顺势应变的良机，最终被淘汰出局。就在此时，日升昌开设在外埠的一些分号雇员竟纷纷弃店而逃，进而加速了日升昌陨落，使开创和引领中国金融汇兑走向辉煌的票号巨星化作历史尘埃，平遥南大街也就丧失了独占全国金融汇兑中心的地位。

# 三、中国最早的票号建筑日升昌

票号是在中国清代资本主义经济形成早期产生的一种专营银两汇兑业务的金融机构，曾经为商贸资金的融通发挥过重要作用。随之出现的票号建筑不仅对中国金融史具有特殊意义，而且在中国传统建筑研究中也有其不容忽视的一席之位。在诸多票号建筑中，最早的当属平遥古城西大街上的日升昌。

随着日升昌票号脱颖而出，原本传统的西裕成颜料铺在商业建筑的功能和细部结构上也相应发生了较大的改变。日升昌票号坐南朝北，占地面积1400平方米，拥有21栋建筑，建筑总面积1240平方米。正院沿着南北纵向轴线，由三进式穿堂楼院组合而成。东侧为两个狭长的南北小跨院。整座票号建筑院落用地非常紧凑，布局严谨，具有典型的晋中民居传统特色。票号虽说仍旧保留着四合院民居的特征，但是已经具有了金融汇兑建筑的使用性质。乍看上去，票号和当地民居的形式完全一样，从门庭、穿堂过厅到倒座都坐落在二进院的中轴线上，厢房东西对称布局。庭院纵长，并不像北京四合院那么方正。正院的前院集中设置柜房、信房、账房等营业用房，后院设办公和其他辅助用房。前后院之间的过厅同时也是正房，内设接待宾客的厅堂，票号大掌柜与二掌柜的办公用房。正院与南北跨院由垂花门、边门分隔连通。北跨院狭小，有雇员和佣人的居室、厨房、杂屋、厕所等辅助房。从建筑外观看，日升昌票号建筑似乎也没有什么特别之处，可是妙就妙在其中暗藏诸多玄机。

日升昌票号整个大院在南北两端各设一个出入口。主要出入口面临西大街，供客商洽谈和经营汇兑业务。临街是一栋面广五间、硬山顶两坡屋面的建筑，长度15.45米，高度7.8米，北立面看去只有一层，黑漆大门上面彩绘走马板，庄重而又工整。南立面实际分作上下两层，门洞以上架有半层阁楼，门庭居中，进深8米。从阁楼下穿过，“日昇昌记”鎏金匾额高悬于门额之上。院内地坪比西大街高出1米。为方便客商运送银两的车辆通行，在北门铺面砌筑三级石阶，南门建成券拱大门，上置垂花门罩。门洞内以砂岩石铺装成坡道，可直通后街郭家巷。

南门直通正院东侧的南跨院，供票号货运，马车可驶入院内。南跨院是封闭式的狭长信道，两侧墙高10.2米，墙上无窗。这样的高墙既可防火，又可防盗。信道正对着马厩。从南跨院必须经过洞门才能进入正院。进北跨院，也就是进院东侧狭小的跨院，须通过安装两道实木板门的小夹道，足见票号建筑建造设防之细微严密。

在日升昌票号所有的外墙中，只有临西大街的铺面为宽厚的木板门，其余都是高大厚实的砖石墙体，外观封闭，大院深深。与传统民居相比，其墙体厚度和高度大大超过民居建筑，同时也为一般商号墙体所不及。这说明日升昌票号建造时，不仅受中国传统观念的支配，而且更重要的是要使票号的建筑功能满足汇兑业务存储银两的特殊安全要求。

设在平遥古城的票号每个商号都拥有十几栋建筑。这些建筑功能分区明确，布局井然有序。有些票号也如同日升昌，在中轴线上建有过厅。过厅是票号建筑群中体量最大的屋宇，面广三间，尺度较大，外檐下设有一排柱廊。日升昌的过厅屋脊高度10.68米，檐高4.4米。内部空间分南北二厅，两厅隔断共享一个后墙，用楼板分上下两层。过厅内南北以屏风隔断两个空间。北为客厅之所，南为掌柜办公。南北门窗均采用窑洞式格扇，具有浓郁的晋

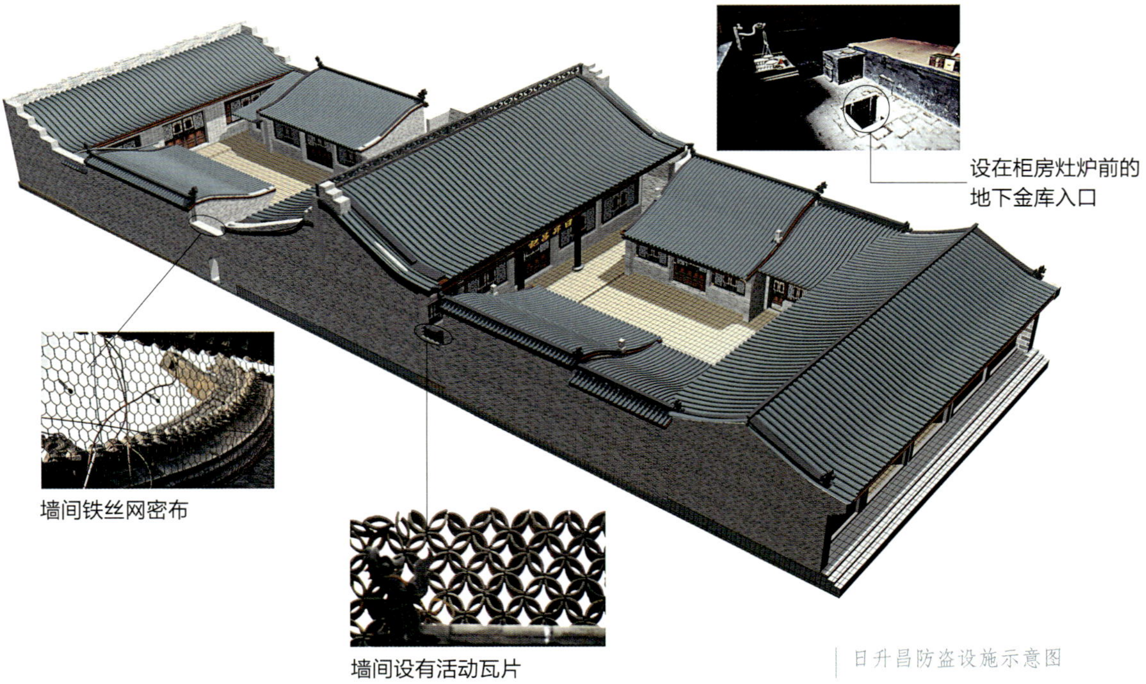


日升昌防盗设施示意图

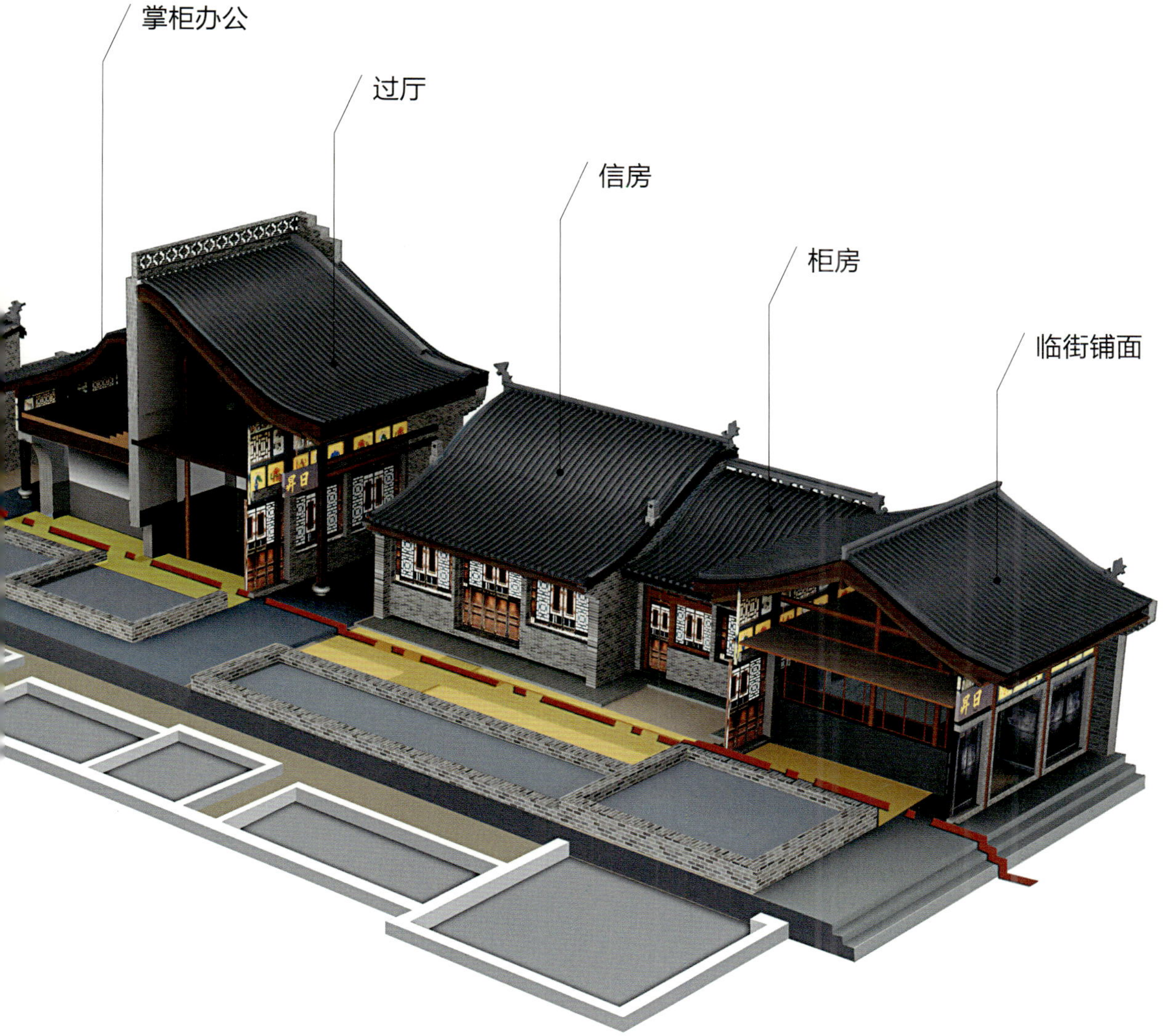


日升昌票号剖面示意图

中民居建筑风格。过厅起着承接汇兑业务和客房服务的作用。日升昌分号码头的雇员和镖头经常押送银两来平遥小住，外埠客商也时常派人来平遥联系业务，故此后院可接待外埠分号返回平遥总部经办业务的人员，也可是客商起居的客房、厨房与餐厅。整座院落内外有别，互不干扰。这座过厅在柱廊东侧山墙开门，与书房跨院连通，砖筑室外楼梯紧靠东厢房的山墙。

因为是金融票号，所以确保汇兑业务和银两储存的安全性是建筑的关键所在。票号建在繁华闹市，每天都有客户进进出出，又有数额可观的金银财宝拉出拉进。铁丝网、金库、暗道、密室对于票号来说自然必不可少，票号掌柜也会各出奇招。然而谁也不会料到，有些票号的暗道、密室和地下金库就在客户频繁出入的一进院，甚至在客户熟视无睹的柜房里。这样的构思恰恰是票号掌柜利用了常人习惯于恪守固有的思维定式，而有意采取逆向思维方式，令人出其不意。如日升昌票号用来随时收银、放银的地下金库便设在人来人往的柜房，金库的洞口居然暗藏在土炕前的脚踏板下。为了防止房门的门闩被刀拨撬，两扇平开厚木实榻门之间的掩缝做成“L”形的企口缝，闭合紧密，安全保险。协同庆票号利用室外地形的自然落差，采取错层接地方式，在沟坡上下建成两层建筑，将金库设在底层，通过砖砌楼梯暗道与二层柜房相连。暗道入口表面安装普通厢房门扇，造成平常居室的假象迷惑局外人。

可以这样说，票号建筑是特定历史阶段经济、社会和思想文化的产物，对于近代金融建筑的形成发挥过重要的承启作用。它的建筑创意和历史沿革留给人们太多的启示。

日升昌临西大街的铺面木板门

日升昌厨房

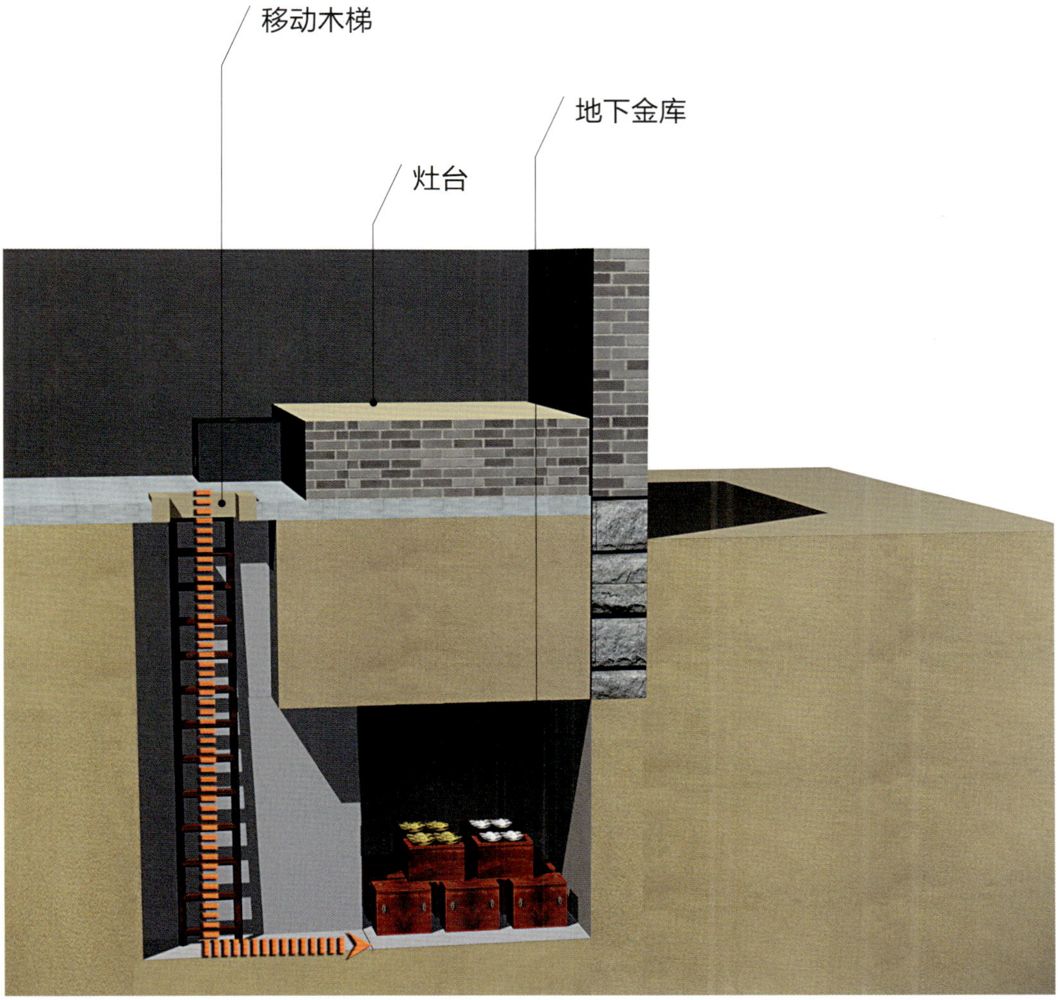


日升昌地下金库示意图

平遥票号的衰落或许是历史的必然，但它无疑是中国金融汇兑业的开拓者，在清代商业资本市场的形成发展中起过核心作用，就连清朝政府在苟延残喘的最后几十年，财政极度匮乏时，也不得不依赖平遥票号周转银钱。不仅如此，平遥票号经历百年风云，也为山西乃至中国造就了一代理财精英。直到20世纪80年代，遍布全国各省市的理财能手和财政大员还有相当多来自山西。这大概也得益于平遥票号留给人们的无价遗产。

# 第九章

# 庙宇寺观及明清多元崇祀文化

在世界宗教文化中，中国与信奉犹太教、基督教、伊斯兰教三大一神教的国家迥然不同，是一个多元崇祀的古老国度。

人类来到这个世界，最初从蒙昧状态进入陌生天地之间，对万物生灵和神秘的自然现象混沌无知，深感疑惑、恐惧和无助。远古先民把自然界本能地想象为鲜活的生命和灵魂，这些生命和灵魂存在着无形的超越自然的力量，主宰或左右着人的生活与命运，也让周围一切事物随之发生神奇莫测的变化，给人带来吉凶福祸。当世上产生了灵魂不死的观念以后，先民更加深信主宰人命运的不可抗力源自天地间的各种神灵，将神灵神秘化和人格化，莫不虔诚俯首崇拜。这种现象曾出现在所有国家。在人类社会进化过程中，都无一例外地经历了敬畏天地神明和敬奉鬼神的原始崇拜。尤其社会生产力发展到一定阶段，人有了自我意识，形成了初始的抽象思维，面对人与自然界之间随时随处存在的无法认知或者化解的矛盾，以及由于无法摆脱某种社会力的支配，深陷精神困惑乃至绝望时，一些个人和群体便对生死命运，及其赖以生存的世界产生了超自然的神祇崇拜、心灵寄托和归依，通过祭祀、舞蹈、音乐等各种仪式，祈福消灾。于是由于自然和社会的双重因素，加之人的认知能力与心理，促使宗教作为一种历史现象和社会文化顺势而生。经过长期发展，在不同的国家和地区，有些原始的多神教演变为一神教，自发宗教转化成人为宗教，部落宗教发展为民族宗教甚至国家宗教。一神教信奉宇宙间只有一个至高无上的神或者主神，认为这个唯一神创造了世界，超越并主宰着宇宙万物，同时否定其他神灵的存在，但不排斥被人崇拜的其他精神体。

相比之下，中国从来没有一神论，极为鲜明的宗教文化特征就是信奉天地众神的多元崇祀。崇祀核心概括为敬天地，祭祖宗，修身修行，积善积德。这种多元崇祀源头溯及商周时代，是由自然的原始崇拜和宗法理念下的祖先崇拜融合发展而成，到了明清时期达到极盛。

中国先民早在远古时代就把崇祀神祇视为一件国家大事，“祀，国之大事也”（《左传·文公二年》），“国之大事，在祀与戎”（《左传·成公十三年》）。从天、地、日、月、星、辰，到山岳、河川、神祇以及先贤、哲人，世间万物几乎都是民间崇拜祭祀的对象，而且将诸神各安其位，有着专门的崇祀制度和专司崇祀的庙宇寺观，形成了传统的崇祀文化。择吉日举行隆重的祭礼，在供奉神主像或牌位前的几案上，摆满半生的猪、牛、羊、鸡等牲畜家禽，以及谷物、瓜果、鲜花、酒。祭祀人怀着虔诚恭敬的心情，燃烛焚香，咏颂祭文，接着双膝跪地叩首膜拜，通过这样的祭礼营造氛围，与神祇进行心灵沟通，传递夙愿。五礼，为古代汉族礼仪总称，也就是以祭祀之事为吉礼、丧葬之事为凶礼、军旅之事为军礼、宾客之事为宾礼、冠婚之事为嘉礼。其中，吉礼是五礼之冠。

神祇崇拜对象大体可以归为天神、地祇、人鬼三类。明清时期，民间多元崇祀异常活跃，而且出现了儒、释、道“三教合一”的文化倾向，在尊儒祭孔的同时奉佛崇道。多元崇祀文化深入寻常百姓人家，芸芸众生常以自身现实利益去领悟神灵世界，出于现实利益需要，或求纳福，或求迁升，或求长寿，或求生财，或求丰收，或求吉祥，或求安康，或求子嗣，即使百工之人，也会各拜一神。概言之，出于功利，放任自由信仰崇祀，捐资兴建庙宇寺观，比比皆是。

中国的多元崇祀是中华传统文化的重要组成部分，根植于中华农耕文明。先民数千年里形成的观念传承下来，认为人生在世离不开自然天地，离不开社会人际，也离不开生老病死。道家养性，主张“天地人和”，顺应自然，教人处理与自然的和谐关系。儒家修身，提倡礼序规范，旨在修身、齐家、治国、平天下，主张“天人合一”“和而不同”，教人学会协调人与人、人与社会的关系，是人在社会上安身立命的根本。如《左传·隐公十一年》概括：“礼，经国家，定社稷，序民人，利后嗣者也。”而佛家修心，认为人生平等，因缘而生灭，讲究生死轮回、因果报应的生死观，教人解决人与自我、现在与未来的关系。儒、释、道在中华传统文化传承中有着不可动摇的地位，受到历代封建王朝的大力崇祀，有的还列为国家公祭祀典。对于儒、释、道的崇祀也广泛深入民间。

平遥作为县治所在地，迄今古城内外仍旧保留着各个历史时期遗存的六七十座规模不等的佛寺、道观和民俗杂祠，神祇奉祀更是令人眼花缭乱。其中四十多座建造于明清时代，折射出了这一历史时期多元崇祀的思想文化特征，成为明清社会世俗生活的缩影。在这些庙宇寺观中，不乏中国古代建筑艺术的经典之作，成为传世瑰宝。

# 一、引领中华传统文化的儒学圣殿

古往今来，似乎没有人怀疑主导中国思想传统文化的是儒家学说。而能够见证儒学引领中国传统文化主流的圣殿唯有文庙。文庙是中国特有的专门祭祀文圣孔子的礼制建筑。

孔子名丘，字仲尼，是春秋末期伟大的思想家、政治家和教育家。孔子的思想学说具有集往圣之大成、开后世之新说的性质。公元前7世纪至公元前4世纪，是人类文明出现巨变的时期，诞生了一批伟大的思想家和哲学家。孔子和苏格拉底分别成为东西方思想领域的杰出代表。这些人类文明的奠基人包括老子、释迦牟尼、柏拉图、亚里士多德等。公元元年又诞生了基督教创始人耶稣。

在孔子思想形成之前的2500年，中国先民已经在社会实践中自发创造了中华文明。孔子的巨大贡献在于他对早期的中华文明和传统文化进行了系统整理，创立了以礼、仁为核心思想的儒家学说。尤其是汉武帝实行了“罢黜百家、独尊儒术”的政策以后，儒家文化和儒家

平遥文庙大成门

孔子画像

思想逐渐成了国家理念和意识形态。作为中华文明的主体，它不仅在孔子思想形成之后中国2500年的历史上始终占有思想文化的主导地位，而且传播到朝鲜、韩国、日本、越南、马来西亚、新加坡等国，影响了整个东方世界，被誉为东方文明象征。儒家文化与儒家思想在世界各地广泛传播，也受到西方许多著名思想家、学者和政治家的尊崇。孔子因此与那些创造并影响了人类文明历史的柏拉图、亚里士多德、阿奎那、哥白尼、培根、牛顿、伏尔泰、康德、老子等九位哲人一起被列为世界十大思想家，而且排在了世界十大思想家的首位。

儒家思想文化是阐明宇宙和人生的哲学。孔子一生倡导以礼序为社会规范和以仁爱为伦理道德。儒家思想融合其他学派的思想，建构了汉代以后的宗法制度、分封制度、畿服制度、爵位制度、土地制度、赋贡制度、军政制度、刑法制度、职官制度等政治制度与社会秩序，成为数千年古代社会各种制度的理论基础和价值标准，以及维系社会稳定发展的基石。纵观历朝历代，即使在北魏鲜卑族、辽代契丹族、元代蒙古族和清代女真族入主中原，统治中国的漫长时代里，也同样依靠着儒家思想文化治国安邦。不仅如此，儒家文化还依托文庙广设学堂，以儒家学说教育培养人才，通过科举考试选拔朝廷命官。孔子被后世尊为“大成至圣文宣王”“万世师表”，受到人们的顶礼膜拜。在世俗民间崇祀中，又常常被罩上神秘的宗教光环。甚至一些西方学者在撰写宗教学术专著时，也误将中国的儒家列为世界十大宗教之一。

文庙大成殿匾额

中国古代的庙宇建筑原本属于专事宗庙祭祀的场所，由于尊儒的需要，这种具有特殊功能的礼制建筑便由祭祀祖先发展到了祭祀文圣孔子，故此名之为“文庙”。而文庙的主殿由于奉祀着“大成至圣先师”，自然也就有了大成殿的名号。

在中国古代，尊儒祭孔是社会生活里一件必不可缺的大事。从天子脚下的都城到各地的府、州、路、县，文庙几乎无所不在。然而最初祭孔的庙宇还不叫文庙，而是叫孔子庙，简称孔庙。春秋时期鲁哀公在曲阜阙里建造孔子庙时，庙宇的功能不在祭祀，而是用于珍藏孔子的衣、冠、琴、车、书等物品。两汉至魏晋南北朝，随着历代帝王对孔子的加封，孔子庙逐渐盛行起来。

唐贞观年间太宗李世民诏令各州兴建孔子庙，孔子庙开始遍布全国各地。至于孔子庙改称“文庙”，则是孔子被加封“大成至圣文宣王”以后的事。

元、明、清时，全国各地的文庙祭祀属于国家重要祀典之一，按照礼制规定，必须在仲春（农历二月）和仲秋（农历八月）的上旬丁日，派遣官员行释奠礼，简称“丁祀”。当日皇帝移驾山东曲阜，亲自在孔庙主祭，举行国家祭孔大典，同时增加祭祀四配、十哲。有清一朝，仅乾隆皇帝一人就先后8次亲临曲阜拜谒孔子。每逢祭日，午夜过后参加祭祀的官员都要齐聚孔庙门前，待凌晨三时许祭祀仪式正式开始，顿时钟鼓齐鸣，经过奏乐、迎神、宣读祭文等一系列程序，到天将破晓方告“礼成”。

元、明、清时期建造和重建文庙的活动最为兴盛。很多文庙都在元代进行了新建、改建和扩建。到了明代，府、州、县建造的文庙数量超过了1500座。“县县有孔庙、家家祭灶神”成为明清世俗社会生活的常态。至今国内还有20多座文庙保存比较完好。平遥古城的文庙大成殿重修于金大定三年（1163），是国内现存文庙中罕见的早期建筑，也是一座见证弘传儒家思想文化的儒学圣殿。

据《平遥县志》记载，平遥县一直就有祭孔的礼俗，“崇儒重道，圣教覃敷，每当春秋上丁，祭豆告虔，盖其仪文备至，典礼特隆”。这样的祭孔制度一直延续到1945年才废止。

平遥古城的文庙始建年代不详，不过从重建于金大定三年（1163）的大成殿可知，这座儒学圣殿年代久远。按照礼制建筑的等级，平遥文庙属于县级文庙，既是专门祭祀孔子的场所，又是平遥县县学的学堂，但是在建筑规模上较之府级文庙毫不逊色。文庙按照“左文右武”的形制布局，建在古城东南隅，规模宏大，占地面积8649.6平方米，历史遗存建筑3472.3平方米。平遥古城申报世界文化遗产成功后，又在庙的北端重建了尊经阁。整个庙宇坐北朝南，由三组并列的建筑群组成，布局形制均衡对称，主次分明，空间变化疏密有致，保留着元明以来文庙祭祀建筑的原貌特征。

根据两宋以来庙学合一的制度，位于三组建筑中央的多进院是文庙，文庙左为东学，右为西学，儒学依附于文庙设置。学堂分东学、西学，实际规模都不大。不过在实行科举制度的封建社会，“万般皆下品，唯有读书高”始终主导着人们的精神追求和价值取向。“学而优则仕”的人才选拔制度，使得文人学子唯有凭借学堂教育，方能通过科举考试入仕为官，出人头地。故而将文庙的尊儒祭孔祀典活动与学堂教育结合在一起，无疑是对读书人的一种熏陶，或者说是一种殊荣和礼遇。学子在这样的学堂里苦读寒窗，为求一世功名。文庙和学堂便成了读书人踏上仕途的理想阶梯。一旦金榜题名获得状元殊荣，回乡祭孔时便可享受到特殊礼遇，不必绕行城门。而是在城东文庙前城墙上，专门为本邑考中状元的学子架设一道“云路”木登道，让状元经由“云路”直接进入城内，象征着平步青云。

科举制度始于隋朝，由隋初秀才、明经两科的分科考试，增置进士之科。按照法令规定，建立一套层次不同、要求各异的完整的科举考试体系，从中选拔官吏。历朝历代科举考试内容有所差异。明清两朝是科举制度最鼎盛时期，八股文正式登上历史舞台，成为最重要的考试手段。八股文考试看似严格规范，实则僵化苛刻，不仅要求文章的论述精辟，见解独到，而且对文章的字数、句子长短有严格要求，咏读声调也必须朗朗上口。科举考试分院试、乡试、会试、殿试四级，将应试学子分成秀才、举人、贡士、进士等功名。贡士经殿试后，合格者称进士，一甲赐进士及第，二、三甲赐进士出身，通过殿试，名列第一者得中状元。然而考取功名并不等同于都能当官，只有中举之人才可以获得朝廷命官的资格。实际上在明清两朝，考取功名而被皇帝亲授知县的人选主要是进士、举人，同时也包括贡生。

尽管考取功名不易，但科举制度对读书人毕竟是一种莫大激励，自然也促进了平遥历代的教育。平遥的县学教育以及后来开办的普通中小学和女子学校，最初也都根植在这里。如今平遥县文庙依然保存着一张状元试卷。

平遥县文庙以大成殿为中心，前后五进院。据记载，元明两代按照形制的规定，文庙里的建筑和设施一应俱全。

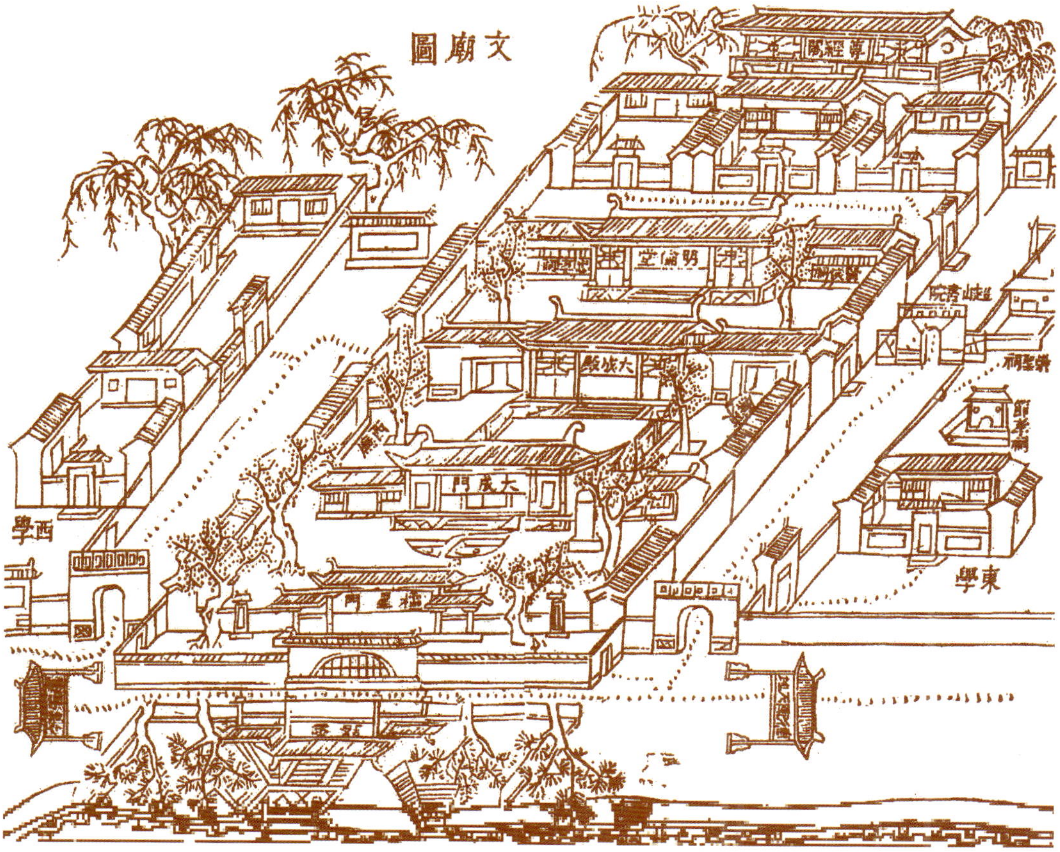


清光绪年《平遥县志》中的县文庙图

这座文庙中轴对称布局特征突出，包括所有建筑在内，都严格按照礼制规范设计建造。在文庙中轴线上依次排列着棂星门、泮池、泮池桥、大成门、大成殿、明伦堂、敬一亭、尊经阁等。棂星门是一座象征性很强的牌楼式建筑，唯独在文庙门前才有资格临街而立，寓意为文圣孔子是二十八宿之一的天田星下凡，在人世间施行教化，广育英才。棂星门前建有照壁，东西两侧的云路街上分别竖有“德配天地”与“道贯古今”跨街牌坊，由棂星门、照壁和牌坊围合成了庙前广场。广场东、西两侧各竖一块下马石。按照古代礼制规定，无论卿相百官，还是仕族乡绅，乃至黎民百姓，来到文庙门前均需下轿下马，以示崇敬，然后先入内谒庙，再办理政事或者他事。

进入棂星门的一进院，在大成门前建有半圆形的水池，儒家称之为“泮池”，意指泮宫之池，是官学的标志。泮池中央设一座拱桥飞架，通向面阔五间的大成门。院

平遥文庙歇山顶式大成殿

落东西两厢对应，分别为更衣厅、名宦祠、斋宿所、乡贤祠。拾级而上大成门，门内的庭院是南北纵深大、视野开阔的祭孔广场，正面赫然耸立着高大巍峨的大成殿。大成殿的东、西两庑各九间，用来奉祀一百多位被祭祀的孔门弟子，以及历代贤儒的神主。祭祀活动中用来制作祭品的神厨在东庑南端，收藏祭器的神库在西庑的南端。大成殿东西各有三间腋门与第三进院相连。第三进院的主体建筑是供学官视事和生员集会使用的明伦堂，也就是通常所说的学堂和讲经堂。明伦堂面阔为五开间，堂东建贤侯祠三间，堂西建忠孝祠三间。时习斋与日新斋分列明伦堂东西两旁，在时习斋与日新斋的南面各开一门，通往东学和西学。明嘉靖七年（1528）世宗朱厚熜诏令全国文庙增建敬一亭，用于安放皇帝御制《敬一箴》，以及范浚所作的《心箴》和程颐所作的《视听言动四箴》的碑刻，作为天下士人的规诫和座右铭。于是平遥县于嘉靖二十年（1541）在文庙明伦堂后面建成了敬一亭，不久又于隆庆四年至隆庆六年（1570—1572），在敬一亭的后面修起了一座两层尊经阁。至此，这座县级文庙按照元明两代的布局形制全部建成，气势磅礴。现存文庙格局没有变化，除了大成殿、东西廊庑和明伦堂保存基本完好外，其余建筑均已拆毁。直到平遥古城列入世界文化遗产后，这座文庙才又陆续重建，恢复了昔日的风貌。

在平遥县文庙诸多建筑里，大成殿属于全国重点文物保护单位。它的建筑艺术弥足珍贵，堪称罕见的国之瑰宝。

大成殿坐落在1米高的台基上。台基由青石砌筑的台明和月台两部分组成，板式栏杆环绕。月台东、西、南侧各设青石台阶，南面的台阶叫正面踏跺，东、西两侧的台阶称为抄手踏跺。正面踏跺的制式采用高等级的御路踏跺，中间铺有石雕图案的御路石，显示出大成殿的至尊至贵。大成殿建筑面阔和进深各五间，单檐歇山屋顶，斗拱硕大，出檐十分深远。屋顶式样属于“九脊殿”，在等级上仅次于古建筑最高等级的庑殿顶。屋面以布瓦覆盖，采用琉璃脊饰。大殿的立柱有侧脚升起。柱头之间的木作构件普柏枋出头，阑额不出头。檐柱直径0.47米，高5.11米。梁架采用十架椽的结构形式，前后搭牵乳栿，用六柱。内柱之间采用复梁拼成草栿承重，草栿隐藏在天花板

大成殿墙体收分翼角舒展

刚劲雄浑的大成殿斗拱

上，并不直观，属于未经艺术加工的房梁。在它的上面用四椽栿、平梁、叉手、侏儒柱、驼峰等层层支叠。梁枋断面大多为3：2，体现了宋金时代木构技法。草栿下设天花板，天花板中央藻井装饰用小型斗拱叠架而成，制作规整精巧，富有深度感和层次感。屋架举高7米，和前后檐椽的距离比为1：3.7，略低于宋代《营造法式》的规定。斗拱有柱头铺作和转角铺作，而柱与柱之间的铺作结构称为补间，铺作采用大斜梁代替。柱头斗拱七补作，双抄双下昂重拱偷心造，昂为批竹昂，耍头蚂蚱形，铺作总高度为2.275米，出挑总深1.695米。每两个柱头铺作之间，放置一道斜梁，外端搭在罗汉枋上，以承托一种叫作撩檐榑的构件，梁的后尾安置在内槽的柱头枋上，以代替补间铺作。

为了满足祀典活动对于大量人群集散的需要，殿内采用了减柱手法，减去明间的两根柱子，因而增加了大成殿内部空间的宏阔宽敞感。大成殿明间和次间的正面均采用木制隔扇门，稍间做直棂窗。大殿正面稍间与东、西、北三面均砌厚1米多的檐墙。综观大成殿的平面布局、用柱方法、斗拱梁架结构，以及歇山出际形式，都具有我国早期木构建筑的特征，出自宋代的《营造法式》，属于宋代建筑体系。尤其采用檐下大斜梁取代补间铺作的技法，实为现存古建筑中罕见的特例。

平遥的崇儒重道之风不只体现在县文庙的精心建造和每当春秋上丁时隆重的祀典活动，而且还深入乡间村里。

就在距离平遥古城不远的一个叫金庄的小村落，至今仍旧保留着一座由十进士捐资建起的文庙。传说元代延祐年间，有十位秀才结伴进京赶考，行至金庄，夜宿在村内五爪柏树下的塾堂里。这一夜他们都梦见了孔子和他的四大门人飘然而至，在五爪柏树下开坛讲学。秀才们醒来以为孔圣人显灵，连忙一字排开，对着牌位仙柏行了大礼，许下心愿，随即赶赴京城。后来十人果然金榜题名，中了进士，故而感恩戴德又来金庄还愿，捐资建起了文庙。

金庄文庙大成殿坐北朝南，面阔三间，两坡硬山屋顶，从外观看上去与当地的村舍平房并无两样。然而殿内迄今还保存着一组彩色塑像。塑像如同真人一般大小，其中孔子形象的塑造与通常经过艺术化了的孔子像迥然有别：高额头，深眼窝，牛鼻厚嘴，面色黝黑，真实地再现了我国历史文献最初记载的孔子的相貌特征。在孔子塑像

平遥金庄文庙大成殿

平遥金庄文庙孔子元代塑像

十哲之一彩塑

的东西两侧，还排列有孔门十哲彩塑，弟子们仪态端庄。

由于儒学的传播方式和佛教、道教的弘传方式不同，主要采取画像和文字著述，因此像金庄文庙这样，用彩塑为孔子和他的弟子造像，在国内颇为少见。尤其这尊孔子像创作于元代，在中国现存的文庙建筑中确实绝无仅有。

平遥古城的县文庙与金庄文庙作为儒家思想文化的载体保存到当代，是儒家文化和儒家思想深入民间的实物例证。文庙建筑的构思、形制特征、建筑技法、建筑艺术所传递出来的历史信息和伦理观念，典型地展示了中国古代崇儒重道的思想文化特征，无愧为世界文化的一朵瑰丽奇葩。

# 二、浸润唐风遗韵的千年古刹——镇国寺

镇国寺是平遥现存最古老的佛教寺院，位于古城东北15千米的郝洞村。据史料记载，这座寺庙始建于五代时期的北汉天会七年（963），迄今已有1000多年的历史。建寺之初叫作京城寺，明嘉靖十九年（1540）更名为镇国寺。

寺院兴建时，距离朱全忠灭唐称帝建立后梁政权过去了56年。但是一个朝代的终结并不意味着佛教文化的断裂。五代十国的君王也多信佛，没有因为改朝换代和政权更迭而使唐代佛寺兴盛之风锐减。与此相反，佛寺依然发展很快，在平面布局上延续了隋唐时期形成的汉传佛教寺院的形制，木构建筑的结构形式与建造技术仍旧保留着唐代风格。

平遥镇国寺最初建于唐代和宋代之间的特殊历史时期。五代时的北汉是唯一建在北方的割据政权，仅存在29年。天会七年（963）立寺便是用的北汉皇帝刘继业年号。这座佛寺落成以后，历经宋灭北

全国重点文物保护单位镇国寺

汉、金兵南下、明军北伐蒙元，多次遭受战乱损毁，又多次修葺。特别是在清嘉庆二十一年（1816）进行了一次大规模重修，以至最早的佛寺平面布局荡然无存。故而配殿与楼舍大都为明清两代在旧址上重建的，所幸仅存的佛寺正殿仍是北汉最初创建的原构，建筑构架与构件的营造形式基本保留了原状，在被称为脊榑的檩子上依然可见“天会七年建造”的清晰墨书题记。现在大殿内奉祀的11尊佛像和菩萨、天王、供养童子的彩塑也都是五代时期的作品。

镇国寺坐北朝南，总占地面积13300平方米，其中寺院建筑占地5000多平方米。现在的佛寺为两进院，沿中轴线对称布局。原本佛教寺院必不可少的空门、无相门、无作门三门并立形式的山门可能毁于战乱，现存天王殿也作山门，与四周封闭的高大围墙一起，分割成神圣佛界和红尘俗界。天王殿重建于元代，梁架完好，单檐悬山屋顶，斗拱硕大，柱头斗拱、补间斗拱各一朵。檐下“米”字形斗拱依然保留着元代建筑特征。墙体是清代遗构，面阔和进深均为三间。殿内东西两侧的四大天王也是清代重塑的作品，身披重甲，魁梧威猛，扬眉怒目，气宇轩昂。“四大天王”

镇国寺石狮

四大金刚（彩塑）之一

俗称“四大金刚”，象征佛国各护一方天下众生的护法神将。南方增长天王身青色，手执宝剑；东方持国天王身白色，手托琵琶；北方多闻天王身绿色，手持宝伞（宝幡）；西方广目天王身红色，臂缠龙蛇。法器象征风调雨顺。

在山门与天王殿左右两边，即东西两侧，各建一座钟楼和鼓楼。钟、鼓均属报时、集众常用的敲打法器。梵钟悬挂于东侧钟楼，破晓撞击；更鼓置于西侧鼓楼，日暮敲打。这就是“晨钟暮鼓”意境的由来。在佛教寺院，钟有梵钟、唤钟之别，鼓有法鼓、登座鼓、茶鼓、斋鼓、问讯鼓、放参鼓、昏鼓、晓鼓、更鼓、浴鼓、普请鼓、火鼓等多种，大小不一，用作不同时辰和不同法事。在有僧人的寺院一般还有磬、木鱼、铛、板、铃铎、金刚杵类法器。只不过如今的镇国寺早已不再有僧人住持，也不再举办法事活动。唯余金代皇统五年（1145）铸造的一口梵钟悬挂在钟楼，形制古朴，工艺别致，是平遥县境内的珍稀之物。

穿过山门、天王殿，前院迎面居中而立的是佛寺正殿，通常正殿建筑称为大雄宝殿。因为在镇国寺正殿内四壁绘满几百尊正位座佛像和佛龛，所以镇国寺正殿又被尊称为万佛殿。

万佛殿位于寺院中轴线上，东、西配殿与碑碣廊庑分别供奉三灵侯、财神、土地神。正殿两侧山墙各有砖砌圆形腋门一道，直通后院。后院北端的正面是万佛殿的后殿，二层单檐悬山顶建筑，造型与常见的下窑上楼式平遥民居完全一样。后殿底层有砖砌窑洞三间，上层建佛殿三楹，在殿内供毗卢遮那佛、卢舍那佛与释迦佛，名之为三佛殿。三佛殿左右各建耳殿三间，是镇国寺的经堂和藏经之所。在佛寺后院的东西配殿各建五间，东为观音殿，西为地藏殿。佛教自西域传入中国后逐渐汉化，尤其民间崇祀广泛，于是衍生出了两大类佛教寺院：一种为官署式，规模宏大，多见于皇帝敕建或奏请皇帝赐额的佛寺；另一种为民居式，规模较小，一般由地方筹资或信众自愿捐助修建，建筑形式与风格紧密结合当地民居建筑的特点，很少采用斗拱。平遥镇国寺的三佛殿就是这种具有典型乡土文化特征的民居式佛教建筑。

在镇国寺佛教建筑群里，艺术价值最高、最具特色的建筑非万佛殿莫属。这座大殿建在乡间，虽然建筑体量并不算大，面阔进深各有三间，屋脊高度也

镇国寺三佛殿为下窑上楼式建筑

镇国寺五代建筑：万佛殿

不过8.78米，但是整座建筑结构刚劲，气宇轩昂，处处透着唐风遗韵，展示出五代时期建筑匠人的非凡技艺。

万佛殿平面呈正方形，明间宽为4.55米，梢间宽为3.51米，整座大殿通阔11.57米，总进深10.77米。按照唐代佛寺的等级制度，建筑规格较低时，一般不允许使用形式复杂的外檐铺作，而五代时期建成的这座三间禅寺却破例在外檐采用了七铺作，材分、尺度依照七间殿堂的规格，并且采用中国古建筑里仅次于庑殿顶的单檐九脊歇山顶形式。屋面坡度平缓，举架比例为1∶3.6。柱头斗拱硕大，风格古朴雄浑。斗拱高度1.74米，层层叠叠托起大殿四周外檐，形成出檐深远、屋顶舒展的视觉效果，出檐最深的翼角至外墙角柱距离达到2.94米，这在平常的殿堂建筑里十分少见。

由于匠人建造屋顶时采用了举折和屋角反翘的技法，使庞大厚重的殿堂屋顶如翚斯飞，显得格外轻盈，呈现了一种升腾欲飞的艺术效果。

万佛殿是供奉佛祖释迦牟尼的大雄宝殿。自从佛教东渐，从西域也

万佛殿

就是古印度传入中国，经过两千多年在中华大地生根发展，融入了儒家、道家文化和汉地民间文化，演化成了汉传佛教。汉传佛教属于大乘教，与原始佛教和部派佛教的小乘教不同，提倡三世十方有无数佛，宣传大慈大悲，普度众生，把成佛度世、建立佛国净土视为最高目标。祭祀佛祖释迦牟尼的形式从古印度以佛舍利覆钵塔为中心，演变成了围绕供奉佛祖的中心殿堂，构筑佛国净土的寺院。因为在古代中国先民的观念中，地位最尊贵、最有资格威仪天下的不是塔，而是大雄宝殿。佛教精神、佛教思想、佛教理念需要以肢体动作、声音、文字，以及人与佛内心相互协调的外在情景表现来完成弘传

万佛殿外檐斗拱

万佛殿殿内梁架墨书题记

万佛殿翼角如翚斯飞

万佛殿外檐斗拱

仪式，包括念诵、仪轨、经忏、音乐、舞蹈、戏剧等。

万佛殿营造了一个超脱世俗红尘的礼佛情景，利用建筑、绘画、雕塑、钟鼓、布幔等，让虔诚的佛教信众内心不由自主产生共鸣，忘却身边的一切，进入极其神秘的佛界圣境。镇国寺万佛殿也和许多其他千佛殿、千佛塔、万佛殿、万佛阁、万佛石窟的创意同出一辙，通过大殿内绘满小佛像壁画，从四壁环拱主尊释迦牟尼，围绕居中端坐的佛祖与周边菩萨立像，营造出一种众星捧月般的佛祖在灵鹫山上讲经场景，佛家术语为“万佛朝宗”。镇国寺万佛殿正是通过建筑语言和生动的绘画、雕塑艺术，将三界佛菩萨竞相朝见聆听的盛况呈现在世人面前，昭示了大乘佛教的一个重要佛家理念，也就是佛教超越时空，告知世人无论过去、现在、未来三世，还是广域十方，都有无数佛陀。一切众生不分地位尊卑或财富贵贱，人人平

殿内四壁绘满万佛壁画

结构刚劲的斗拱

奉祀在万佛殿的释迦牟尼像（五代彩塑）

等，均心有佛性，只要是修行向善，功德圆满，未来都可以普度成佛。

佛坛建在万佛殿内正中，大约占殿内面积的一半，高出地面0.55米。佛坛中央的须弥座上塑着高大的佛祖释迦牟尼像，全身金装，跏趺端坐，神态慈悲安详。红黄两色相间的背光饰以精致的金龙、彩凤、孔雀、花纹和火焰图案，流光溢彩，耀眼辉煌。紧靠佛像左右塑有弟子阿难与迦叶尊者的立像。四尊菩萨像也分置佛像两旁：文殊菩萨与普贤菩萨均单腿偏坐在“八叶莲台八角须弥座”上，两尊供养菩萨分别站立于文殊菩萨、普贤菩萨两侧。菩萨造像体态丰满柔美，肌肤细如凝脂。个个面庞圆润，鼻长口小，明眉皓目，胸部袒露，俨然是雍容华贵的唐代女性形象。前侧两尊金刚雄健威武，以强烈的造型对比，衬托出了菩萨的阴柔之美。两尊供养童子塑像也塑造得栩栩如生。这一

万佛殿内彩塑菩萨造像

佛、二弟子、四菩萨、二金刚、二童子的佛像彩塑都是北汉天会七年（963）的原作，虽经后世重修，但是人物造型、衣饰、面相、鬃髻等都还保留着唐末五代时的风韵，是中国除敦煌莫高窟以外，现在仅存的五代时期同类作品，对于了解、研究晚唐时期与五代十国的宗教、社会、服饰弥足珍贵。

如今我国现存地面以上木构建筑年代最久远的只有唐代的南禅寺、佛光寺和天台庵，现存五代时期的寺庙建筑也已凤毛麟角，仅存平遥的镇国寺和福州的华林寺。而且镇国寺在建筑形制、结构特征、雕塑艺术等方面，更与南禅寺、佛光寺极为相似，它的历史、建筑和艺术价值不言而喻。1965年镇国寺被公布为省级文物保护单位，1988年又被国务院公布为全国重点文物保护单位，享受到了中国文化遗产的最高殊荣。

万佛殿内菩萨造像

三、

## 双林寺元明佛教彩塑举世无双

同样是佛教寺院，与一般佛寺相比，双林寺在佛寺建造上别具一格，彩塑技法颇具匠心，有着另一番建筑成就和艺术风格，举世无双。现存寺院完整，殿宇嵯峨壮观，多达2052尊元明时期的彩色泥塑，构思精巧，技艺精湛，具有极高的艺术价值，被中外专家学者众口赞誉为“东方彩塑艺术宝库”。1988年国务院将双林寺公布为全国重点文物保护单位。

双林寺坐落在平遥古城西南6千米的桥头村，原名中都寺，因文献缺失，佛寺始建年代不详。按照寺中现存最古老的北宋大中祥符四年（1011）碑刻记载，这座寺院曾在北齐武平二年（571）重修。据此判断，它的创建年代很可能在北魏早期。这从佛寺最初以“中都”作为寺名也可窥见一斑。西汉时期在古陶地同时设有平陶、京陵和中都三县。中都故城紧临平陶西南。汉文帝被封为代王时曾以此为都，直到北魏太武帝拓跋焘在位时，平陶才更名为平遥，并于太平真君九年（448）将中都县迁到今太原附近的榆次境内，“中都”的称谓从此在平遥的文献中不复出现。而魏晋南北朝时期由于佛教逐渐汉化，佛寺地望成为寺院命名的一个主要取向。中都寺地处当年中都县，若以地望命名，时间应在中都县废除之前，也就是太平真君九年（448）以前的北魏初创时期。由《方志》和《高僧传》的资料也可得知，魏晋南北朝时期在北方地区佛寺群里确有平遥大寺一座，那么这座佛寺会不会就是当年的中都寺？现在虽已无法考证，不过少说中都寺也有1500多年的历史。

中都寺后来屡遭战火毁坏，虽说历代对佛寺多有较大的修葺，但已非昔日样貌。到了北宋时期，遂将中都寺名废除，改为双林寺。该名称来自《佛遗教经》的记述：释迦牟尼佛说法四十五年，年届八十，身染重疾，行至拘尸那伽城外的娑罗双树林下，见此处枝枝相对，叶叶相映，遂向弟子作了最后一次教诲后圆寂。

如今中都寺的原物已不存在，现存双林寺的殿宇均为明清时期所建。佛寺坐北朝南，长约百米，宽约40米，建成三进院落，占地面积14700平方米。

与众多佛寺的显著区别是，佛寺四周的围墙建在3米高的土台基上，并且采用夯土外包砖的城墙做法，在墙头还用城砖砌出垛口和女儿墙。从外观看，双林寺酷似一座城堡，透过城墙垛口只能看到高低起伏的殿宇屋顶轮廓。这种为佛寺而建城的匠意，显然不是佛教建筑本身的需要，很可能是为了大寺的安全。夯土城垣外包砖墙的做法始于明代。山西本来是历代兵家必争之地，元代时又成为统治者苦心经营近百年的战略根基，元末明初的山西更是地处防御元朝残余势力卷土重来的前沿，所以明王朝不但在山西北部大兴土木修筑内外长城，而且在太原府周围修建了大量营寨、城堡。尽管双林寺属于乡间寺庙，但是它的位置却紧临平遥古城，是通往北京、秦陇、川陕的京陕古驿道，时常受到战火袭扰。双林寺围墙建成高大厚实的城堡，意欲利用军事防御设施守护佛国净土。寺院不仅外观形同城堡，匠心奇特，而且它的建筑布局和佛像奉祀也颇为灵活，打破了传统的官式规制与汉传佛教建筑的常规做法，大胆采用了地方材料和民间工艺，融入了当地的民俗文化，体现了山西晋中一带的建筑风格。

走进双林寺，一条南北向的中轴线贯通寺院，按照佛寺布局形制循序排列着天王殿、

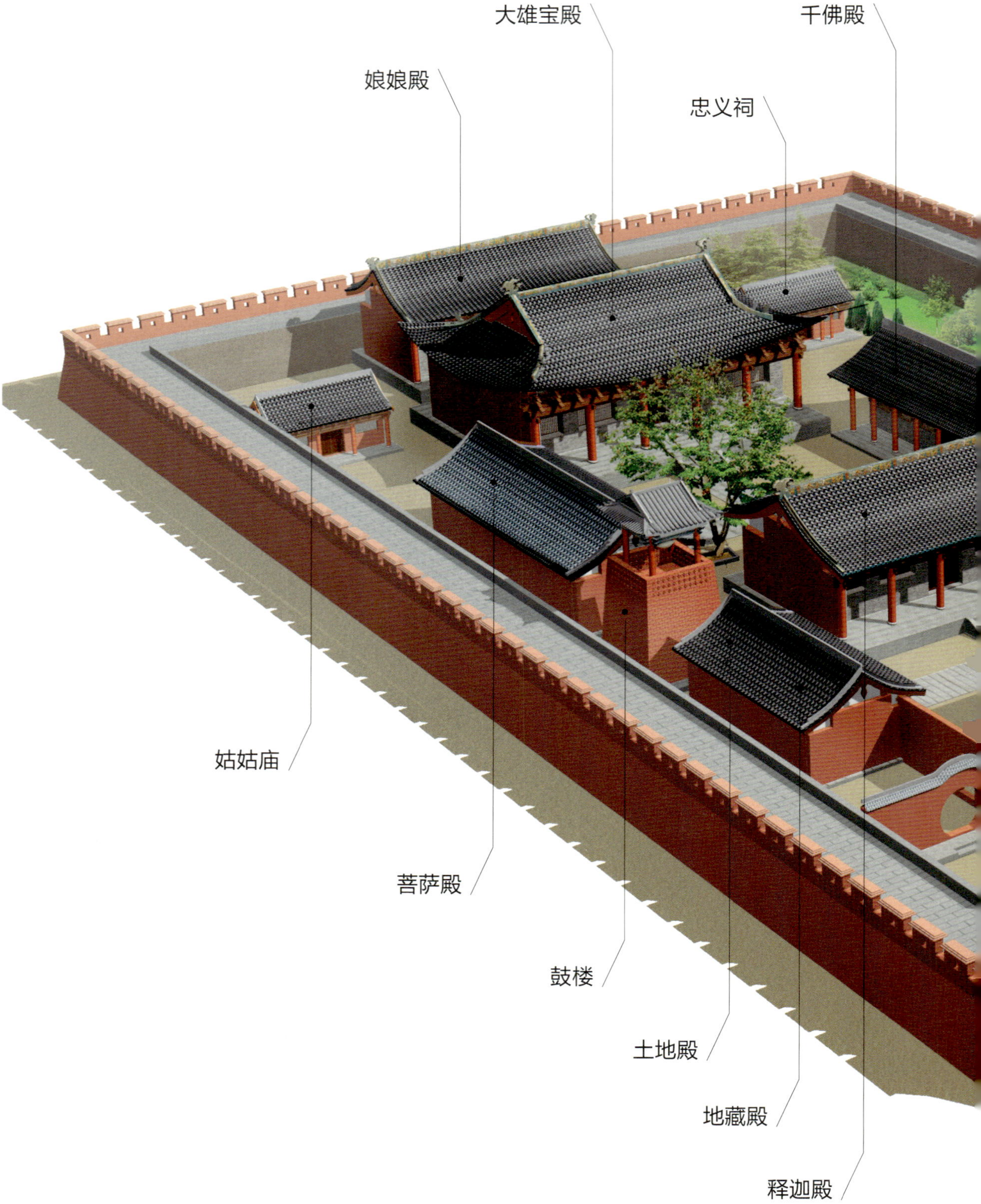
大雄宝殿
千佛殿
娘娘殿
忠义祠
姑姑庙
菩萨殿
鼓楼
土地殿
地藏殿
释迦殿

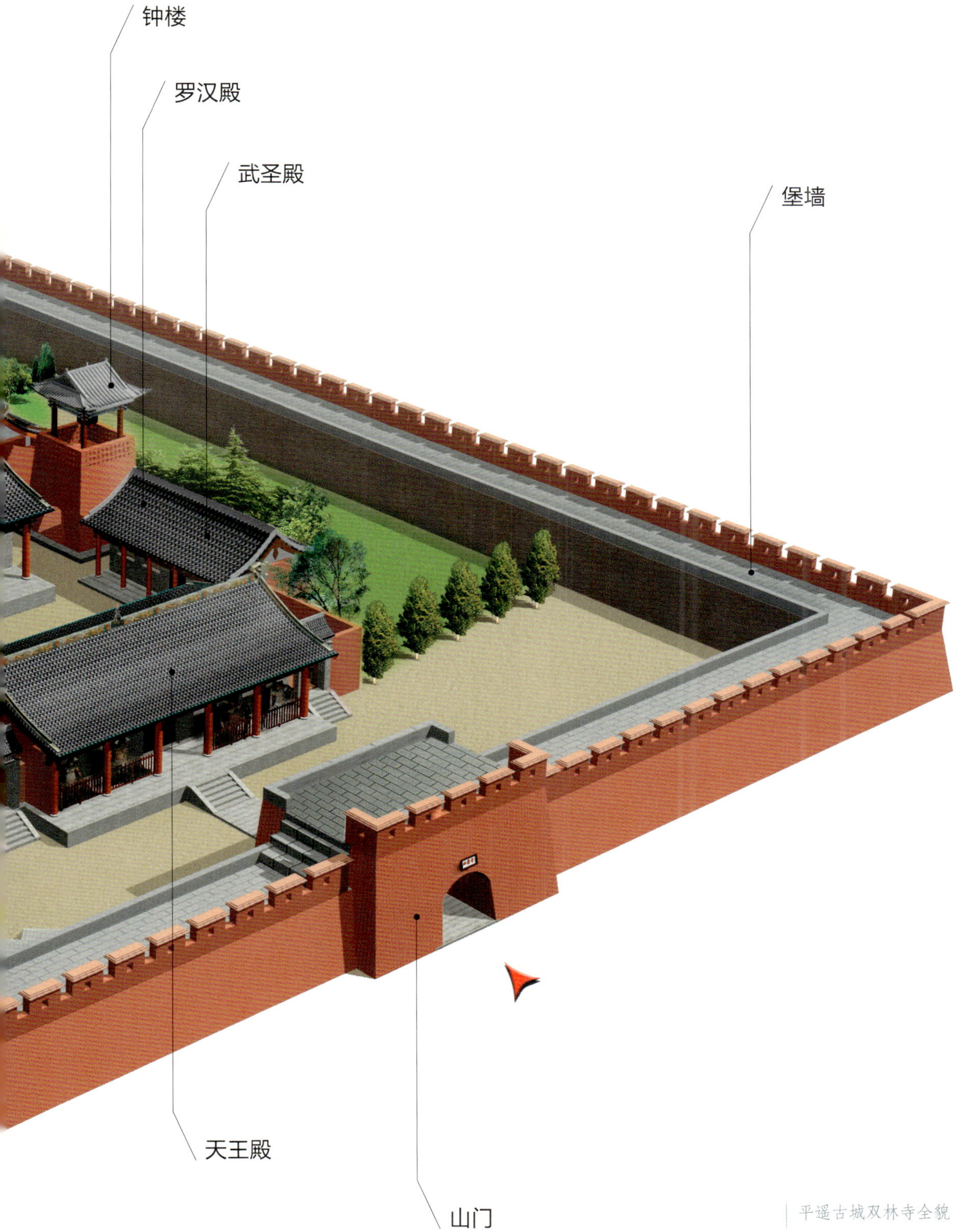


平遥古城双林寺全貌

释迦殿、大雄宝殿与娘娘殿。布局紧凑、和谐。前院东西两厢对称建有罗汉殿、土地殿、武圣殿、地藏殿。钟鼓二楼分列释迦殿东西两侧。中院的主体建筑为大雄宝殿，殿前庭院宽阔疏朗，东有千佛殿，西有菩萨殿，两厢对称。后院空间比较狭小，北端仅建一座送子娘娘殿。从殿内柱础的遗迹推断，当年立柱的直径应该有1米多，由此使人联想到，或许这里就是碑文所记载的中都寺那座“高可望省（太原）”的“七层楼阁”所在。

汉传佛寺通常都建有三门并立形式的山门。在佛教文化里，山门被视为区隔佛国与红尘的地界。所谓“看破红尘遁入空门”中的空门，指的就是这山门。进入拱门，迎面是面阔五间的天王殿，单檐悬山顶。殿堂前后均有檐廊，南向明间檐下悬挂蓝底竖匾，上书“天竺胜境”金色大字。尤其令人惊异的是，天王殿前一字排开的四大金刚彩塑造像。金刚是守护佛境的卫士，设在佛门重地。然而双林寺没有像其他佛寺那样采取常规做法，将四大金刚塑像两两对称排列在天王殿内的步道两侧，而是在继承汉传佛教建筑的基础上，又有自己的创新，别具一格地把四大金刚塑在天王殿外面的檐廊下，头顶檐廊，面对拱门，袒胸裸臂，怒目而坐，和佛寺周围的壁垒城墙遥相呼应。由于金刚塑像超大，完全按照古印度佛教中缠衣裸体、执金刚杵的形象塑造，因而使人

双林寺独特的寺院城堡墙

从双林寺拱形山门看天王殿

强烈地感受到佛国世界的圣洁肃穆与四大金刚的雄奇威严。这种造像艺术在佛教建筑里极为罕见。金刚高3米，塑造得栩栩如生，极富艺术感染力。隆起的肌肉和夸张的动作表现出金刚魁梧刚健、威武勇猛的非凡气势。四尊金刚的目光炯炯有神，仿佛有一种穿透力，分别从不同的角度注视着天王殿前的每一个角落。四大金刚塑在天王殿外檐廊庑的创意，无疑是一个突破，它产生了人与佛界直接互动交流的效果，慑人心魄。

天王殿内主像为元代彩塑天冠弥勒。天冠弥勒身着菩萨装，在莲花宝座上结跏趺坐，法相庄严，背光精致华丽。这尊天冠弥勒彩塑艺术造型非常特别，与江南大多数佛教寺院里供奉的那尊笑容可掬、憨厚慈祥的大肚弥勒佛样子迥然不同。它所表现的恰恰是佛教东渐的年代，最初由古印度传入中国的弥勒佛形象。这在国内已不多见，成为双林寺的又一特色。

双林寺天王殿金刚彩塑像

双林寺天王殿金刚彩塑像

双林寺天王殿天冠弥勒佛塑像

在天王殿内，南墙下面朝北倒坐着四大天王塑像，北墙和东西山墙的前面还塑有八大菩萨。明间板壁背后的悬塑是一尊观音像。由于天王殿内空间较小，而佛像数量多，体量大，古代工匠利用比例尺度的变化，使人置身其间犹如沉浸于梵境，举目环顾，顿感佛法无边。双林寺的彩塑艺术极为精致，从大到丈余的佛像，至小到方寸的力士，都经过精雕细刻，塑造得神态逼真，把原本冰冷的泥土变成了一个个鲜活的生命。在天冠弥勒和菩萨端坐的须弥座上，都有力士托举宝座的造像，完全以写实手法，稍加夸张，将力士鼎力负重的神态和动势刻画得惟妙惟肖。

双林寺彩塑的经典技艺在悬塑。这种雕塑的工艺采用粗细不等的木棒扎成佛像骨架，并将骨架下端固定在殿宇内的梁架、墙体和平台上，形成悬空前倾的稳定角度，再用当地特有的黏性红泥塑造出各种人物形象，晾干后打磨加工，直到光滑细腻，最后饰以矿物质颜料制成的色彩。彩塑佛像的眼睛则用光感度极强的黑色琉璃制作，如画龙点睛，生动提神，随着礼佛者视觉的变换，产生了佛像眼球随人转动的神奇效果，在人与佛的交流互动中，感受到了来自佛的睿智与灵性。作为平遥双林寺特有的悬塑艺术，最具魅力的精华所在，还是佛像悬空而立创造出的庄严玄妙的宗教氛围。一尊尊佛像前倾，飘飘欲来，灵气飞动，强烈的立体感带来了丰富的光影效果，佛与菩萨、明王、尊者环绕着礼佛信众，仿佛迎面簇拥而来，形成了佛界诸神与人亲和交融的审美意境。

佛教寺院采用泥塑佛像表现是汉传佛教的一大特色，历史相当悠久。唐代时泥塑造像兴盛，泥塑高手辈出，完成了佛教造像汉化的演变，泥塑形象开始适应世俗社会的需要，贴近百姓生活，表现了社会底层的思想感情与理想境界。诸佛嘴角上露出微笑，有了一些舒朗亲切的形象，令人感觉虽威而不畏。到了宋代，泥塑佛像艺术突破了佛教造像的一般程式，更多的作品以现实人物为创作底本，通过佛像表现出寻常人的喜怒哀乐和人间世俗。服饰装束不拘一格，人物形象形神兼备，成为现实社会生活的真实写照。

进入明代，汉地佛教寺院泥塑佛像仍然十分流行，然而在艺术创作上却逊色于唐宋。朱元璋有过一段出家为僧的经历，深知传承佛教的利弊，当他完成建国大业，当上朱明王朝开国帝王后，担心如果放任佛教发展，一旦弊端放大泛滥，将会危及王朝统治。于是对佛教进行整顿规范，严加管束。自明洪武十五年（1382）起，明朝政府在全国建立了一整套佛教管理机构，对佛教实施衙门化统一管理。另外，就寺院建筑准许塑哪些佛、菩萨、力士、金刚佛像，塑像的规格、数量等，也都重新制定。如此一来，民间渐渐

双林寺释迦殿佛经故事悬塑像

失去了雕塑的创作激情和创造活力，与唐宋时相比，佛教雕塑出现了明显倒退。直到明代中叶，特别是儒释道融合，佛教雕塑才又表现出世俗化特征。一直到清代末年，佛教雕塑艺术创作再也没有像唐宋时期那样兴盛。

双林寺的佛像泥塑产生于明代，具体时间已无从考证。尽管处在佛教造像的低迷时期，但在黄土高坡上的平遥古邑仍然给后人留下堪称传世佳作的双林寺泥塑，实在难能可贵，不得不敬佩当年匠师们创作这组规模宏大的泥塑作品时的胆识和智慧！

中国的佛教雕塑擅长背景描绘，以此烘托圆雕主像，使有限的殿宇空间无限延伸，达到意蕴的补充，然而像双林寺这样，以多达70％的悬塑描绘为背景，在中国并不多见。这种极具人性化的悬塑艺术在双林寺殿宇内随处可见，其中具代表性的当数释迦殿、千佛殿与菩萨殿。

释迦殿面阔五间，进深三间，悬山屋顶，屋面施灰瓦，檐下不做斗拱。大殿采用板门直棂槛窗装修，外檐门额横匾上书“灵鹫遗风”，以点睛之笔寓意此处为释迦佛祖居住与传法的灵鹫圣山所在。进入这座大殿，迎面的释迦牟尼佛祖露右臂，居中高坐，文殊、普贤协侍左右。殿内四壁运用悬塑、壁塑手法，采取分层组合、连环构图的形式，讲述了释迦牟尼从“白象投胎”“四门问苦”“夜半逾城”“金刀削发”“菩提悟道”“初转法轮”“灵鹫说法”至“双林入灭”等成佛过程和度化众生的佛经故事。这些彩色悬塑高约0.4米，总计200多尊。身世不同、神态各异的人物活动在宫廷、城堡、山野和森林中，展示了古代社会的多种场面。铺天盖地的悬塑围绕四周，成功地营造出了佛经教义神秘的环境氛围。只不过连环悬塑和壁塑讲述的故事发生在古印度，而表现的艺术形象和场景却在中国汉地。

这组彩塑采用了写实叙事的表现手法，但所有的人物相貌特征已经完全汉化，衣着全部是明代服饰，就连宫廷、城堡也都塑造成了中国的宫殿和古城。与其说这里描述的是一部佛传，倒不如说更像是一出连台的中国戏

释迦殿渡海观音彩塑

曲，因为一直以来，中国戏曲人物的服装就是取材于明代。人们甚至可以这样理解：释迦殿内悬塑所表现的社会场景反映的就是中国明代的世俗生活，充满着乡土风情和民间风韵。

千佛殿与菩萨殿建筑相同，单檐悬山顶，面阔七间，板门直棂窗，殿顶施灰瓦。从外观看两殿宇的造型和规格，似乎没有什么惊人之处，然而踏进殿内就像真的到了佛国梵境，被铺天盖地涌上前来的群仙聚会盛况所震撼。两殿内部空间原本不大，却分别塑有500多尊菩萨，四周自下而上分成五到六层，运用悬塑技法排列着千姿百态的菩萨塑像，令人目不暇接。他们衣纹飞舞，满壁生风，或拱手迎客，或对坐讲经，或成对渡海，或独驾祥云，前呼后拥，就连殿宇梁架上的菩萨悬塑也如飘逸的飞天，腾云驾雾，凌空而降，众星捧月般地拱卫着主尊圆雕观音菩萨，带给人们意蕴深远的想象空间。

在双林寺彩塑创作中，古代匠师们传承了宋、金、元代的技法和风格，运用写实、概括、夸张、提炼多种艺术手段，不拘一格地采用圆雕、透雕、悬雕、高浮雕、浅浮雕等表现形式，塑造了一批个性鲜明的艺术形象。这些彩塑仪容神态各具特色，绝无雷同，达到了现实主义和理想主义的完美结合。罗汉殿的彩塑罗汉、千佛殿的彩塑自在观

菩萨殿悬塑

菩萨殿层层叠叠的彩塑悬雕佛像

罗汉殿北侧彩塑

罗汉殿塑像

伏虎罗汉

矮罗汉与病罗汉

瘦罗汉

音与韦陀，以及菩萨殿的彩塑千手观音，都是双林寺彩塑艺术殿堂的不朽之作。

罗汉殿里有一组与真人大小相同的十八罗汉朝观音塑像。十八罗汉穿着汉化僧衣，位居观音两厢。因殿堂坐东朝西，观音塑像当门而立，于是古代匠师们巧妙地利用观音左右与南北两侧形成两个直角的空间对应关系，在塑造这组罗汉群像时，有意识地让他们的神态相互呼应，活跃了殿堂气氛，也平添了生活的情趣。

罗汉殿空间狭小，无法将十八尊罗汉如数一一塑造出。于是

千佛殿
Hall of One Thousand Buddhas

才艺过人的匠师巧妙地想出了一个办法：他们在观音宝座后墙两侧虚开门扉，右侧门扉半开，一尊身着官服的迎宾罗汉手持叩门砖，面容欣喜，侧身而入，醉罗汉紧随在他的身后；左侧同样半开门扉，让一位矮罗汉搀扶着一位病罗汉步履艰难地侧身挤开边门进入殿堂。在这两扇门扉背后究竟还有多少罗汉纷至沓来，似乎没有人能够说得清楚。不过匠师们的用意恰在这里，他们运用虚实对比和写意表现手法，极大地拓展和丰富了人们对罗汉殿的想象空间。罗汉殿中手持各种法器的罗汉，衣纹和肌肤细腻逼真，胖瘦高矮形象传神。匠师通过彩塑艺术把他们在观音面前恭敬朝拜、不敢轻言，却又按捺不住喜怒哀愁和欲言又止的心情表现得活灵活现。双林寺的这组罗汉彩塑与现存太原晋祠圣母殿的宋代彩塑侍女像有着异曲同工之妙，都是我国不可多得的艺术瑰宝。

千佛殿的观音塑像当初有无称谓不得而知。自在观音则是现在的一种通俗说法，缘于这尊观音潇洒自如的形象。古代匠师独具匠心，一改观音菩萨结跏趺坐的常规造像手法，取其袒胸露臂、单腿偏坐姿势，塑造出一副潇洒自如的超然神态，真是出神入化，令人拍案叫绝！

面前这尊观音菩萨以中国的女性为创作原形，按照古代传统的审美标准塑造，宛若天仙一般：身段柔美，仪容清秀，眉似弯月，口若樱桃，鼻梁隆起，二目微睁，显得格外娴静。塑像虽呈坐势，却左腿下垂，身体随之稍稍向左倾斜，整个重心落在了左臀上，由左臂支撑着全身。她的右腿曲踏宝座，右脚拇指微微上翘，右臂悠闲自得地搭在半曲的膝盖上，恍若一位窈窕淑女坐在那里养神小憩，随时呼之欲起。

与观音菩萨的塑像形成鲜明对比的是站立在她右侧的护法天神韦陀。韦陀塑像高1.6米，身穿将服甲胄，首顶兽形头盔，一手紧紧握拳，一手横持金钢杵，挺胸张臂，怒目圆睁，飘带飞舞，战袍临风，浑身充满张力，威风凛凛，一副明代勇猛武士叱咤风云的形象。古代匠师在写实的基础上采用了大胆夸张的手法，有意把这尊武士塑像的胸部、腰部和臀部塑造成扭动的“S”状，让身体形似一张拉满的弓，并且使目光注视的方向与头部转动的方向略微错开一个角度，于是产生了一种意想不到的强烈动势，仔细看去仿佛一触即发。把极富动感的韦陀塑像和娴静自在的观音塑像组合在一起，一坐一立，一高一矮，一张一弛，一静一动，阳刚之气和阴柔之美在夸张

护法天神韦陀彩塑像

美轮美奂的千手观音彩塑像

的对比下得以和谐统一。韦陀彩塑也因高超的艺术成就被美术界专家誉为“全国韦陀之冠”。

菩萨殿的千手观音塑像同样是一件稀世之作。在佛教里千手千眼观音是观音菩萨的一个化身。

与千佛殿自在观音的创意不同，千手观音造型采取了赤足双跏趺坐莲台的姿势，头顶天冠，耳戴环饰，胸佩金色项圈，身披天衣飘带，右手置于胸前作吉祥手印，左臂微屈，手部下垂，掌心向上，拇指与中指上翘，其余三指伸开，仪容丰满端庄，神态恬静妩媚，慈眉善目里透着普度众生的博大情怀。在观音菩萨的背后，按照人体比

例和对称布局的手法，另外塑有12对姿态多变的手臂，手里分别托着日、月，持有金轮、伞盖、莲花，以及弓、剑、刀、戟等不同法器，象征法力无边。手臂交错呼应，上下左右构成扇叶状的环形，极富动感的韵律，将这尊千手观音烘托得美妙绝伦。

在数以千计的双林寺彩塑作品中，奉祀的神祇相当广泛，从武圣关公、土地神、送子娘娘、乳母娘娘，到接生婆、“引孩儿先生”和供养人，无所不有，甚至也不乏以明代庶民生活为题材的佳作，将生活在身边的“睡姑姑”“药婆婆”和那些不知姓名的底层社会的老翁、老妪、少女都当成神供奉起来，与此同时又将各种神祇人格化、市俗化，使人神和谐共存。这既是古代匠师对社会的真切感悟，又是对佛经教义的朴素理解。双林寺是中国精湛的彩塑艺术殿堂，反映了明代社会深入寻常人家的多元崇祀文化，也反映了明代社会真实的庶民生活。

千手观音彩塑像

# 四、三教兼容并蓄的全真派清虚观

道教产生于东汉时期，是中国人自己创立的宗教。它的教义承袭了东方伟大圣哲老子的道家学说，蕴含着中国古代深邃睿智的哲学思想，是中华传统文化的精华之一，对中国人的思想观念、思维方式、生活方式和行为方式，都产生过广泛而又深远的影响。不过道家是诸子百家的一个学派，以“道”为核心，认为大道无为，主张道法自然。道教是汉代从道家思想衍生出来的宗教，二者既有内在联系，又有显著区别。

道教根植于分散的小农经济社会，传承了古代原始先民“万物有灵”的理念，而且受到多元思想文化的不断影响和渗透，因此形成了多神崇拜的独特个性。在世界五大宗教中，唯有中国道教属于多神崇拜的宗教：上至天界的“三清”天尊和辅佐“三清”主宰皇天后土的四御天帝，下到地上的城隍、土地、山神、水神、四海龙王，以至世间居家的门神、灶君、屋神、井神和阴间冥界五花八门的各类鬼

平遥古城清虚观全貌

狱，可谓无所不敬，无所不拜。

尽管道教把道家学派的创始人老子当成“道”的化身，尊为本教的至圣教主，奉为 “太上老君”，但是它的基本教义却是以崇神拜仙为修炼根本，奉行着多神信仰，于是也就有了林林总总的道教宫观庙宇。

中国古代平遥古城只不过是一座小小的县城，然而它却像神奇变幻的万花筒，浓缩和折射了中国道教多神崇拜的特征，向人们展示出了中国多元崇祀文化的生动场景。

今天，人们仍然可以根据《平遥县志》记载和现存历史文物，了解这些建在古城内外的各类道观庙宇，如玉皇庙、真武庙、帝尧庙、五道庙、二郎庙、城隍庙、土地庙、财神庙、灶君庙、火神庙、雷神庙、白虎庙、龙王庙、关帝庙、文昌庙、介神庙、三官庙、鲁班庙、井神庙、文昌阁、魁星楼等。总之，明清时期民间崇祀最常供奉的各路神仙都能在平遥古城各安其位，甚至在弹丸之地内奉祀真武大帝、文昌帝君、关圣帝君、五道将军与二郎神的宫观竟然不止一处。由此不难想象，明清时代处在社会底层的平遥县庶民奉行多元崇祀活动的极盛情形。

在平遥古城令人眼花缭乱的庙观中，最具代表性的道教建筑是坐落在下东门入口处的清虚观。清虚观建在古城东大街路北，完全恪守了古城空间格局“左道右释”的礼制规范，与建在西大街的集福寺（今已不存）遥相呼应。现存完整的清虚观建筑群坐北朝南，占地面积5890.9平方米。经史料考证，这座宫观的建造有着深刻的历史背景。

唐代是中国道教勃兴的高峰。李唐王朝来源于多民族血统，立国之初不拘礼法。在李世民与其长兄李建成争夺皇位的斗争中，以法琳为首的佛教信徒拥护李建成，而以王知远为代表的道教信徒支持李世民。李世民取得胜利之后，便开始奉行崇道抑佛的政策。加之李唐王朝为提高门第，神化统治，还利用道教的教主老子，即李耳，与唐皇氏同姓的关系，尊老子为“始祖”，举国家之力推动道教弘传。唐高宗时敕令天下诸州县兴建道观，于是平遥清虚观应运而生。唐显庆二年（657）是唐高宗即位第八年，清虚观开始创建，至今已经有1360多年的历史。最初宫观名为太平观。宋治平元年（1064）钦赐牒文，将太平观改为清虚观，奉“三清天尊”为主祀神。元祐七年（1092）清虚观重修。金明昌六年（1195）再次补修。元代初宫观曾被赐名“太平兴国观”，宪宗二年（1252）易名“太平崇圣宫”。到了清代又重新恢复了清虚观的名号。据文献记载，元代以后的明代对道教采取了比佛教包容的政策。明洪武十五年（1382），朱元璋诏令设立道录司，掌管天下道教之事。在他看来，道教超然世俗社会，行清净修炼之举，清心寡欲，自然无为，特别是道教基本教义信奉遵道贵德，热衷崇神拜仙，追求长生久视，相信天道承负的命运报应，主张修行真道，积善成仁，方能为子孙造福。这些显然对巩固朱明王朝统治有利，故而赐建了不少道教宫观，以示对道教尊崇，利用道教大造他是“真命天子”的舆论。道教生存发展到一定程度有了比较宽松的环境。尤其在成化年间和嘉靖年间，皇帝崇尚道教，

大力推动道教传播，修建宫观。平遥清虚观有过几次规模较大的补筑和修葺，主要是在明成化、万历年间，以及在后来的清康熙、雍正、乾隆、光绪年间。现存观内古建筑基本是元、明、清三代的作品。

清虚观由一组建筑群体构成。这组建筑群之所以被称为“观”，而且等级分明、三教兼容，源于它的深刻历史文化背景。

道教发端于民间。初创的时候道教以名山俊水为仙境，还没有专门用来从事道教活动的宫观建筑，修炼者隐居在山林、草屋、洞穴，于“洞天福地”之处苦心修炼。后来依附于帝王推崇布道，开始借助宫殿与观台请神迎仙，最终使宫观建筑变成了专供神仙居住和举办道教法事的地方。于是在中国古代建筑大系里，道“观”与佛“寺”相互对应，形成了反映两种不同宗教文化内质的古建筑别称。不过道教自唐宋以来在儒、释、道文化影响、渗透、融合的过程中，渐渐吸收了儒家的尊卑等级观念

清虚观三清殿及献殿

和佛家的崇祀序列形式，在建筑群体的排列布局和尊奉主祀神祇的建筑规格营造上，具有了十分明显的官式特征。

元代道教兴盛，全真派深受帝王重视，政治地位极高。全真派认为儒、释、道均主张“修己利人，其趋一也”，因而大力倡导三教合一，对道教建筑也产生了重大影响，宫观建筑大多仿照佛教寺院建造。直至明初，全真派由于受元朝统治者尊崇，因而遭到了明太祖朱元璋的排斥，地位一落千丈，他们只好在寂寂无闻的状态下静心修炼。后因朱棣发动“靖难之役”夺取侄子建文帝皇权，位不正，名不顺，于是利用民间崇拜道教北方神灵“玄天真武大帝”的心理，宣称自己就是真武神转世，以取代建文帝，系因“奉天承运，君权神授”。他以此笼络民心，还屡次派人到玄武的发迹圣地武当山，寻找住持玉龙宫开山传宗的全真道士张三丰。明永乐年间，朱棣下令连续十二年大规模修建道教宫观。嘉靖年朱厚熜可谓“道教皇帝”，崇信迷恋全真派，让全真派时来运转。到明末清初，全真派终于出现了“中兴”。清虚观的由来和建筑艺术的形成，正是这一历史文化的产物，典型地代表了元、明、清全真派的思想文化特征和道教建筑艺术。

清虚观的主祀神，是在道教神祇世界里最受信众尊奉的三位至高无上的天尊，即玉清元始天尊、上清灵宝天尊、太清道德天尊。老子的《道德经》如是说：“道生一，一生二，二生三，三生万物。”认为最初宇宙起源于混沌的元气，连天、地、日、月、山、川、河都还没有形成。后来宇宙天气化作阴、阳二气，再由阴、阳二气衍化为天、地、人，这才有了世间万物，也就是所谓的“一炁化三清”。玉清、上清、太清便由此而来。

其中，玉清元始天尊是道教初期的尊神，地位最高。天界其他尊神均由他度化而成。上清灵宝天尊地位稍次，一神之下，万神之上。而太清道德天尊则是民间熟知的太上老君，排列“三清尊神”之末，但在信众心目中却是相当特殊。

由于“三清”的地位最为尊贵，因此在这座道观里居中心地位的主体建筑是三清殿。其他从属于三清殿的建筑主要有龙虎殿、献殿和玉皇阁，由排列在中轴线上的山门、龙虎殿、献殿、三清殿、玉皇阁自南向北组成了三进院。布局规整，中轴对称，

清虚观纯阳宫前献殿

建筑等级和主次相当分明。

依照中国古建筑等级划分，清虚观主轴线上的主体建筑大都采用了规格比较高的歇山屋顶，显示了这座道观卓尔不群的风格。清虚观几经大的补筑和修葺，大概与元代初期丘处机的亲传弟子尹志平（道号清和子）曾经在此住持有关。全真教派掌门人丘处机深得元世祖成吉思汗的敬重，被赐号“神仙”，取得了掌管天下道教的特权，从而使全真教派官方化，全真教派得到迅速发展。在这样的大势下，由他亲传弟子执掌平遥清虚观，在观内奉祀全真教创始人王重阳的道门导师吕洞宾，广为传教布道，可见清虚观在全国道观中不同凡响的显赫地位与影响。

清虚观山门前现存的二柱式木构牌坊为清乾隆年间所建，前后置戗柱，歇山顶，斗拱七踩。山门殿也是清代遗构，面阔五间，三檩中柱式，悬山顶，前檐斗拱三踩，单昂，补间一攒。龙虎殿重修于元代，在清虚观建筑群中建造年代最久远，建筑技法独特，建筑艺术甚为珍贵。龙虎殿面阔五间，采取四架椽分心用三柱，歇山顶，柱头制作成带缓和曲线的卷刹，采用斗拱四铺作，也就是向外挑出四层斗拱，并在坐斗上

清虚观元代遗构龙虎殿

设单昂，与拱成十字相交。柱头之间的铺作只设一处由斗、拱、昂、枋构件组合而成的结构单元，称之为补间一攒。梁架四角放在第二层井口枋上，置抹角梁，尤其令人拍案叫绝的是，龙虎殿采用了“悬梁吊柱”的特殊技法，用来承托平梁和老角梁的后尾。表面上看去，屋顶的重量似乎是压在了无根无基的吊柱上，那么吊柱又是怎样将压力传递到地面上呢？仔细观察就会发现，原来在龙虎殿梁架的角落，从墙内伸出一根角梁，角梁的后尾支撑在斜放着的平梁上，形成挑出的悬梁式样，而它的后尾则直接穿过吊柱。于是吊柱承载的屋顶重量通过角梁的后尾传递给了斜放的平梁，再由平梁的两端，经过山墙和檐廊的梁枋构件传到立柱上，最后沿着垂直方向传到地面。这种做法在国内现存古代建筑中，已经非常少见，堪称清虚观一绝。

龙虎殿的屋顶以琉璃方心图案，并以绿琉璃在檐口处剪边铺设，装饰效果极佳。在大殿东西两侧次间，依照道教建筑“左青龙右白虎”的形制，分别塑有两座5米多高的元代神像，手持法器，面南而坐，怒目圆睁，俯首张臂。由于从山门到龙虎殿的甬道距离较短，驻足殿前近距离昂首观望，守护山门的青龙、白虎神将大有凌空而降、泰山压顶之势，艺术地表现了清虚观的肃穆威严。

龙虎殿正中的明间是连接前后二院的通道，南对山门，北向献殿月台。

清虚观的献殿与三清殿前后外檐相连，四壁通透，是供奉三清天尊、陈设祭祀贡品的过渡空间。这里也是祭祀吕洞宾的纯阳宫，内奉纯阳真人吕祖的坐像与二侍者。龙虎殿、献殿、三清殿、东廊庑和西廊庑各11间构成了二进院。庭院敞阔疏朗，是道士信众举行祭拜活动的主要露天场所。

龙虎殿彩塑龙形和白虎形

龙虎殿中的悬梁吊柱

龙虎殿的元代青龙（左）、白虎（右）塑像

龙虎殿元代翼角斗拱

纤柔华美的纯阳宫清代斗拱

龙虎殿与献殿之间通过一条砖砌甬道首尾相接，甬道左右各立碑亭，献殿两侧分别建有一座八卦台。与面阔五间、进深九椽的三清殿相比，献殿体量显得较小，且面阔不过三间，檐柱比例细长，与两座殿堂体量形成很大的反差。屋顶形式及做法也有所不同：献殿采用六檩卷棚式悬山顶，前有抱厦，斗拱五踩，双昂，补间一攒，斗拱结构作用明显弱化，用材比例缩小，表现出很强的装饰性；而三清殿为单檐歇山顶，四檐斗拱五踩，补间一攒，大殿的内外檐下斗拱用材较大，在结构上仍有承重作用，拱眼壁上悬塑着龙凤。由于三清殿重修于明万历二十八年（1600），献殿建在清光绪二十四年（1898），先后相差近三个世纪，因此两殿在建筑结构与建筑装饰上既有共同严谨整饬的风格，又有各自的不同。三清殿梁、柱、斗拱均保留着宋、元遗构质朴平实的风格；而献殿结构趋于简洁，装饰更加细腻，构件纤柔华美，彩饰斑斓繁密，与三清殿形成了鲜明的对比。

步入三清殿内，殿心的神台上奉祀着玉清元始天尊、上清灵宝天尊、太清道德天尊三尊神像，二十八宿神将簇拥神台，位列神像左右，如皇宫大殿百官朝圣一般，气势威严庄重。显而易见，清虚观在着力营造虚幻、超然世间凡俗的三清仙境，烘托三清尊神授经立教、救度欲界众生离苦得乐氛围的同时，也展现了道教效法儒家提倡等级制度的思想。把造像艺术用于表现道教宫观布道情景，竟与佛教通过造像弘传有着异曲同工之妙。从这里也可窥见清虚观全真教派三教合一的踪影。不仅如此，在三清殿两侧东、西耳房殿内，还供有三官、四圣、五岳、四渎神像，并在东、西廊庑供有九天圣母、九曜星君、七十四司。

三清殿

清虚观至今还保存着八尊元代以来的彩塑和宋、元、明、清各代的碑碣三十通（方）。从殿堂配置到神祇的序列造像，以及种类繁多的字画碑刻，都充分体现了中国道教多神崇祀的特征和元明以来全真教派的主张。清虚观内容丰富，价值珍贵，是了解中国道教历史文化、欣赏道观建筑艺术与雕塑艺术的理想之处，为研究中国道教提供了实物例证。

# 五、融于城隍庙里的明清世俗生活

在中国古代城市建设中，常把四周用城垣围合起来的空间聚落叫“城”，环绕城垣的有水城堑叫“池”，无水城堑则叫“隍”，于是就有了“城池”与“城隍”之分。不过城池与城隍的共同之处在于维护“城”的安全，而城隍又被赋予了特殊的含义——城市的保护神。

实际上，城隍在中国传统的祭祀文化中并非固定为某一特定职能。按照道教的神祇系列，它既是护国安邦的保佑神，又是管领亡魂之神。而在中国汉族民间信仰风俗里，城隍更被当作守护城池、庇佑地方、除恶扬善、救灾济民、调和风雨、管领亡灵的万能神明，与天下百姓息息相关，因此受到百姓的广泛敬奉。

中国古代对于城隍的信仰由来已久。据史料记载，早在三国时吴国赤乌二年（239）就修建了芜湖城隍庙。北魏时，城隍信仰已经成为一种社会风俗，到了北齐城隍神尤其盛行。此后历代崇祀之风不衰。

平遥县城隍庙

明朝开国皇帝朱元璋更是把对城隍神的崇祀推向了极致，洪武二年（1369）诏令天下，对应京都和府、州、县的等级，大行封赏城隍，分别封为爵、王、公、侯、伯，给了城隍很高的地位。每到祭祀时日，必然遣官敕祭。不久，朝廷整顿祀典，取消城隍神爵封号，下令府、州、县按照相应的行政官品规格尊奉当地的城隍，并仿照各级衙门形制建造对应等级的城隍庙。州、县新官赴任当天，衙门预备的仪仗先行出城，将新官接到署内，换上公服，然后到神庙（一般为城隍庙）进行祭祀。从此，上至京城大都，下到偏僻小县，城隍庙遍及全国，家喻户晓，妇孺皆知，成了中国民俗信仰中最具影响的神庙之一。在民间的世俗生活里，农耕、商贸、起居、文化传承、演艺娱乐和宗教祭祀，都会集中在城隍庙。城隍庙也就具有了兼容儒释道与民俗文化的公共开放空间的职能。

平遥古城的城隍属于县城隍，曾受封为显佑伯。城隍庙和县衙署以古城南大街为中轴线，东、西两边对称布局，坐落在通往上东门的城隍庙街北侧。庙宇何时创建，因碑碣无存，县志也无从考证。然而有文献资料显示，这座城隍庙曾经毁于回

城隍庙屋顶琉璃装饰

平遥城隍庙奉祀的城隍神像

禄之灾，明嘉靖甲寅年至乙卯年间（1554—1555）重修。清咸丰九年（1859）庙会期间再次遭到火灾，除了寝殿未毁，其他建筑全部化为灰烬。同治三年至八年（1864—1869）仿照原来形制重建，并塑像160余尊。现存的城隍庙占地面积4552平方米，总建筑面积3672平方米，大都为清代遗存建筑。

平遥城隍庙的历史文化遗产相当丰富，建筑规划创意别具匠心，琉璃装饰和雕塑绘画艺术极有特色。城隍庙完全仿照县衙署形制进行规划布局，中轴对称，严谨规整，恪守了儒家尊卑有序的礼制规范。在城隍庙除了特别配置戏台以外，其他建筑的位置、体量、规模、屋顶式样都与县衙一一对应。庙区主体建筑大都采用了琉璃饰顶，故而显得异常宏阔奇伟。

庙区为前后三进院落，以城隍大殿为中心，将六曹府、土地堂、灶君庙、财神庙四大不同功能的建筑组合在一起，形成了院中套院的空间格局。和平遥县衙相仿，庙前也同样有照壁，东、西两旁竖立木构过街牌坊，大门两侧筑有砖雕八字影壁墙，各配石狮和拴马柱，围合成庙前广场，俨然官府八字衙门的式样。

沿城隍庙的中轴线，从南至北依次排列山门、戏台（兼具仪门功能）、钟鼓楼、献殿、正殿、寝宫等主体建筑。由山门、戏台及两侧游廊组成了前院；由戏台、钟鼓楼、献殿、正殿以及东、西廊庑共同组成中院；正殿后的寝宫独立成后院，呈现出“前朝后寝”的官署形制。后院的东、西两边各有一座二进院，分别是灶君庙与财神庙。从城隍庙的总体布局到建筑配置，处处透着等级森严的官署之气。

位于大殿东面的廊庑共9间，仿照县衙大堂两厢的“吏、户、礼、兵、刑、工”六部，也设六曹府，作为城隍庙的办事机构，管理阴间地府公事，并在六曹府南端紧邻钟楼建有一座单开间钟馗殿。而在大殿西面设置土地堂，土地堂南端紧邻鼓楼同样建有一座单开间小殿，称为转生堂。城隍庙的正殿配置相当于县衙大堂，不同的是大殿前面多了一座

城隍庙大殿前的献殿

城隍庙大殿前的献殿

献殿，为的是摆放供品和崇祀祭拜。类似县衙二堂的寝宫是城隍爷处理日常公务之所，宫室前建有小院，而且比照县衙二堂东、西两旁设置门禁，在寝宫门外两旁建两座小殿，分别供奉着石敢当神与冀公二神，作为城隍爷的两个护卫门禁。

城隍是城隍庙大殿的主祀神。为了突出城隍地位的崇高和尊贵，整座大殿建在将近一人高的台基上。献殿与大殿毗连，面阔五间，硬山卷棚屋顶，斗拱七踩，双昂，前出歇山抱厦，前后通透无壁。献殿前建有一座宽阔的石柱栏板月台，月台正面为单出陛踏跺，两侧为抄手踏跺。月台左右对称矗立着的碑亭、石狮和旗杆，这组造型使得完美的殿堂异常神圣威严。通过艺术处理的手法，信众俯首拾级而上，仰视大殿，情不自禁地产生崇尚神灵、顶礼膜拜的心灵反应。

平遥城隍庙的建筑配置与建筑技艺也多有独到的创意，不乏绝代佳作。庙区前院紧贴东、西围墙所建造的两排半壁游廊，便是别出心裁的范例。自古以来，平遥的民间庙会总是集中在城隍庙和庙前广场，商品交易比比皆是，每次庙会的时间长达一个月。将庙门与戏台之间的庭院和游廊作为交易场所，既可方便庙会期间商品交易，又能让香客在祀典活动时小憩，可谓独具匠心。赶庙会时把游廊作为商品交易的服务场所，租给来自古城内外的商贩摆摊设点，不仅增加了庙祝的收益，而且大大方便了商家与顾客，促进了平遥商贸经济发展。像平遥这样在城隍庙区里设游廊办庙会，在国内仅此一例。从这里可以看出平遥人的经商意识，反映出清代城隍庙祭祀活动的世俗化、平民化趋向，以及城隍庙所具有的公共开放空间的特征。

平遥城隍庙戏台的建造同样为人称道。戏台在古时也称舞楼或乐楼，是城隍庙祭祀活动中必不可少的建筑。有了戏台，才有了歌舞演艺、人神共娱的盛景，既能祭祀神灵，又能丰富民间的文化生活。识文断字的人可以通过书和剧本知古通今，而目不识丁的百姓更愿凭借戏曲演绎的历史故事去了解人间变故及世态情仇。于是，一座戏台往往也就成了当地文化娱乐的中心。

山西堪称中国戏曲之乡。元代时戏曲文化已经处在全国领军的地位。明清时期，山西的戏曲文化进入鼎盛阶段，各地“有村必有庙，有庙必有台”，戏曲活动相当繁荣，戏台也如雨后春笋般拔地而起。

从城隍庙入口看戏台建筑创意造型

城隍庙戏台

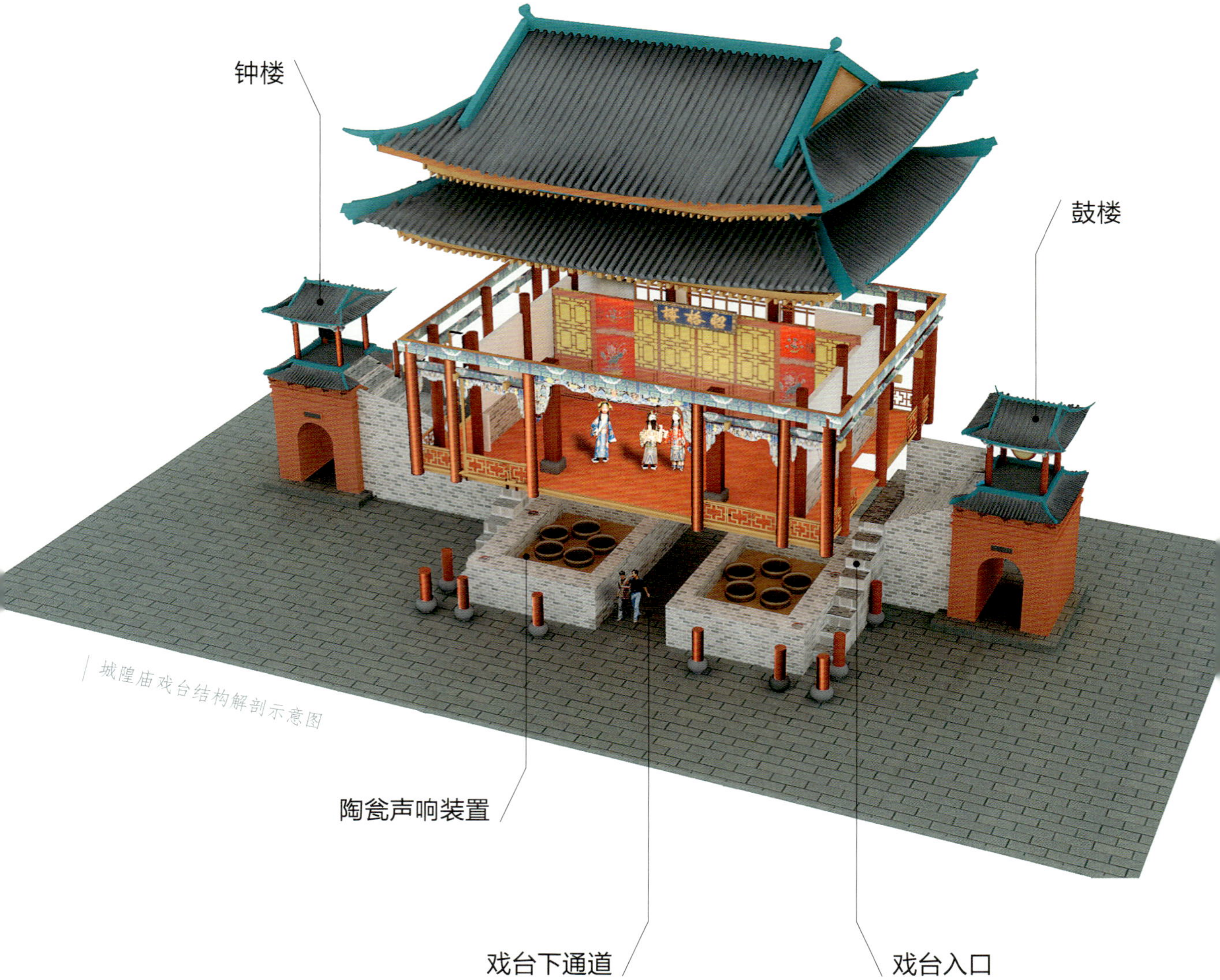


城隍庙戏台结构解剖示意图

平遥城隍庙的戏台建筑正是明清时期的代表作。戏台建在庙区的中轴线上，坐南朝北，呈倒座式布局，面对着献殿和大殿。这样布局显然是为了满足演艺功能的需要：一方面以北为尊，面对城隍演出大戏，取悦城隍，表达对城隍爷的虔诚和恭敬；另一方面艺人白天演戏，也不至于被来自南面的强光直射刺激眼睛。诚然，庙会期间民间艺人献艺助兴，实际上真正看戏的还是芸芸众生，通过这种自娱自乐的方式，达到人神共娱的目的。因为戏台坐落在中轴线的甬道上，兼有县衙仪门的作用，同时戏曲演出要在大庭广众下露天进行，所以对戏台建筑的设计建造有着很高的要求。通常山西的戏台多为单檐歇山式屋顶或者悬山式屋顶，不带回廊。而平遥城隍庙的戏台却采用回廊式重檐歇山顶楼阁结构，面阔三间，台口一面开敞，建筑高耸挺拔，加之琉璃饰顶，尤显辉煌壮观。这在明清时期戏台林立的山西也着实少见。戏台位于中央甬道，既要演戏，又不能阻隔交通，于是便在戏台下方的台基中央辟有一条南北走向的下穿式甬道，后墙的入口砌筑为券拱式门洞，门洞处由地面至外檐通高做成悬山式过街门楼，左右各开六边形花窗，并在门楼前的甬道两侧，植有两株遒劲的参天古槐。这样的巧妙处理，不仅消除了一进山门就面对建筑后墙的不适感，而且门楼左右又与钟鼓楼下的两座便门呼应，丰富和完善了酷似县衙仪门的官式建筑形象，取得了视觉审美的效果。出于功能要求，匠人把后墙甬道入口做成圆拱顶，而经过戏台的部分又改作方形断面，上不覆顶，采用随时可以拆装的实木楼板，平常并不覆盖，供庙祝、香客随意出入行走，只有在演出时覆盖铺平，将两旁戏台连成一个整体。

平遥城隍庙戏台在建造时，已经充分考虑到了演出的音响效果，采取的处理方法更是令人拍案叫绝。这座戏台重建于清同治年间，在那个年代，匠人们已经娴熟地运用了建筑声学的原理，用土办法创造了一套共鸣系统，获得理想的音响效果。他们在甬道两侧的戏台下分别埋置了五个陶制大瓮，瓮口朝上，先用石板覆盖，石板上加土层，土层上面再平铺一层方砖，使之形成一个多腔音响的共鸣区，结合戏台与对面献殿、大殿的回音技术处理，产生了浑厚圆润、音色丰富的悦耳声响。平遥城隍庙戏台的音响设计构思在国内城隍庙建筑中独树一帜，具有不可估量的珍贵价值。

设在城隍庙西北隅的财神庙是一座庙中庙。庙中也有一座供财神爷观赏的戏台，同样构思精巧，工艺精湛。戏台置于一眼窑洞上，在戏台的上方利用斗拱翘昂后尾出头，按照《易经》里太极八卦图的式样装饰成藻井，通过藻井内阶梯式的穹窿构造使戏曲音响发生折射，产生奇妙的共鸣效果。这座戏台规模虽小，但是造型十分精美，不仅为平遥全县戏台之首，而且是我国古代戏台建筑中不可多得的艺术珍宝。

财神庙戏台藻井

城隍庙屋顶琉璃装饰

在平遥古城众多的庙宇寺观中，城隍庙运用的琉璃饰物堪称一绝。明清时期中国生产琉璃砖瓦的繁盛地区在山西，而平遥是山西琉璃制品的主要产地之一，一些以烧制琉璃为职业的村里匠师逐渐形成匠系，在业内颇具影响。他们擅长以黏土陶胎为胚，将铜、铁、钴、锰、锡、铅等金属粉末饰以釉面，放入窑内低温烧制，制作成各种色彩丰富、釉面光亮的建筑饰品。这些制品虽然出自民窑，但是却有许多传世之作。那时平遥琉璃匠师烧制孔雀蓝和绿琉璃构件的水平已是全国之冠，因而也为平遥古城的庙宇寺观平添了精美与神韵。城隍庙至今仍是现存庙宇寺观建筑中使用琉璃最多，装饰制品最丰富，保存状况也最完好的建筑群。

财神庙窑洞式主殿内景

庙内的殿堂楼台大都采用了琉璃装饰。玻璃被广泛用于瓦件、脊兽、宝刹、仙人、蟠龙吻、卷尾吻、排山等大小构件，就连檐口的勾头与滴水也都饰以清一色的团龙图案，覆盖在献殿上的歇山抱厦顶、硬山卷棚顶和高耸的大殿屋顶上，层层叠叠，错落有致。远望这些屋顶装饰，只见蓝、黄、绿三色琉璃瓦相间，构成一组组菱形图案，既有蓝、黄二元色的强烈对比，又有绿色柔和过渡，将建筑轮廓极富变化的殿堂装点得富丽堂皇。城隍庙建筑的脊饰和部分屋顶装饰采用了最名贵的孔雀蓝琉璃瓦件，若蓝若绿，晶莹清澈，纯正而又深邃的釉色勾勒出了天际轮廓，在明媚的阳光下，熠熠生辉。除城隍庙大殿以外，其他殿堂楼台的正脊和垂脊均以黄琉璃瓦镶边，正脊两端的蟠龙吻与卷尾吻光彩耀眼，栩栩如生。在城隍庙中轴线上，主体建筑的琉璃装饰主次分明，大殿以当时北派道教的正宗标志仙丹葫芦作为脊刹，彰显了城隍庙大殿的宗教属性，而寝宫楼顶正中的脊刹采用白底蓝花瓷缸垫底，上置1.7米高的硕大葫芦，葫芦由一蓝一绿两个大小不等的圆球上下叠置而成，同样为道教标识。其他建筑的脊刹则采用另类造型。

在突出道教文化特色同时，城隍庙的建筑装饰和雕刻绘画艺术还巧妙地融入了儒家、佛教和民俗文化的内容与表现形式，使这座道教祭祀建筑具有了更加开放的包容性。就在最具道教文化特征的寝宫楼顶葫芦脊刹东、西两侧，脊兽造型却是背负另外两个小宝葫芦的麒麟和白象，分明是借用了文殊菩萨和普贤菩萨的坐骑，隐含了佛教文化的意蕴。

城隍庙寝宫屋顶琉璃装饰

庙内200多尊神像彩塑、上百幅壁画和大量木雕、石雕，都贯穿着儒家尊卑有序的礼治思想、道教的“报应论”与佛教的“因果论”，以及世俗社会求吉纳福、驱凶避灾的善良愿望。大殿南北山墙上，对称绘制的两幅大型城隍出巡图壁画，便是对朝廷命官出巡场景的真实写照，场面壮观，造型生动，取材于世俗生活，是清代道教壁画中的佳作。

出巡图旁边，还分别有一幅酷似古时书柜的壁画。壁画将书柜分成诸多长方形的存书方格，每格中画着不同式样的书卷与文簿，象征着古城内外百姓的生死簿，并且按照当时平遥县的里坊名称，在每个方格处，分别标注集福里、居仁

城隍庙琉璃屋面与脊兽

城隍庙寝宫屋顶琉璃装饰

北方道教全真派琉璃脊兽

蟠龙吻

麒麟葫芦琉璃脊刹

卷尾吻

里、康安里、兆康里、佳瑞里、加庆里、由义里等，模拟出城隍爷掌管着人世间生死大权的效果。

献殿与大殿内的壁画，内容均取材于世人熟知的《东周列国志》和《聊斋志异》中的典故。六曹府内的壁画也都取材于《聊斋志异》。这些壁画充斥着面目狰狞的鬼怪形象和恐怖场景，主题内容在于按照道教与佛教的教化，告诫人们今生多行善事，才能成道成仙，修成正果，来世大富大贵，恩泽子孙。与此同时，城隍庙在木雕、石雕、彩画中还大量采用了佛教里特有的仰莲、覆莲装饰图案和回纹、万字锦等民俗图案，并把四季平安、五福捧寿、平安如意、桃榴佛手、琴棋书画、寿山福海、连生贵子等吉祥图案广泛用在了建筑的外檐雀替、梁枋彩绘、山墙墀头和影壁砖雕上，雕刻出了八仙庆寿、仙女思凡等民间故事，采用这样一种表现手法，从正面引导虔诚的信众通过积善行德争取美好生活。在财神庙戏台

财神庙戏台

大殿内东山墙上的书籍文簿壁画

山墙墀头砖雕与梁房彩画

财神庙

大殿山墙上的城隍出巡图壁画

藻井中，虽然绘有太极八卦图，但是中心图案却并非司空见惯的“太极两仪”，而是古老的《河图洛书》，彰显出中国古代文明的河洛文化。城隍庙在建筑装饰艺术和雕刻绘画艺术上不拘一格、兼收并蓄，既适应了清代社会多元崇祀文化的需要，也是那个时代庶民文化生活的缩影。

城隍庙屋顶琉璃装饰

## 六、武庙传承的忠义信勇关公文化

武庙又称关帝庙，是奉祀三国时期蜀国名将关羽的庙宇。不过在此之前，武庙尊奉的主神并非关羽。

武庙的崇拜最早出现于唐代。唐玄宗为使朝中将士效法历代忠勇善战的杰出军事人才，据载，开元十九年（731），始置太公尚父庙，以留侯张良配。唐肃宗即位后，于上元元年（760），尊姜太公为武成王，设立武庙祭典，规格堪与文宣王孔子比肩。宋、元两朝因袭唐制，始终将姜子牙奉为武庙主神，并配祀位列十哲七十二将的历代贤良名将，如张良、孙武、范蠡、乐毅、李广、诸葛亮、张飞、关羽、岳飞等人，关羽尚排名在诸将之后列。

到了明初，相传开国皇帝朱元璋认为自己在推翻元顺帝的征战中，得到了关羽的神力鼎助，故此建立大明王朝不久，便重新恢复寿亭侯祠，洪武二十七年（1394）在金陵城的鸡鸣山南面建造了关羽庙，并列入国家祀典，把关羽奉为护国佑民的神灵。直到明朝迁都北京以后，朱棣还将关羽“庙祭于京师”。嘉靖年间恢复“义勇武安王”爵号。明神宗还将关羽封为关圣帝。至清代，尊奉关羽主神的关公庙、关羽庙、武圣庙、关圣庙、关帝庙等已泛称“武庙”。尊奉的主神改成了关羽。顺治皇帝神化关羽，敕封关羽为“忠义神武关圣大帝”，道光皇帝也将关羽封为“忠义神武灵佑仁勇威显关圣帝”。显然“圣帝”“大帝”与“文宣王”比，关羽的封号已然超过了孔子。到晚清时，光绪皇帝更是将关羽封为“忠义神武灵佑仁勇威显护国保民精诚绥靖翊赞宣德关圣大帝”。关公民间信仰遍及各地。世界上凡有华人聚居的地方，大都有关公崇祀。在民间崇祀中，关羽还被奉为佛教和道教的共同神灵。

关圣帝塑像

在中国传统的崇祀文化中，文圣孔子，武圣关羽，文武先贤誉满天下，在朝野备受尊崇为万世至极。关羽之所以在后人心目中的地位愈来愈高，特别是到了清代，全国上下普遍修建关帝庙，尊奉关羽的崇祀活动风靡一时，达到了鼎盛，有其特殊社会背景和深刻政治原因。清兵入关前后，岳飞精忠报国，抗击金兵的英勇事迹和精神深受人民敬佩，全国各地岳王庙比比皆是，香火奉祀不绝。在清康乾年间，脍炙人口的《说岳全传》问世，乃至家喻户晓，妇孺皆知，但仇视女真、反抗清政府的民心所向暗流涌动，对铁骑征服中原的清王朝统治十分不利。于是全面封杀岳王庙和岳飞崇祀，全力拔高神化三国名将关羽，将关羽尊崇为武庙主神。细数清代国祚268年，传位十帝，从顺治到光绪，多半皇帝都为关羽及其祖上封功晋爵，给关羽屡加封号，塑造成亘古神勇第一人。

虽然清王朝推崇关羽是为了巩固世袭统治，但关羽的人格魅力早已深得民间喜爱。他不仅骁勇善战，具有义薄云天的英雄气概与人格魅力，而且关羽是忠义信勇的理想化身，堪称中华民族伟大精神和传统美德的代表。清初毛宗岗曾按尊刘抑曹的观念和天命思想，对罗贯中的《三国演义》原著进行评刻修订。他在《读三国志法》一文中，盛赞关羽为“一绝”：“历稽载籍，名将如云，而绝伦超群者莫如云长。青史对青灯，则极其儒雅；赤心若赤面，则极其英灵。秉烛达旦，人传其大节；单刀赴会，世服其神威。独行千里，报主之志坚；义释华容，酬恩之谊重。作事如青天白日，待人如霁月光风。心则赵抃焚香告帝之心，而磊落过之；意则阮籍白眼傲物之意，而严正过之。是古今来名将第一奇人。”

关羽被后人尊崇为集“忠”“义”“信”“勇”于一身的道德楷模，成为中国封建社会上至帝王将相，下至士农工商顶礼膜拜的神圣偶像。关羽被历代君王奉若神明，加封褒奖，以至明清时期被封作“武圣帝君”，与文圣孔子齐名。也正是在历代朝野共同弘传推崇下，中国古代社会才形成了文有孔子、武有关羽的道德伦理观念，构筑了中华传统文化道德伦理的核心。明清两代，孔子和关羽是世俗社会家家户户和商家酒肆祭拜崇祀的神灵。武庙也像文庙一样遍及大江南北，纳入了国家祀典的内容。关羽还被兵家尊为武圣，被商家奉作财神，被寻常百姓崇拜成祈福消灾的保护神，就连佛门也尊祀关羽为护法伽蓝神，道徒则敬关羽为“义勇武安王”，于是，在中国形成了上层社会与底层民众同享，以及释、道两大不同宗教共祭同一位圣贤的奇特现象。

关羽是山西解州人，故而山西人有对关帝崇祀的情结，不仅所有县城都建有关帝庙，而且随着晋商在全国各地进行经商活动，所到之处必定兴建山西会馆，馆内必建奉祀关帝的坛庙、戏台。平遥同样如此。古城内赫然有一座武庙建在了书院街西口的路北，最初建于元代，称为关侯庙。明万历四十二年（1614）神宗朱翊钧敕封关羽为“三界伏魔大帝神威远镇天尊关圣帝君”，并在五年后正式加封冕旒，把关羽在人们

平遥古城武庙

心目中的形象提升到了仅次于天子的武圣帝君之尊。于是在人们看来，关羽生前是一个忠勇神武、义气千秋的英雄，死后也是镇静方隅、降妖伏魔的威神，唯敬关帝，才能够逢凶化吉，遇难成祥，保一家安康，佑四季平安。从此民间祭祀关帝的香火达到了鼎盛。

即使社会进入商品经济时代，诚信仍然是普遍道德要求和社会根基，在人际关系、社会秩序、治国理政诸多方面有着重要作用。关羽待

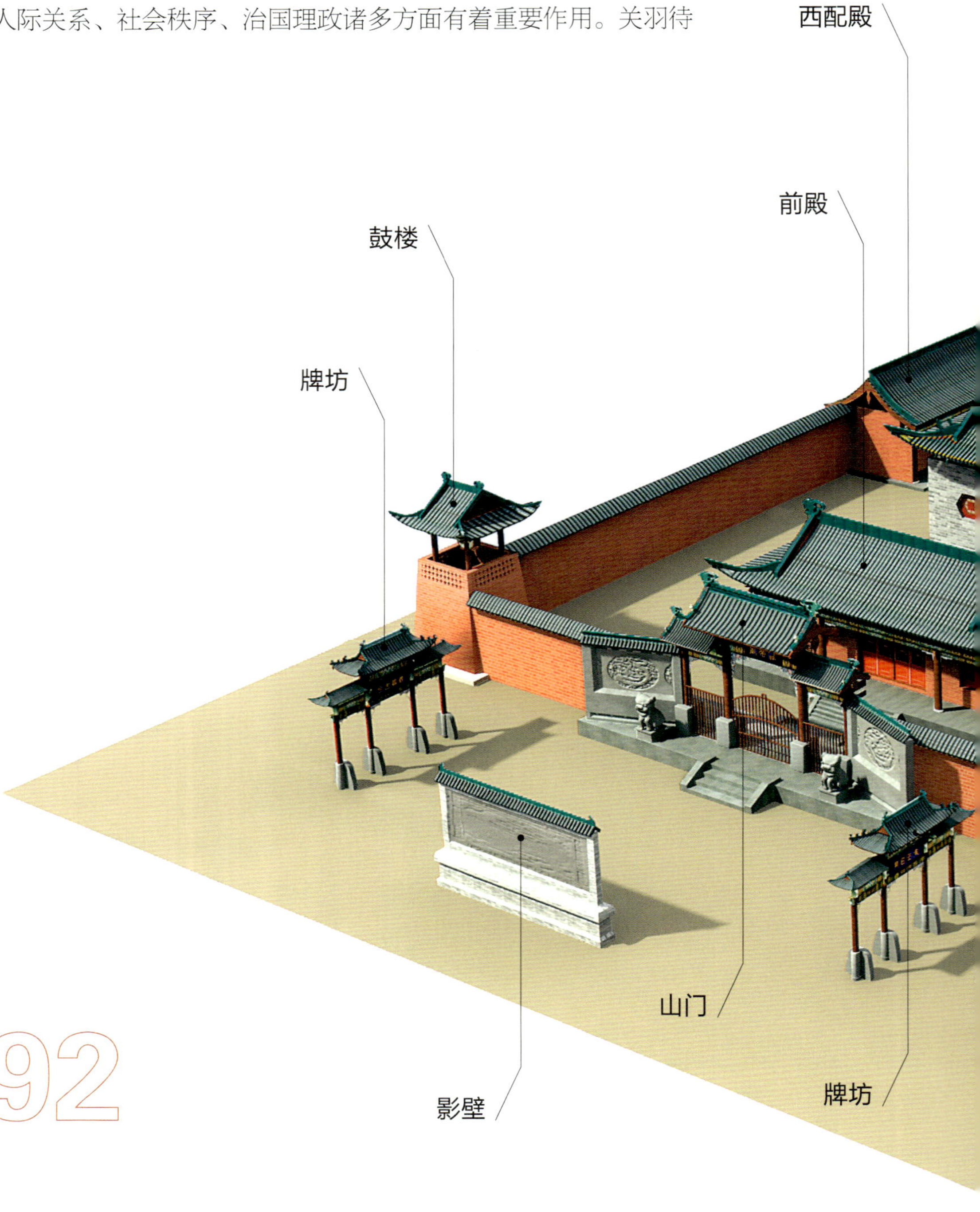

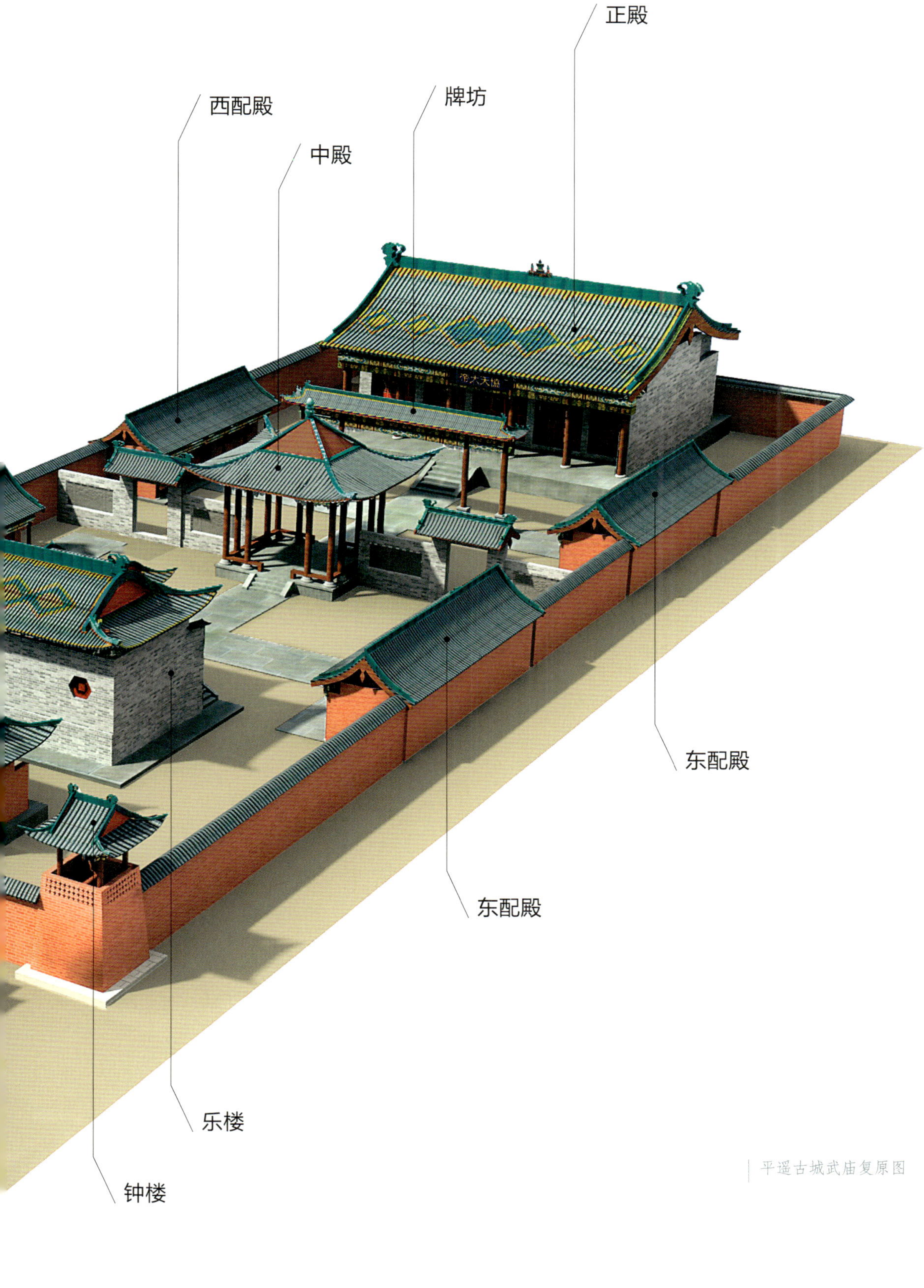


平遥古城武庙复原图

人以义，处世以仁，诚信名冠天下。他的精神和品格代表了以“仁义”“公正”为核心的商品交易准则，他既是各地商会敬奉的主神，也是商家招财进宝、庇护福佑的武财神。

平遥古城的关侯庙也像全国所有的关羽庙那样，将原来的殿顶灰瓦改施为琉璃，庙也因此而改成关帝庙，简称武庙。后经清乾隆、道光、同治年间历次复修补葺，保存下来的建筑多为清代所建。令人惋惜的是，2019年5月30日武庙在一场突发大火中被烧毁。如今正在按照晚清时期的原状构件和原本风貌进行恢复建造。

武庙的位置与文庙遥相对应，以南大街为对称轴，文武二庙一东一西，分列在古城南大街两侧。武庙的建筑形制也与文庙颇为相似：坐北朝南，呈中轴对称布局。在中轴线上依次建有山门、前殿、乐楼、中殿与正殿。山门外的两侧砌有八字墙，对面为照壁，山门前东西向分别竖有“忠昭日月”和“义贯古今”过街牌坊，在庙的前面形成一个面积不大的广场。武庙内东南和西南两隅原有钟鼓楼。正殿东西两厢建有廊庑。可惜武庙中殿已毁，仅存乐楼与正殿。乐楼就是人们通常所说的戏台，坐南朝北，面向正殿，为歇山顶小卷棚屋面。屋面坡度平缓，线条秀美流畅，采用琉璃饰顶，前出歇山抱厦，四周斗拱五踩，飞檐翘角，轻盈似翚。台中设有太师壁，上面横悬“水镜台”匾额。整座建筑体量不大，然而比例、布局恰到好处，建筑造型十分精美。

武庙的正殿面阔与进深各五间，悬山屋顶，具有民居式寺庙建筑的典型特征。屋顶没有满铺琉璃瓦，而是施琉璃方心图案，方心以外铺装灰瓦。正殿的明间与次间均采用木隔扇门窗。在东、西、北三面和大殿正面的稍间，以檐墙围合。殿内正面主位供奉一脸正气、威风凛凛的主祭神关羽，他的两侧分别塑有关平和周仓两尊立像。关平在关公左侧，手托关公大印；周仓在关公右侧，手持青龙偃月刀。东西配殿壁画绘制了桃园三结义、温酒斩华雄、三英战吕布、赚城斩车胄、屯山约三事、斩颜良诛文丑、挂印封金、过五关斩六将等三国故事。

尽管一场火灾使得武庙内的建筑大都荡然无存，但依稀可辨昔日的平面

幸存的武庙乐楼（戏台）

形制与建筑布局。乐楼和正殿仍旧保留着武庙历史的风采，见证着当年崇祀武圣帝君的鼎盛场景和平遥古城“左文右武”的礼制格局。重建中的武庙坐落着高低错落的殿堂建筑，人物、山水、鸟兽等雕刻、彩绘、壁画呈现出的祭祀文化，以及庙会文化和戏曲文化，处处蕴含着关羽的忠义仁勇和诚信精神，弘传着关公文化中最根本的思想理念。

与文庙不同的是，像武庙这样的祭祀建筑在平遥古城内外建有多处，因为关羽是多种神祇的化身。位于北大街的关帝庙、上东门瓮城的关帝庙、上西门大街的武庙、双林寺的武圣殿和平遥县段村镇七洞村的关帝庙等，虽然在规模上各不相同，但是建筑形制却基本一致，直到今天还保持着自己的特色。

# 第十章

# 纯朴浓郁乡土文化的民俗风情

平遥物华天宝，人杰地灵。丰厚积淀的历史文化给平遥古城留下了弥足珍贵的物质文化遗产，也造就了丰富的非物质文化遗产。这是自然禀赋、社会生产、地域文化与平遥人民勤劳智慧的结晶。在这方黄土地上，无论特产琛物、风味小吃、传统工艺，还是戏剧曲艺、民间社火，乃至方言艺术，都洋溢着浓郁乡土文化的民俗风情。它们和这座小城一起传承着中华民族的古老文明。

初来乍到，好客的平遥人说起家乡的特产和风俗，如数家珍。走在市井繁华的几条“土”字形布局的商业街上，商品的幌子招牌和商家操

小院人家

着当地方言的叫卖，也让人不由得惜步缓行。在那些小吃、土特产以及民间工艺品中，最能吸引人眼球的莫过于冠以“平遥”二字的品牌奇货，诸如平遥牛肉、平遥碗脱儿、平遥长山药、平遥黄酒、平遥推光漆器、平遥剪纸、平遥布老虎、平遥布鞋、平遥鞋垫等，即便不是老字号，也别有一番乡土风味。

# 一、享有平遥三宝美誉的地方名吃

平遥牛肉久负盛名，在一首《夸土产》的山西民歌里，“平遥的牛肉，太谷的饼……”风靡了大江南北。这首由平遥籍著名歌唱家郭兰英唱响的歌曲带着晋中乡土浓郁温馨的清香，走进了亿万听众心里，也让平遥牛肉成了家喻户晓的驰名特产与琛物。

平遥牛肉连同平遥碗脱儿、平遥长山药，很早就享有“平遥三宝”的美誉。而平遥牛肉首屈一指，可以说是平遥古城最抢手的特色品牌。据《平遥县志》记载，这里在汉代时畜养黄牛已然形成风气，有着卖剑买牛和卖刀买犊之说。名贵的中药材牛黄，也是这里的特产。不过人们却很难说清加工牛肉始于哪朝哪代，只知道清代时平遥牛肉就已誉满三晋。

清嘉庆年间平遥古城是晋中一带最大的商品集散地，南来北往的商贾云集在古城，餐饮小吃也很快应运而生。据说那时平遥县有

平遥牛肉

个生意人雷金宁，为人精明通达，曾开过屠宰作坊，善于解牛。他捕捉到了商贸大潮涌来平遥所创造的致富机遇，便在城内文庙街开设了一家“兴盛金”牛肉店，凭借苦心研制的一套牛肉加工工艺，烧制出了一种与各地酱牛肉、五香牛肉风味迥然不同的肉食名吃，从此世代相传经营平遥牛肉一百多年。光绪末年，任大才和他的儿子任仰文也相继在城内西大街开了“自立成”牛肉铺，自创加工方法，与“兴盛金”牛肉店竞相媲美，共同创下了“平遥牛肉”这一肉制食品的字号。随后，平遥的牛肉店铺和作坊日渐增多，终于打造出了自己的品牌特色。如今平遥牛肉不仅畅销国内，而且走出了国门，远销朝鲜、蒙古、新加坡、印度尼西亚、泰国、菲律宾等国家，受到国内外食客的青睐。

虽说在中国加工牛肉的工艺由来已久，品牌多样，各有千秋，然而同样是牛肉加工，到了平遥人的手里，制作的工艺方法就变得相当精细独特。生牛并不一定都来自本地，关键是从生牛屠宰、生肉切割、腌渍、锅煮等操作过程和工艺，到用盐、用水以至加工的节气时令，都有着特殊的讲究。宰牛采用平刀大拉法，将牛血迅速放尽，以免牛血渗入体内，也防止牛被宰杀时因受惊吓而造成肌肉痉挛，吃起来肉质坚韧。在腌渍时要把牛肉分成一二十块，每块纵横划出几条刀痕，揉进适量硝盐，然后放入大缸，用当地井中的碱水浸泡数日。硝盐数量和浸泡时间因春夏秋冬时令不同各有多寡。最后在锅内用碱水、硝盐烹煮，不加其他佐料，大火烧开，

平遥碗脱儿

小火慢炖，锅上不加盖，用煮沸漂浮的牛油覆盖在上面，保湿透气，散发腥味。锅煮的过程还要严格掌握水量和火候。别的地方烧制酱牛肉和五香牛肉一般不用老牛，因为老牛的肉老，不容易咀嚼食用。而平遥商家却偏偏逆向思维，运用独创的工艺，使得牛越老肉越香。在加工过程中也不用酱油上色，全凭生牛屠宰、生肉切割、腌渍、锅煮时运用技法，把握原料与火候。这样加工出来的牛肉色泽红润，肉丝纹路清晰，肉质鲜嫩，醇香可口，肥而不腻，瘦而不柴，色、香、味俱佳，且含有多种营养成分，老少咸宜，适合南来北往的食客，据说还有养胃健脾的功效。

平遥碗脱儿在当地方言里叫“平遥碗脱子”，也是驰名三晋的地方小吃。碗脱儿形如碗口大的圆饼，中间厚，边上薄，柔软细滑，精素不腻，有入口即化的爽口感，十分独特。在山西的晋中和晋北高寒地区，有许多地方的餐馆和寻常人家都擅长蒸制类似平遥碗脱儿的“灌肠”食品，不过都是使用荞麦面、韭菜等作为原料。而平遥的做法与别的地方大相径庭。它改用白面制作，去掉韭菜，加入菜籽油、盐水、大料、葱花。制作时，先将白面用温水调成糊状，再按一定的比例加入油、盐、大料和葱花，由稠到稀调匀，盛入小碟内，上笼蒸15分钟左右即熟。出笼晾凉后脱碟而成。制成的碗脱儿呈圆形，颜色淡黄，食用时分冷调、热炒两种。若是冷调，可以用刀把碗脱儿切成条状摆放到盘内，加醋、蒜泥、香油、芝麻酱、大料水、辣椒面等调料，调匀即食，清香、滑润、可口。若是热炒，先将炒瓢加热，倒入熟猪油或者麻油，油热以后加入葱、蒜，再把切成条状的碗脱儿倒进炒瓢爆炒片刻，随即放入土豆丝和黄豆芽，加入酱油、醋、大料等调料，炒熟起锅，色泽悦目，香味袭人。

平遥碗脱儿原本是清代庶民日常居家生活的一种蒸食。它之所以名扬三晋，说来还有一段故事。清光绪年间，平遥城南堡村住着一个小有名气的厨师叫董宣。他对晋中一带蒸制的荞面灌肠在食用原料和佐料上做了一番改进，从中琢磨出了一种新的面品，既可小尝，又可饱食，还可兼作面点、菜肴，色、香、味俱佳，不失大雅。就在光绪二十六年（1900）八国联军打进北京时，慈禧太后仓皇逃往西安途中，路过平遥古城，偶然品尝到了董宣蒸制的碗脱儿，大喜过望，赞不绝口，随即重赏。从此，平遥碗脱儿声名鹊起，在不断推陈出新中成了平遥久盛不衰的地方名吃。

平遥长山药同样是平遥的名特产品，堪称古城又一宝。中国最古老的一部典籍《山海经》里有这样的记载："景山，北望少泽，其草多薯蓣。"这里所说的远古时代的"景山"，就在今天的山西境内，而"薯蓣"则指长山药。山西境内种植长山药具有悠久的历史，而种植数量最多、品质最好的地域首推平遥。至今平遥长山药仍在国内独占鳌头。其中质地最优良的莫过于岳北村产的长山药，以条长、茎粗、皮薄、质细而著称。

平遥长山药

长山药是一种营养丰富的食品，含有人体需要的各种维生素、矿物质和氨基酸，同时也是有着多种功效的中药材。它的根茎可以补肺、益肾、健脾胃，还有助于消渴、补心气、降血压、抗衰老、抗肿瘤。《敦煌遗书》中说，早在唐代，人们就食用过一种健身康体的"神仙粥"。这种粥就是用长山药作为主料熬制而成。光绪年间，慈禧太后逃亡路过平遥时不止品尝过平遥碗脱儿，也吃了用平遥长山药熬制的粥糊，欣喜之下，竟将平遥长山药收为皇宫御膳。1912年，平遥长山药已经开始远销到美国、日本和南洋群岛，时至今日依然畅销国外，被外国人誉为"中国人参"。在国内，人们仍旧十分看重平遥长山药的多种药用功效，保留着有病食山药治病、无病食山药保健的习惯。平遥古城大大小小的酒肆餐馆也都必不可少地备有拔丝长山药、长山药炒木耳、长山药糊和长山药饮料等。平遥长山药以它内在的生命力与竞争力，稳居平遥三宝地位，经久不衰。

## 二、传世工艺和绝代佳作独具匠心

提及平遥传世的民间工艺，人们自然会想到平遥推光漆器、平遥剪纸、平遥绣花鞋垫、绣花枕头、平遥布鞋和平遥布老虎，当然也不会忘记有着“绝代佳作”之誉的平遥纱阁戏人。

平遥推光漆器属于中国四大漆艺之一，以手掌推出工艺器具的漆面光泽而著称于世。在中国工艺美术的珍品宝库里，它的精湛工艺、极致品位和很高的使用观赏价值独秀于林，成为中国漆器一绝。推光漆器源远流长，相传发端于商周，春秋战国时期已见雏形。唐开元年间平遥推光漆器开始具有一定的生产规模和工艺水平，形成了地方特色。明清时期平遥推光漆器发展到了鼎盛，成为山西乃至全国漆器的主要产地。

平遥推光漆器的制作工艺特殊，分为木胎、灰胎、上漆、刻画和镶嵌五道工序，制作过程复杂，工艺精细。器具木胎一般选择不易变形的松木或椴木，并且首选质地轻、纹理顺、少节疤、可塑性好的椴木加工板材，烘干后使用。灰胎是在按照设计式样加工制作成型的木胎上用白麻缠裹，再抹上一层用猪血调制成的砖灰泥，将灰胎做成平整光滑的底层，保证刷漆后的牢固和光洁。推光漆使用中国特有的大漆，也就是天然生漆作为原料。漆工将生漆刷在灰胎上，经过五至八次反复刷漆、打磨、再刷漆、再打磨，直到最后漆面出现光泽为止。每刷一道漆之前，都要用水砂纸蘸水擦拭，再用手掌反复推磨，直到手感光滑，再进行下一道刷漆。越是往后，擦拭推磨越是细致。擦拭工具先用粗水砂纸，再用细水砂纸，然后用棉布、丝绢。手掌推磨时先蘸麻油，后蘸豆油，用掌心反复推磨，直到手掌发热。每一件平遥推光漆器都要凭借着工艺匠师的眼力、耐力、经验，才能推得漆面生辉，光洁照人。有了这样的漆面，才能够在上面刻绘字画或者漆色彩绘。为了增强漆器的立体观赏效果，提升漆器档次和艺术品位，通常还采用堆鼓工艺和三金三彩工艺，在素底描绘出的轮廓中，把专用的腻子一层层堆高，产生层次变化，再在上面贴金彩画；也可交替使用赤金、黄金和银三种金属箔，再用三种原色彩画。制作出的器具色彩绚丽，精美绝伦。在平遥推光漆器制作过程中创造的彩绘、堆鼓、三

推光漆龙凤淑女图

推光漆猫蝶（耄耋）富贵图

推光漆制品

彩绘描金平遥古城黑漆屏风

金三彩都是特种工艺，工艺特殊位居前列。平遥推光漆器的最后一道工序是镶嵌。对于特殊需要的器具，要把河蚌壳、螺钿、象牙以及彩色石头加工成各种原件，根据图案的要求巧妙地镶嵌在漆面上，用胶黏牢。

工艺匠师制作平遥推光漆器时，综合运用多种装饰工艺，借助彩绘描金、堆鼓彩画、三金三彩、镶嵌等表现力，创作出古朴典雅、千姿百态的器具，包括各种大小和类型的桌、凳、床、柜、几案、屏风、挂屏等家具，以及盘、碟、瓶、盒、碗、壶、杯等。例如百寿图黑漆屏风、百子嬉戏黑漆屏风、彩绘描金平遥古城黑漆屏风、松鹤延年黑漆挂屏、贝壳镶嵌仕女图四扇屏、蝙蝠勾莲柿形雕填漆盒、彩绘描金山水人物纹漆盒、彩绘云龙纹漆盒、富贵牡丹黑漆盒、祝寿图绿地剔红盒等。这些推光漆器多取材于民间生活，表现内容大都是中国传世的山水、花鸟、人物字画与吉祥图纹，均为平遥推光漆器中的艺术精品。从明清两代已经开始出口英、俄和东南亚等地，一直延续至今，在欧、美、非洲也都可以看到平遥推光漆器。现在中国工艺美术馆收藏着三件精美漆器，其中有两件就是平遥推光漆器作品。

剪纸是中国的古老民间艺术。平遥很早就有剪纸的传统，世代相传，以至清末民初时多数剪纸工艺都出自百姓之家。从闺房少女到七旬老妇，大凡做得了针线活的女人都能凭借一把剪刀剪刻出精致的窗花。那时剪纸融入平遥百姓生活，成了居家过日子不可分割的一部分。住房要贴窗花、墙花、顶棚花，岁时节令要贴灯笼花，赶上正月初一到十五或操办婚姻大事，还要剪出福字、喜字，贴上柿子、如意、牡丹、佛手、莲花、桂花、笙等图案窗花。

剪纸的题材大都是一些与日常起居生活息息相关的动物、草木、花卉、鱼虫和飞禽走兽，也不乏历史故事与戏剧人物。

剪纸百黛图

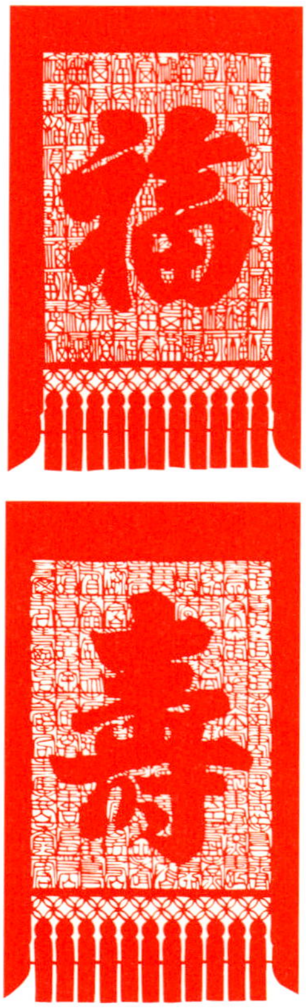


剪纸百福、百寿图

她们运用谐音、象征的表现手法，创作出喜闻乐见而又寓意深刻的剪纸艺术，用“喜鹊登梅”、“四柿如意”、十二生肖图和大自然的鱼虫花卉表达对生活的热爱；用“吉祥如意”“喜气临门”“连年有鱼”“长命百岁”表达对平安幸福的憧憬；用“刘海戏金蟾”“凤凰戏牡丹”表达对真挚爱情的追求；用“百年好合”“鸳鸯戏水”“莲开并蒂花”“麒麟送子”“龙凤呈祥”表达对美满婚姻的企盼，寄托自己的心声。还推陈出新，创作出了“金陵十二钗”等《红楼梦》人物和场景。白底红花，剪刻精细，式样繁多，意趣横生，富有古朴典雅的传统文化韵味，洋溢着平遥浓浓的民俗风情。这些心灵手巧的女子用她们对生活的细腻体察和对幸福的理解想象，装点出大千世界，净化着人们的心灵。平遥剪纸一直传承到现在，依然兴盛。人们在不经意间还会看到豆蔻少女围坐在耄耋老人身边学习剪刻大红的喜字团花、窗花和墙花。

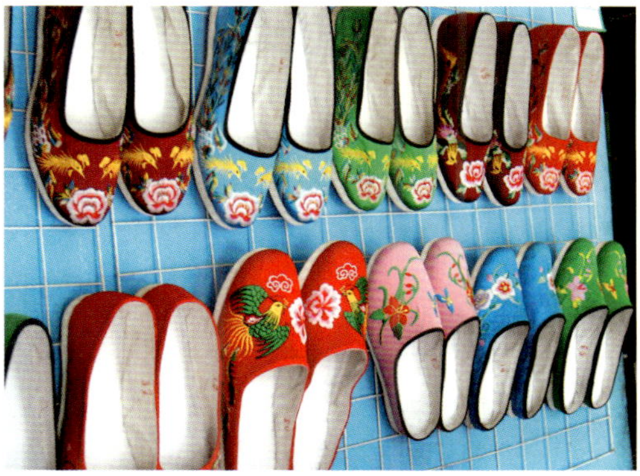

平遥绣花鞋垫和绣花鞋

平遥绣花鞋垫、绣花六合泰枕头和平遥布鞋也都是知名度很高的传统工艺品。与平遥剪纸不同的是，这些具有当地文化特色的民间工艺品以纯棉布打底，靠的是精巧的创意构思和飞针走线的手工刺绣缝制而成。鞋垫的式样主要采用传统的十字绣，取材也如剪纸那样，一般是花草鱼虫、飞禽瑞兽，融入了民间的文化艺术，象征着爱情与幸福，风格古朴，花色艳丽。按照中国的乡土民俗，女子常把自己亲手刺绣的鞋垫当成定情之物送给心爱的男子，暗示愿跟他走遍天涯的心迹。绣花六合泰枕头和布老虎同样采用一针一线绣出吉祥如意的图案，装饰、美化着起居环境和生活。平遥布鞋采用的是千层鞋底，和绣花鞋垫一样，最大的好处就是透气、吸汗性强，穿着柔软舒适，可以促进和改善足部的血液循环，适应周围的环境，而且缝制刺绣精致，争奇斗艳，还有很高的收藏价值与观赏价值。

人们固然在其他地域对于各种不同风格的漆器、剪纸、绣花鞋垫、绣花枕头、布鞋和布老虎早已屡见不鲜，不过平遥的民间工艺毕竟属于汉民族中原文化的一支，代表着黄土地上的晋商文化。至于说到纱阁戏人，更是国内独创，现如今绝技失传，已经成为中国民间工艺珍品孤例。

纱阁戏人，顾名思义是一种把戏曲人物的艺术造型放置在纱阁里观赏的特殊展示工艺。它的特点是取材于传统戏剧，将碧纱罩遮盖的纱阁作为小小的舞台，抓住戏剧的精彩片段塑造人物，制作场景，使每一纱阁表现的剧情主题突出，情景交融，做到一阁一折戏，一戏一春秋。《八义图》《鸿门宴》《战洛阳》《南阳关》《金台鉴》《大进宫》《碧玉环》《断桥》《斩黄袍》《司马庄胭脂计》《岳飞北征》等，都是清代留存下来的平遥纱阁戏人的珍品。

纱阁戏人《金台鉴》

纱阁戏人《南阳关》

明清时期西洋的摄影技术尚未进入国门，纱阁戏人擅长捕捉戏剧演出的细微变化，把戏剧人物一招一式的动作和神态定格在瞬间，真实形象地记录了戏剧舞台艺术，吸引了广大观众，给人们留下了无尽的遐想。这一民间工艺绝活流行于晋中一带，与盛行的晋剧艺术相得益彰。据史料记载，清光绪三十二年（1906），平遥城内开着一个“六合斋”字号的纸活儿铺，纸活儿铺的老艺人许立廷远近闻名。他曾领着几个纸活儿艺人专门为平遥古城的金井市楼制作了36阁戏人。纱阁高0.7米，戏人的高度在0.5米左右。戏人装束逼真，造型优美，眉目传神，道具简洁精细，引人入胜。每逢新春佳节和元宵社火到来，纱阁戏人都会陈列在市楼下街道两旁，供来往游人观赏。倘若有缘驻足静观，不知不觉便会发现眼前戏人似乎姗然起舞，耳旁琴弦鼓乐齐鸣。然而遗憾的是，这一民间工艺随着老艺人离世失传已久，唯余28阁，成了平遥纱阁戏人艺术的绝唱。

纱阁戏人

## 三、散发乡土芬芳的民间戏剧曲艺

明清时期的平遥古城是一个商贸金融大舞台，也是一个文化艺术大舞台。可以说，是晋商的崛起给平遥民间文化艺术带来了繁荣。自从清道光年间日升昌票号问世，平遥古城的商业经济空前活跃，以金融汇兑业为主的商家字号如雨后春笋般拔地而起，平遥商号遍布全国各地。为了酬宾和生意需要，也为了宣扬商家店铺字号的名气，他们每到重要商埠码头，都要捐款修建颇具规模的山西会馆，会馆内一般都建有关帝庙和戏台。晋商云集会馆，凭借这样的平台和时令庙会接待南来北往的客商，洽谈商业贸易，进行文化交流。不仅如此，生意兴隆、日进千金的商贾巨富也需要消遣娱乐，不惜拿出白银在平遥城内大建戏台，组成戏班，还花钱从邻近的祁县、交城、孝义请来名角艺人，同时资助地方戏曲、曲艺、皮影与木偶戏表演。

在道光至咸丰的二十多年里，从山西南路梆子演变过来的中路梆子活跃在太原和晋中地区一带。平遥古城商贸兴隆，各路人才荟萃，自然是地方戏曲的主要舞台。城里的一些商贾巨富纷纷委派专人，或者干脆和他们的子弟直接承办起了自己的戏曲班社，使古城的戏曲文艺一下子变得红红火火。

自古以来，山西由于山脉的纵横分隔，形成了晋中、晋南、晋东南、晋北、忻定五大盆地。在车马步履通行的过去，往来不便，地域封闭，各自形成了具有当地特色的方言和风俗习惯。元代时山西的戏曲活动遍及县、乡都、村社。到了明清时期，山西因地域文化的差别，产生于五大盆地的戏曲因各自行腔特色和唱、念、做、打表演风格的不同，形成了四大梆子戏——晋南蒲州府一带的南路梆子、晋中太原府一带的中路梆子、晋东南潞安府一带的上党梆子、晋北大同府与朔平府一带的北路梆子。中路梆子源于蒲州的南路梆子，经晋商和当地文人参与，融合了晋中当地文化，与祁太秧歌、晋中民间曲调相结合，渐渐形成了行腔高亢激昂、旋律婉转流畅、曲调优美亲切、念白字正清晰的艺术特色，深深扎根在省内外广大戏迷心中，成了三晋文化和山西地方戏曲最具代表性的剧种，故而晋剧由此而来。平遥古城作为孕育晋剧的摇篮，在晋中太原府一带产生了很大影响。

到了光绪年间，平遥已经成了班社林立、艺人荟萃的晋剧大县。在这座小城内，居然成立了二三十个演出晋剧的戏班：协同班、春和园、昌盛园、永福社班、众义园、永梨园、丰仙园、同春园、祝庆园、天乐园、双盛园、祝丰园、同梨园、金仁园、伍梨园等，不一而足。上演的剧目有《日月图》《富贵图》《春秋配》《打金枝》《盗墓》《长坂坡》《清风亭》《莲花庵》《琥珀珠》《拾玉镯》《祥麟镜》《宁武关》《嫁妹》，如此种种，不计其数。平遥晋剧在发展过程中艺人名家辈出，著名晋剧艺术家程玉英便是平遥戏曲名家的杰出代表。

流行在山西中部的秧歌又称晋中秧歌。因为它盛行于祁县、太谷，所以也称祁太秧歌。晋剧演变的过程就曾吸收融入了祁太秧歌的基因和血脉。现在平遥古城逢年过节举办民间社火或者寻常典礼喜

皮影戏《断桥》

庆，仍旧离不开祁太秧歌活跃气氛。方言快板、莲花落等曲艺都是民俗活动必不可少的表演内容。

平遥的皮影与木偶戏也是具有地方特色的戏剧曲艺。皮影在当地俗称“灯影儿”，早年也曾活跃在平遥，后来渐渐失传，被吕梁地区的孝义皮影取而代之。但是逢年过节闹社火，皮影戏依然受到平遥人的喜爱。它的表演只需要占用很小一块场地，悬挂或支撑起白色的薄纱帷幕，由躲在幕后的演员操纵着用驴皮刻制成的戏剧人、兽、兵器、场景等舞台道具，配着鼓点、音乐，边演绎各种剧情，边用当地方言说唱，同时通过灯光映照将道具的形象动作投影在薄纱帷幕上，从而获得演出效果。皮影表现的内容主要取材于民间故事、神话传说。台词诙谐幽默，乡土气息浓郁，具有鲜明的世俗化与大众化艺术风格。每逢庙会期间，小小舞台前总是人山人海。戏班艺人常常白天“走明场”，演出晋剧折子戏，晚上接着演皮影。到现在，平遥古城里还保留着少量的小型戏台。平遥木偶戏在国内许多地方被称作傀儡戏，当地又把它叫“木疙瘩”。由表演艺人操纵木偶做出各种动作，配合唱腔和伴奏进行表演。因木偶戏与皮影戏有共同特点，故而常与皮影搭档演出。戏班每到一处，白天演木偶戏，夜晚演皮影。皮影和木偶戏给平遥古城的民俗风情增添了不少韵味与欢乐。

皮影戏《西厢记》

# 四、维系百姓繁衍生息的民间风俗

民间风俗是一个民族、一个地域生产、生活约定俗成的行为规矩，包含人们的农耕商贸、衣食住行、岁时节令、游乐百戏、婚丧嫁娶、交际礼仪、信仰禁忌、习尚风气等，维系着百姓人家的生息和依存。平遥的民间风俗是中原地区汉族民俗的组成部分。从平遥民俗可以了解这一地区汉民族古老文明的生活轨迹。

在平遥古城，人们不难发现当地衣食住行依然保留着许多代代相传下来的习俗，带着黄土高原的地域特性，衫裤鞋袜多用土布缝制，男穿中式对襟上衣，女穿偏襟上衣，缀以桃结扣门。男女一概穿大裆筒裤，老年人喜扎裤口。官员、绅士和商人穿长袍，罩马褂。如今居住在城内外的城乡居民衣着穿戴虽然比较时尚，但是夏天仍旧能够见到头顶白毛巾的农民身影。男子或光头，或留小平头，还喜欢在头上扎毛巾。老年人大多用一条毛巾包头，把结打在头后面，而年轻人则用三四条毛巾拧在一起挽成圆圈，俗称“立楞子”。不管是城里

平遥美食莜面栲栳

人还是乡下人，婴幼儿的头上都戴狮、虎、狗等式样的动物帽，胸前挂象征着吉祥长命的挂件佩饰。平时为了行走舒适轻便，多数男女老少愿意穿棉线袜，不少人仍穿衬有绣花鞋垫的布鞋。遇上自己的“本命年”，一般还要系上一条红布腰带。

平遥人的饮食习惯非常传统，极善粗粮细做，细粮精做。这是因为他们祖祖辈辈生息繁衍在黄土高原，除了吃少量小麦，主要靠吃小米、玉米、高粱、豆类、薯类、莜麦、荞麦等五谷杂粮为生。经过一代又一代与大自然的磨合适应，特别是明清时期，繁荣昌盛的商贸经济带来了饮食文化交流，就连生活稍微殷实一点的人家，也对饮食的花色、品位有了更高的要求。于是在取长补短中，饭菜十分讲究烹饪技术，尤其在面食和杂粮的制作上见长。在家庭制作面食里，分煮、蒸、炉、炸四种做法。仅煮食就可以做出二十多样，例如白面或高粱面的擦圪蚪、高粱面加豆面的抿圪蚪、掐疙瘩、擀面、搓鱼鱼、切板板、饸饹、剔尖、蘸片子、饺子、焖面、刀削面、刀拨面、绿豆面溜溜尖、玉米面煮疙瘩、高粱面糊糊等。蒸食不只有馍馍、花卷、包子、窝窝头，还有高粱面的石窝窝、玉米面的和儿、莜面栲栳和荞面灌肠。炉烤干面饼子、肉火烧、烙饼、煎饼、石头干饼、玉米面和煎，也都是平遥饮食中的特色面点。至于油炸面食，既有白面的油条、麻花，也有黄米面的炸油糕。在平遥古城的居家菜肴做法中，炒、爆、烩、炸、溜、卤、酱、拌，样样俱全。每当喜庆宴席，必然拿出上好的酒水，家族或亲朋好友依旧遵照老规矩区别辈分、长幼和宾客身份，按顺序入座。一般酒席设九碗九碟，若想菜肴丰盛，可以安排当地所谓“四四”“八八”“八八一领二”“八八一领四”的高档酒席。

也像其他县一样，平遥庙会最初是一种祭神闹红火的民间活动，多以搭台唱戏助兴，俗称“过唱”。后来逐渐增加了商品交易，庙会随之也称为庙市。平遥古城比较隆重的庙会集中在每年上半年。从农历二月二龙抬头在城内南门的龙王庙会开始，二月初九在北门尧王庙、四月初八在桥头村双林寺、四月十四在东大街清虚观、四月十五在西大街西寺庙、五月十三在上西门街武庙、五月二十五至六月二十五在城隍庙、六月十九在梁家滩白云寺，都有各式各样、主题内容不同的庙会。庙会规模比较大的在桥头村的双林寺，庙会时间最长的是城隍庙。

平遥古城的人家无论居住还是出行，也都有一套当地传统的风俗习惯。直到现在，独门独户住在古城民居院落的家庭，照旧维系着原来的建筑布局和千古不变的起居秩序，长辈住正房，晚辈住厢房。即使住在大杂院，也有不少人家讲究风水，供奉土地和门神。新春佳节或家有喜事，各家都要挂上红灯笼，贴上对联、门神、窗花，鸣放爆竹，图的是个吉利。翻修民居时必定择日开工，先拜土地神，并高挑红旗以镇邪。房屋合顶要贴对联，放鞭炮，喝喜酒，宴请建筑工匠。如果迁往新居，先要杀只

踩高跷

银红公鸡“镇宅”，再搬瓶子、案板、筷子、蜡烛以及发面，最后搬其他家具器物，目的在于企盼阖家“平平安安”“快快乐乐”和“发福”。古城人家历来崇尚礼仪，尊老爱幼，礼貌待人，邻里和睦。

中国汉民族有自己特殊的历法，一年四季岁时节令不断，每个节日都有深刻的历史文化内涵。这些农历节日里蕴含着中华民族的精髓，也给中华民族带来了坚定不移的凝聚力。

平遥百姓人家按照习俗，从正月初一欢欢喜喜过大年开始，正月初五破五，送穷日，正月初八祭星君，正月初十庆鼠婚，正月十五闹元宵，正月二十、二十五供添仓，二月二龙抬头郊游祭龙神，清明节回乡扫墓祭祖，五月初五端午节时纪念屈原，八月十五中秋节阖家欢聚庆团圆，九月初九重阳节敬天地尊老人，十月初一“鬼节送寒衣”，冬至尊医圣吃饺子，腊月初一爆米花祛百病，腊月初八释迦牟尼成道日品尝腊八粥，腊月二十三祭灶王进入小年，直到腊月三十除夕夜爆竹声中辞旧岁，接踵而来的岁时节令使民间生活丰富多彩，

舞龙舞狮社火场景

划旱船表演

喜庆连连，在这座古城，平遥人始终坚守着中原地区汉族民俗传统。

在这些岁时节令里，最热闹喜庆的要算是元宵节的民间社火了，世代相传，从不间断。所谓社火就是百姓人家结社闹红火。如果说在春节过大年期间，从初一到初十主要在家族内部团聚庆贺，以及和亲戚朋友互相问候，那么在正月十五元宵节这一天结社闹红火，则是一年之初首次社会层面的大型娱乐活动。社火在山西各地都能见到，只是民俗习惯和娱乐形式有所不同。平遥的元宵节由城关镇与城关外的乡村组织各式各样红火，如舞龙、耍狮、踩高跷、抬阁、背棍、跑驴、划旱船等，从镇、乡、村里集中出发，来到人气最旺的古城街头轮番表演，最后都要通过传统商业的南大街，在金井市楼前尽情展现才艺。这时总是人山人海，挤得水泄不通。人群中最醒目的自然是鹤立鸡群般的高跷和背棍。高跷上的表演者都身穿戏装，有扮相俊俏的小媳妇，也有扮相丑陋的猪八戒，还有扭捏作态的媒婆，使人忍俊不禁，开怀大笑。而背棍上面身着戏装的幼童透着一脸的稚气，随着震耳欲聋的钹声和鼓乐，他们甩动着水袖，博得满街喝彩声。南大街上一字排开四五十架高跷、背棍，加上川流不息的舞龙、耍狮、跑驴和划旱船表演，让古城的父老乡亲尽情欢乐，带着无比愉悦的心情，迎接新一年的春耕、春种、夏管与秋收……

背棍表演

男大当婚，女大当嫁，是中华民族赖以生息发展的自然法则和社会规律。明清时期平遥百姓也如北方其他地区百姓一样，把婚嫁当成人生大事，尊奉着隆重的礼仪。

在那个时代，子女长大成人以后，择偶都由父母当家做主，媒妁在两家之间沟通传话，讲究门当户对和男女生辰八字。通常男方家里还要经过纳采、问名、纳吉、纳征、请期和迎亲的“六礼”烦琐程序，给女方家送上一些绸缎、布料、衣服、银两和食盒作为求婚的彩礼。只有双方父母同意，男方才能选择良辰吉日迎娶新娘进门。迎新日是新郎新娘一生中最隆重、最光彩照人的大喜日子。新郎新娘都要在各自家里“上头”“开脸”，举行沐浴更衣仪式。新郎官身穿长袍马褂，头戴礼帽，胸前佩戴大红花。新娘头戴凤冠，并用红色方巾盖头，上身内穿红绢衫，外套绣花红袍，肩披霞帔，下身着红裙、红裤、红缎绣花鞋。

按汉族风俗，迎娶新娘的最佳时辰定在黄昏，据说是因黄昏时分迎亲娶妻才称之为“婚姻”。唐代孔颖达也曾这样说：“娶妻之礼以昏为期，因而名焉。”婿于昏时娶妇，妇因婿迎而来，这才有了“婚姻”之说。平遥黄昏迎娶的风俗就这样传

看一把酸枣
逛平遥古城
平遥
正堂
啓泰軒

平遥民俗·葬礼抬柩

了下来。这一天新郎要以羊羔美酒为仪礼，抬着花轿去新娘家迎亲。轿夫一色红衣，戴大帽。迎亲的有两对或四对骑马仪仗，手持“肃静”“回避”牌与木制兵器，还有男女“娶客”各两人和数量不等的吹鼓手，一路上打着彩旗，鼓乐齐奏，鞭炮齐鸣，浩浩荡荡，好不风光。如今婚姻自主，男女自由恋爱，早已不再恪守古代那套烦琐的礼仪，但是在平遥，仍旧保留着定亲送礼、黄昏迎娶、闹洞房的习惯，甚至走在古城街头，也还时常碰见吹吹打打抬着花轿迎亲的喜庆场景。

平遥人习惯于把婚丧嫁娶称作“红白喜事”。在这里，料理丧葬白事同样反映出中原地区汉族的民间风俗。古代有钱人家操办丧葬挥金如土，礼仪非常烦琐复杂，即使寻常人家也都讲究停尸、报丧、入殓、烧纸、出殡、圆墓、过七的丧葬程序。时兴第三天、第五天烧纸，第五天、第七天、第九天出殡。起灵抬柩分为十六抬、二十四抬或者三十二抬，每抬为一人。出殡要有送殡亲眷，头戴孝帽，身着孝衣，由鼓乐相随，送到坟前。现在虽然经过了丧葬制度改革，大多数旧风陋俗已被革除，不过一般程序依然延续着旧习。偶尔在平遥古城内还是可以遇到出殡的场景：前呼后拥，纸钱冥币飘飘洒洒，在悲恸天地的哭泣和鼓乐声中，送殡的队伍手持纸扎的金山、银山、金桥、银桥、聚宝盆、金童玉女，簇拥着装饰考究的十六抬灵柩，从面前缓缓经过，穿过几条街巷，往城外的坟地走去。此时，在古城传统历史风貌的大背景里，眼前的一切都变成了活的化石，让人情不自禁地想到了平遥的过去，想到了平遥古城邈远的历史……

明代民间的宗教信仰活动非常多，在平遥也不例外。平遥人看重祭祀的传统习俗，把祭祀活动分为神祭和祖祭两类，盛行烧香和香会。明清时期直至民国期间，即使在寻常人家，也都设立各种神龛，供奉着灶王、张公、家神、财神、门神、土地神。不同行当的专业艺人通常还把本业祖师或神供奉在家里的突出位置，以示敬业。不少人家将佛像、观音菩萨置于闲房，每逢农历初一、十五设供烧香，表达虔诚之心，祈求平安、富裕、家道兴旺。尤其明清时期，民间社会盛行奉祀关帝、观音、真武和碧霞元君四大神祇，在平遥古城“敬信四神”同样深入百姓之家。

祭祖更是亘古不变传承不息的民俗。祖先信仰在中国始终是家族和家庭的精神核心。古往今来人们的血缘意识维系着生息繁衍，认为故去的祖先灵魂还在，并没有离开子孙，依然关注着子孙后辈们的生活。子孙也通过祭祖祈求祖先在天之灵的眷顾保佑。每年除夕、清明节、中元节、寒食节和祖上祭日，都敬香礼祀和扫墓祭拜。

# 参考文献

［1］曹昌智.幸存的古城［M］.太原：山西经济出版社，2018.
［2］曹昌智.画说平遥古城［M］.太原：山西经济出版社，2010.
［3］墨刻编辑部.世界遗产之旅［M］.北京：人民邮电出版社，2012.
［4］斯塔夫里阿诺斯.全球通史［M］.北京：北京大学出版社，2005.
［5］乔尔・科特金.全球城市史［M］.北京：社会科学文献出版社，2014.
［6］路易斯・亨利・摩尔根.古代社会［M］.北京：中央编译局出版社，2007.
［7］梁思成.中国建筑史［M］.天津：百花文艺出版社，1998.
［8］郑孝燮.留住我国建筑文化的记忆［M］.北京：中国建筑工业出版社，2007.
［9］尤嘎・尤基莱托.建筑保护史［M］.北京：中华书局，2011.
［10］约翰・H・斯塔布斯，艾米丽・G・马卡斯.欧美建筑保护经验与实践［M］.北京：电子工业出版社，2015.
［11］曹昌智，邱跃.历史文化名城名镇名村和传统村落保护法律法规文件选编［M］.北京：中国建筑工业出版社，2015.
［12］傅崇兰，白晨曦，曹文明，等.中国城市发展史［M］.北京：社会科学文献出版社，2009.
［13］中国科学院黄土高原综合科学考察队.黄土高原地区自然环境及其演变［M］.北

京：科学出版社，1991.
［14］菲利普·李·拉尔夫，罗伯特·E·勒纳，斯坦迪什·米查姆，爱德华·伯恩斯.世界文明史［M］.北京：商务出版社，2016.
［15］威廉·麦克尼尔.西方文明史手册［M］.杭州：浙江大学出版社，2016.
［16］约翰·博德曼，贾斯珀·格里芬，奥斯温·穆瑞.牛津古希腊史［M］.北京：人民日报出版社，2020.
［17］朱邦造.欧洲文明的轨迹［M］.南京：江苏人民出版社，2018.
［18］陈超，刘衍钢.地图上的古希腊史［M］.上海：东方出版社，2016.
［19］贺业钜.中国古代城市规划史［M］.北京：中国建筑工业出版社，1996.
［20］池田雄一.中国古代的聚落与地方行政［M］.上海：复旦大学出版社，2017.
［21］顾炎武，黄汝成.日知录集释［M］.北京：中华书局，2020.
［22］胡渭.禹贡錐指［M］.上海：上海古籍出版社，2006.
［23］谭其骧.中国历史地图集：第1册［M］.北京：中国地图出版社，1982.
［24］谭其骧.中国历史地图集：第2册［M］.北京：中国地图出版社，1982.
［25］杨宽.西周史［M］.上海：上海人民出版社，1999.
［26］吕宗力.中国历代官制大辞典［M］.北京：商务印书馆出版，2015.
［27］孟昭华，王涵.中国历代国家机构和行政区划［M］.北京：中国社会出版社，2003.
［28］李孟存，李尚师.晋国史［M］.太原：三晋出版社，2015.
［29］傅熹年.中国古代建筑史：第2卷［M］.北京：中国建筑工业出版社，2001.
［30］孙大章.中国古代建筑史：第5卷［M］.北京：中国建筑工业出版社，2002.
［31］张驭寰.中国城池史［M］.北京：百花文艺出版社，2003.
［32］平遥地方志编纂委员会.平遥县志［M］.北京：中华书局，2002.
［33］晋中市史志研究院.平遥古城志［M］.北京：中华书局，2002.
［34］陈宝良.明代社会生活史［M］.北京：中国社会科学出版社，2004.
［35］王尔敏.明清时代庶民文化生活［M］.长沙：岳麓书社，2002.
［36］吴成国.中国县域治理史：古代卷［M］.武汉：长江出版社，2019.
［37］穆雯瑛.晋商史料研究［M］.太原：山西人民出版社，2001.

［38］张正明，邓泉.平遥票号商［M］.太原：山西教育出版社，1997.

［39］曹昌智.城市规划与城市发展思考［M］.北京：中国建筑工业出版社，1996.

［40］曹昌智.中国建筑艺术全集［M］.北京：中国建筑工业出版社，2000.

［41］黄鉴晖.晋商经营之道［M］.太原：山西经济出版社，2002.

［42］董培良.平遥城隍庙［M］.太原：山西经济出版社，2001.

［43］王建忠.日升昌票号文化解密［M］.太原：山西古籍出版社，2007.